# 2017赛季

# 中超大数据年鉴

The 2017 CSL Data Yearbook

上海创冰信息科技有限公司 组编

北京体育大学出版社

**朱广沪**

上海市足球协会主席

很高兴能够再次为《创冰 2017 赛季中超大数据年鉴》作序。

一年前，我作为中国足球技术委员会副主任，已经对国内足球大数据的发展倍加关注，如今再次为全新的大数据年鉴作序，作为上海足协主席，我深知大数据不仅能够提升职业足球的运转效率，同时也能够在青训和校园足球方面贡献更多的能量。

在国家政策的大力支持下，中国足球遇到了一个前所未有的好时机。教育部门、体育部门的配合与支持，使我们的青少年足球有了长足的发展。而作为中国重要的足球基地，上海在青训培养上的优势得天独厚，上海现在光特色足球学校就有 240 所，接下来，作为主要的职能部门，上海足协将会在全市范围内大力推进校园足球建设，其中大数据在校园足球的应用将会是重要方面。

我在担任中国足球技术委员会主任时，就已经想将数据分析和青训联系起来，包括球员日常比赛数据、体能数据、相关联赛数据以及区域参赛球员信息数据、赛事历史数据等方面，通过对这些方面的大数据收集，可以真正为青少年足球的发展提出指导性意见。

而作为国内顶尖的足球专业数据公司，创冰长期以来深耕中国职业足球，展现了他们在大数据领域的信息收集、整理、发掘能力，希望在不久的将来这种能力可以更多地应用于各年龄段青少年足球人才培养。值此新书出版之际，我向创冰表示由衷的赞赏和祝贺，也期待未来能和创冰在校园足球和青训领域展开更深更广的交流和合作！

2018.1.23

## 李春满

亚足联精英讲师、北京体育大学教授

随着时代和科技的进步，大数据分析的应用已经逐步深入到社会的各个领域。特别是随着足球运动的不断发展，引入大数据分析已经成为了高水平球队发展和提高的必须。同时，大数据分析应用也在不断地深入到足球领域的各个层面，比如本队的技战术分析、对手的前瞻性研究等，就像一向以严谨著称的德国队在2014 年巴西世界杯时就引入专门处理大数据的解决方案，进行比赛数据分析，优化球队配置，并通过分析对手数据找到比赛的“制敌”方式，甚至电视转播机构也在不断地引入大数据分析并对其愈加重视，以达到更加准确、快速、直观和客观的呈现方式。

如今，大数据分析呈现出 4 个“V”的特点——数据量大 (Volume)、速度快(Velocity)、类型多 (Variety)、有价值 （Value） 。这其中，在青少年足球训练方面引进大数据是除职业队和国家队之外，又一项十分必要的举措。青少年的身心发育特点非常快，每一两年甚至每半年就会出现不同的变化，个体差异化明显。因此，在青训领域，大数据不仅仅能对技战术分析形成有力的数据支撑，还能够记录青少年球员在成长期特别是“黄金发展期”的身心变化并建档备案，以利于将来更加有的放矢地进行技术跟踪和制订新的发展和训练计划。

2018.1.20

**吴金贵**

*上海绿地申花足球俱乐部主教练*

众所周知，大数据掀起了当下社会发展的一股新兴潮流，为很多工作提供了提升效能的便捷途径，在职业足球领域也是如此，大数据能够为教练日常工作中对球员的训练水平监控、评估球员比赛水平、技战术针对性部署等都提供切实的帮助。可以说，足球数据是教练员以及技术分析团队必不可少的“信息资料库”，职业俱乐部要高度重视大数据的建设。

大数据对青训的帮助也非常大，从球员自小的足球培训，到其进入俱乐部的职业梯队，大数据都能全程监控该名球员的成长，并为其最终成才提出针对性建议，可以说，大数据是青少年足球运动员成才的有效“助推器”。

我在平时的执教工作中大量运用了大数据理念，而这一切要感谢来自创冰数据的大力支持，正是由于有创冰这样的数据公司存在，才能使我和我的教练团队能够无时无刻不感受到大数据带来的便利。在此，也希望《2017 赛季中超大数据年鉴》的发布，能够引起更多职业从业者和青训机构的重视和关注。

2018.1.15

## Miguel Ángel Gómez Ruano

博士，马德里理工大学体育运动科学学院（西班牙国家体育研究所）副教授，

博士生导师

高速发展的职业足球新时代，要求我们需要搜集并掌控比赛和训练中的方方面面。作为足球比赛中的一个重要的信息组成部分，数据这个新手段能够全方位应用于体能、技术、战术等不同角度，以供俱乐部管理层、一线队教练、球员、体能教练或表现分析师使用，通过预测标准的表现来制定最优的训练任务并有效地控制比赛。

传统的足球数据分析只用于一些枝节问题，如整体信息（每个位置的跑动距离、射正数、传球效率等）来改善一些具体的情况。然而，大数据的新方法为展示比赛和训练中多方面的表现打开了一扇新的窗口。事实上，大数据包括了一系列新技术的发展，如体能、技战术动作追踪，和使用人工智能（机器学习）产生的高级数据来预测和指示球队和球员的表现。

传统的数据模型可以解释大约 60% 的足球比赛结果。但是依托于大数据而形成的数据模型提高了识别打法风格、环境条件（比赛地点、比赛周期、球队质量或比赛阶段）、一场比赛或一项赛事中球员的替补与轮换，以及一个完整赛季的表现走势的几率。因此，能熟练掌握大数据分析的教练将会用更好的方式来管理赛事和球员表现，从而提高赢下比赛的概率。

大数据对于年轻球员的成才来说特别重要，因为年复一年的信息积累可以展示球员的成长趋势，进而为那些更有天赋的球员加强关键指标提供依据。同时，大数据会根据年龄和球员相关信息创建档案库，而这些指标是可以被教练收集和利用的。

大数据能够采集不同国籍的球员、不同国家的赛事的信息。接着，大数据的高级统计学模型会带来对一个联赛、一支球队或某名球员的优势劣势的全新解读，然后，通过改进具体的手段来纠正或保持这些表现。具体来说，大数据对评估外援球员表现（选择球员的重要性）和本土球员表现（长期手段）都具有关键的影响。考虑到球队的资金预算、外援名额的限制、训练和比赛的风格，大数据将会是提高中国足球水平的有用资源。

2018.1.18

**成耀东**

上海上港足球俱乐部U21总教练

足球大数据能给足球竞技水平提升带来巨大的积极作用。大数据能带给职业教练和队员最直观认识，对他们提高专业水平提供巨大的帮肋。

我个人认为足球大数据的积累需要从相关从业人员从海量比赛中持续收集有价值的信息，同时建立关于球员特性评估的数据模型，包括技术能力、战术理解力、精神属性以及身体素质四大方面。这些指标能帮助教练员全面评判一个球员的综合实力。

如何从青训梯队选拔球员，这也是一个困扰教练员的难题，我认为可以借助大数据，引入潜力值这个概念潜力值将是各俱乐部购买球员时最看重的因素之一，甚至在今天，各俱乐部会为了一些年轻球员和天才少年一掷千金。所以，能否在其职业生涯早期认识到一名年轻球员的潜力就变得格外重要。

2018.1.23

**谢峰**

河北华夏幸福足球俱乐部技术总监

足球大数据的应用可以让俱乐部和教练员更好地了解运动员的状况。通过训练数据的分析，教练员能更清晰地了解球员的训练情况是否达到训练目的和要求。比赛分析我认为更为重要，通过大数据分析，教练员可了解对方的进攻，强弱的区域对比，防守中对方什么区域丢球比较多。了解球员在场上经常的活动区域和范围，甚至球员习惯的出球方向等。通过这些数据，教练有针对性地安排战术布置。俱乐部也可以根据球队一年的表现引进什么样的球员，从大数据分析引进更适合自己球队的球员。也希望国内出现越来越多像创冰这样的数据公司，能够为中国职业足球的发展提供更多的帮助和支持。

2018.1.18

**朱炯**

上海申鑫足球俱乐部主教练

当今足球飞速发展，科技的手段也越来越丰富，大数据作为其中的一种重要手段，确实在足球领域中占据了越来越重要的地位。

大数据在欧洲已经广泛使用，目前在我们国家已经慢慢普及，越来越多的俱乐部吸收了新鲜的理念，越来越重视大数据的参考价值。

众所周知，大数据在足球领域的参考价值主要体现在训练和比赛中。对于比赛，实时的数据可以帮助教练员在比赛中进行战术调整，在比赛之后，从全队到个人的数据都可以作为评价比赛过程和目标的重要参考。另外大数据在对手分析方面起到了重要作用，可以帮助我们在比赛前更深层次地了解对手的特点。

对于训练的帮助，数据可以实施监控运动员在运动过程中的身体机能状态和训练强度，可以帮助教练员随时改变训练方法、调整训练量，另外大数据也可以作为评价训练质量的重要指标。

目前大数据只是在我们高级别联赛的一线队广泛使用，青少年梯队和低级别联赛中的大数据使用率仍然不高。一方面是对于大数据的宣传，国内做得还不够，很多俱乐部或者球队对于大数据的重视和认知程度明显不够；另一方面，各俱乐部或者球队缺少相关专业的人才。

大数据作为足球训练和比赛的重要参考指标，必须和教练员的经验、观察等主观因素结合起来。在足球训练和比赛中，我们要做到避免盲目迷信数据而忽略经验，同样的，只相信教练员的经验、感觉，而完全不去参考数据也是不行的。大数据结合主观因素这是现代足球发展的一个大趋势，二者必须相结合，缺一不可。

2018.1.19

# 目录

# 绪　言
## ——数据时代已经到来

恐怕谁也想不到，最近几年的中超联赛会有如此巨大的变革。

2012 年我们还在为里皮和德罗巴的到来惊愕，2015 年斯科拉里、登巴·巴和罗比尼奥的到来让中超的关注度再上台阶，2016 赛季中超 80 亿元年降临，中超彻底进入了“金元时代”。

而到了 2017 年，胡尔克、奥斯卡、莫德斯特、维特塞尔等一线球星第一次集体成为中超主角，卡佩罗、博阿斯、施密特、佩莱格里尼等顶级教练则让中超技战术紧跟国际足球潮流，越来越多优秀外援外教的到来，使得中国足球接触到更多顶级足球理念，足球数据的使用与分析也因此成为各支俱乐部提高战绩、提升技战术水平的主要手段。

目前我们所熟知的足球大数据，从内容产生的方式上可以分成三个不同的层次。

第一层是客观存在的数据，包括所有球员的年龄、身高、体重，所有球队的交战记录、历史成绩，每场比赛的上座人数、比分、首发和替补球员等。

观察、总结、研究这些数据，我们可以了解一个联赛不同年龄球员的比例和出场时间，借此分析联赛是否有自我造血功能、是否处于良性循环，例如通过数据分析发现，过往几年年轻球员的出场时间和次数越来越少，这是对今年 U23 新政执行的有力支撑；还可以用数据记录真实的联赛历史，比如今年北京国安已经完成了队史第 800 场职业比赛，国安、鲁能、申花和泰达完成了第 400 场中超的比赛，成为见证中超成长的元老球队。

但是，想要了解一个联赛的概貌，必须深入分析每一场比赛的内容、分析不同战术体系下不同位置不同球员的真实表现，才可以得出更有效的结论。比如，顶级教练执教中超球队，到底会给球队带来哪些改变？佩莱、莫德斯特、伊哈洛等强力中锋加盟中超，给球队带来哪些战术选择？为何优秀国产前锋越来越少？国产中锋到底遇到哪些困境？上述这些问题如果离开数据的支撑，将很难得到科学的答案。要获得详细准确的数据，则必然离不开数据公司对每场比赛的详细记录和分析。

跑动距离、射门次数和位置、传球方式和次数、活动热区、抢断拦截解围和犯规位置，这些方方面面的数据将真实呈现比赛的所有细节，为所有探讨提供衡量标准、对比依据。

通过数据分析我们知道，佩莱、耶拉维奇、卡尔德克等外援高中锋可以以超过 50% 的成功率完成场均超过 10 次的空中对抗，能以一己之力搅乱对手整条防线，正是这些外援高中锋的存在令他们所在球队拥有了在前场强大的空中优势，本赛季皆取得了不俗战绩。相比之下，国产中锋中却很少有具备这样能力的球员，场均争顶次数只有外援中锋的一半，成功率更是只有 30% 左右，这些数字客观证实了很多媒体对于国产锋无力的论断。

足球数据分析到这里就够了吗？其实远远不够。

本赛季是武磊效率最高的赛季，联赛打入 17 球，每 118.1 分钟打入一球的效率和平均 4.2 次射门打入一球的成绩不输任何外援射手，但这样一个高效的武磊为何在国足却总是陷入球荒？究竟哪些原因导致了武磊在俱乐部和国家队的表现差异？数据层面到底该如何解读？

许多这样复杂的问题，用基础数据和简单分析不足以得出答案。在这里，我们就需要引入足球数据的第三个层次，也就是数据分析模型。

数据分析模型，是以所有基础数据为根基、按照特定研究方向综合大量数据进行计算、最终得出研究目标的数据结论。本书中主要使用了两个数据分析模型：球员评分和期望进球，分别从球员表现和进球两个大家最关心的角度入手，进行了深度的数据剖析。

作为中国足球大数据领域的领跑者，创冰的中超年鉴将从理论研究、联赛属性研究和基本数据呈现等方面为您带来 2017 赛季中超联赛的深度总结。在理论研究部分，我们将用创冰的球员评分模型和期望进球模型针对 2017 赛季的球员表现和进球能力进行分析；在联赛属性部分，我们将从阵型、打法、胜负关系、进球方式与时间多个不同角度去总结三外援和 U23 新政元年的中超的典型特征；而在最后，我们将提供 2017 赛季全部 16 支中超球队的基本数据，供大家参考和使用。

或许阅读完本书，您会真正理解到我们开篇的那句话，足球数据时代真的来了。

# 期望进球值与进球能力

作为职业足球最核心的部分，进球永远是所有人关注的焦点。该如何评价一支球队或者一名球员的进球能力？通过数据分析，创冰引入了期望进球值的概念。

## 期望进球值的定义

期望进球值（Expected Goals，常简写为 ExpG 或 xG），提供了一种量化射门机会优劣的途径。（注：期望进球值的计算不考虑乌龙球）

与实际进球不同，期望进球值是我们期望一支球队的射门（亦或某一脚射门或某一名球员的射门）能够转化为多少粒进球的一个可能值。

简言之，xG 这个概念的出现源于每一次射门的价值都是不同的。造成射门价值不同的原因可能有：

射门位置，即射门发生在球场的哪个区域。

射门部位（头球，左脚，右脚，或身体其他部位）。

进攻方式（定位球，阵地进攻，快速反击等）。

助攻类型（射门前一脚传球是向前直塞，边路传中，还是倒三角回传）。

射门时的比赛状态（平局，领先 1 球，领先 2 球，落后 1 球，落后 2 球等）。

面对的防守压力（对方防守队员是否在位置上，射门球员有无人盯防等）。

……

我们可以根据以上所提到的这些信息预测出一次射门转化为进球的机会大小，即为每次射门都赋予一个 xG 值。整场比赛下来，xG 高于对手的球队更可能赢得比赛。

需要指出的是，本书中的 xG 是基于历年中超联赛的数据进行计算的。举个例子，如果一支球队一场比赛获得所有射门机会的 xG 之和是 3，则这支球队应当打进三粒进球。

图：期望进球区域划分

通过计算，我们将 xG 值根据球场区域划分为 6 个区间，按照距离球门位置，依此分别标注为区域一、区域二、区域三、区域四、区域五、区域六，下文会按照这 6 个区域，结合射门、进球数据详细研究今年中超联赛各支球队的进攻表现。

| 排名 | 球队 | 差值 | 实际进球 | 期望进球 |
|---|---|---|---|---|
| 1 | 上海上港 | 17.11 | 69 | 51.89 |
| 2 | 广州富力 | 14.61 | 59 | 44.39 |
| 3 | 广州恒大淘宝 | 13.52 | 66 | 52.48 |
| 4 | 上海绿地申花 | 12.90 | 52 | 39.10 |
| 5 | 河北华夏幸福 | 8.41 | 55 | 46.59 |
| 6 | 重庆当代力帆 | 0.98 | 37 | 36.02 |
| 7 | 江苏苏宁易购 | 0.53 | 40 | 39.47 |
| 8 | 延边富德 | –1.11 | 31 | 32.11 |
| 9 | 河南建业 | –1.27 | 32 | 33.27 |
| 10 | 天津权健 | –1.34 | 46 | 47.34 |
| 11 | 辽宁沈阳开新 | –2.09 | 29 | 31.09 |
| 12 | 贵州恒丰智诚 | –2.43 | 39 | 41.43 |
| 13 | 山东鲁能泰山 | –4.06 | 48 | 52.06 |
| 14 | 北京中赫国安 | –6.37 | 42 | 48.37 |
| 15 | 长春亚泰 | –6.53 | 44 | 50.53 |
| 16 | 天津亿利 | –12.77 | 28 | 40.77 |

图：本赛季中超球队的期望进球值

| | 区域一 | 区域二 | 区域三 | 区域四 | 区域五 | 区域六 | 点球 |
|---|---|---|---|---|---|---|---|
| 广州恒大淘宝 | 10.26 | 19.72 | 7.14 | 8.54 | 2.23 | 0.04 | 4.56 |
| 上海上港 | 6.67 | 17.35 | 9.09 | 8.93 | 2.87 | 0.15 | 6.84 |
| 天津权健 | 8.20 | 16.56 | 8.17 | 6.83 | 2.10 | 0.15 | 5.32 |
| 河北华夏幸福 | 6.67 | 17.55 | 7.37 | 6.45 | 1.66 | 0.06 | 6.84 |
| 广州富力 | 7.18 | 16.76 | 7.02 | 8.60 | 2.53 | 0.02 | 2.28 |
| 山东鲁能泰山 | 9.74 | 19.92 | 9.90 | 7.16 | 2.23 | 0.07 | 3.04 |
| 长春亚泰 | 4.62 | 20.31 | 8.52 | 7.05 | 2.25 | 0.19 | 7.60 |
| 贵州恒丰智诚 | 2.05 | 19.72 | 7.37 | 7.99 | 1.97 | 0.06 | 2.28 |
| 北京中赫国安 | 4.62 | 17.35 | 8.63 | 7.66 | 2.38 | 0.13 | 7.60 |
| 重庆当代力帆 | 3.59 | 15.18 | 6.91 | 6.01 | 2.66 | 0.15 | 1.52 |
| 上海绿地申花 | 5.13 | 14.99 | 6.33 | 7.16 | 2.30 | 0.15 | 3.04 |
| 江苏苏宁易购 | 4.62 | 16.56 | 8.75 | 6.23 | 1.79 | 0.15 | 1.52 |
| 天津亿利 | 4.62 | 16.56 | 7.14 | 6.28 | 3.02 | 0.11 | 3.04 |
| 河南建业 | 1.54 | 12.23 | 8.52 | 7.00 | 1.69 | 0.02 | 2.28 |
| 延边富德 | 2.56 | 12.23 | 6.10 | 6.34 | 2.59 | 0.02 | 2.28 |
| 辽宁沈阳开新 | 2.56 | 10.65 | 6.56 | 5.40 | 2.10 | 0.02 | 3.80 |

图：球队不同区域的期望进球值分布

而衡量球队进球能力的另一个指标则是期望进球值差值，所谓期望进球值差值，是指实际进球减去期望进球值而得到的数值。举个例子，如果一场比赛一支球队的 xG 是 3，而实际打进 5 球，则期望进球值差值为 2，表明球队本场比赛把握机会能力强于中超平均水平。反之，如果一场比赛一支球队的 xG 是 5，而实际打进 3 球，则期望进球值差值为 –2，表明球队本场比赛把握机会能力低于中超平均水平。期望进球值差值将是下文研究球队、球员的重要指标。

本赛季中超有 7 支球队进球数超出期望进球值，分别为上港、富力、恒大、申花、华夏、力帆和苏宁，其中上港非乌龙进球达到 69 个，超出期望进球值 17.11，剩下 9 支球队的实际进球低于期望进球值，其中亿利非乌龙进球只有 28 个，比期望进球值低了 12.77。

**恒大、上港、鲁能进球区域对比**

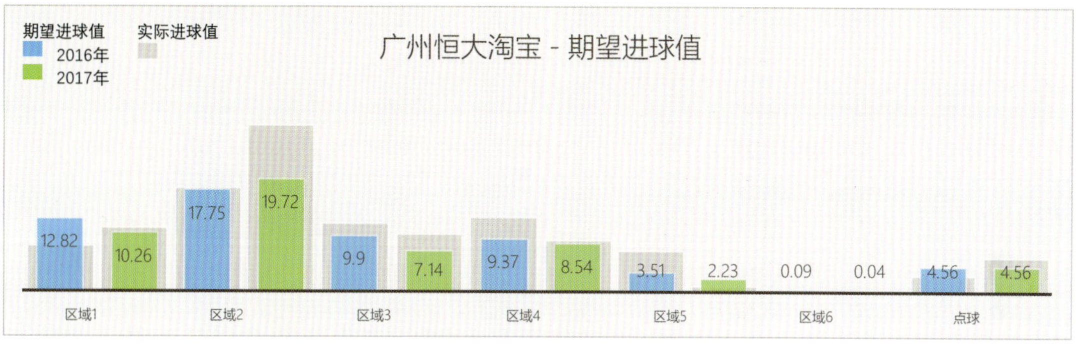


连续两个赛季，恒大都在展现出强有力的得分能力。

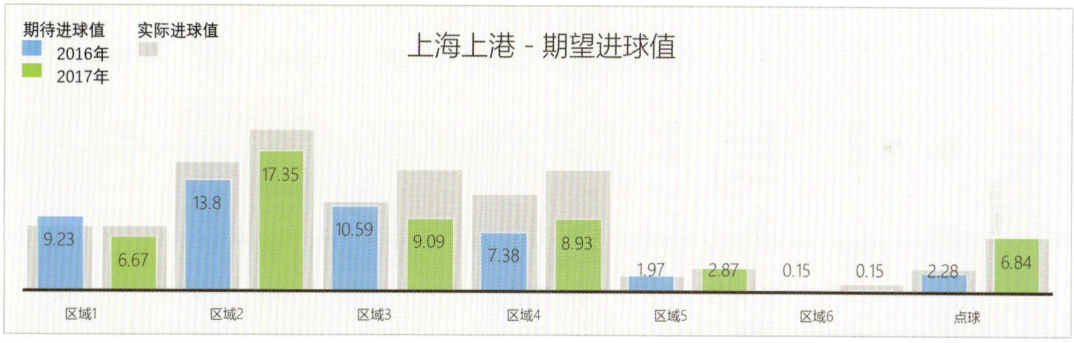


上港今年除了在进球数上保持了 2016 赛季的强势之外，禁区外的把握机会能力（主要体现在区域三、区域四）也大大提高。

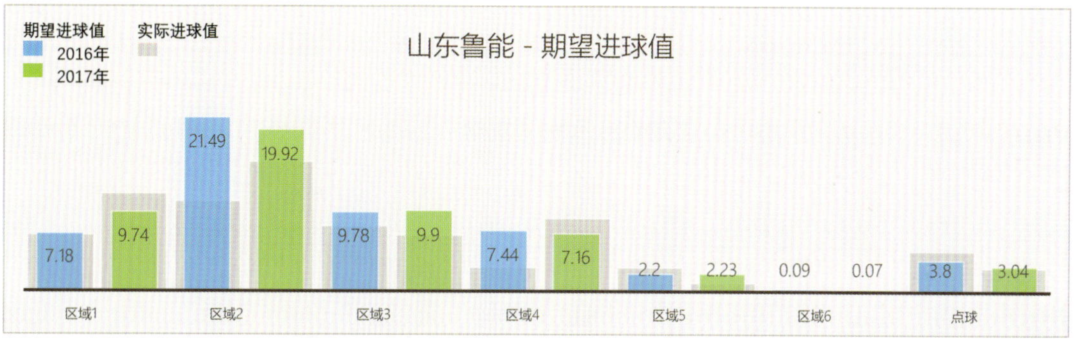


鲁能这两年的进球期望值与实际进球并没有随着打法的简化而降低，正是由于前场拥有佩莱

这种支点型前锋的存在，才使得球队能更多地通过获得第二落点控制住皮球，后排插上完成射门。

**区域决定进球效率，越靠近球门威胁越大**

如果我们把一个球场分成不同的区域，每个区域的射门转化率都是不同的，越靠近球门，射门转化率越高，进球越容易。

从这个角度去理解，前锋球员的期望进球值普遍会高于中后场球员，期望进球值差值也会比中后场球员更高。

| 排名 | 球员 | 差值 | 实际进球 | 期望进球 |
|---|---|---|---|---|
| 1 | 拉维奇 | 9.04 | 20 | 10.96 |
| 2 | 扎哈维 | 8.30 | 27 | 18.70 |
| 3 | 武磊 | 7.58 | 20 | 12.42 |
| 4 | 塔尔德利 | 7.40 | 15 | 7.60 |
| 5 | 雷纳尔迪尼奥 | 6.78 | 12 | 5.22 |
| 6 | 莫雷诺 | 6.53 | 15 | 8.47 |
| 7 | 斯蒂夫 | 6.25 | 18 | 11.75 |
| 8 | 于汉超 | 4.62 | 8 | 3.38 |
| 9 | 瓜林 | 4.61 | 10 | 5.39 |
| 10 | 巴索戈 巴索戈格 | 4.59 | 10 | 5.41 |
| 11 | 马丁斯 | 3.84 | 7 | 3.16 |
| 12 | 埃尔克森 | 3.67 | 11 | 7.33 |
| 13 | 胡尔克 | 3.60 | 17 | 13.40 |
| 14 | 穆坎乔 | 3.47 | 7 | 3.53 |
| 15 | 阿兰 | 3.45 | 10 | 6.55 |
| 16 | 索里亚诺 | 3.37 | 16 | 12.63 |
| 17 | 曹赟定 | 3.12 | 6 | 2.88 |
| 18 | 伊尔马兹 | 2.96 | 8 | 5.04 |
| 19 | 阿萨尼 | 2.73 | 6 | 3.27 |
| 20 | 阿洛伊西奥 | 2.65 | 14 | 11.35 |

图：期望进球值差值的前二十人

通过上表，我们发现，超出期望的前二十名球员里只有两名非攻击手：上海申花的后腰瓜林，期望进球值只有 5.39，实际却打进了 10 球，差值高达 4.61；辽宁沈阳开新的中后卫阿萨尼赛季打入 6 球，比期望进球值多出 2.73。

在差值排名前二十的球员里国内球员只有三人，武磊打入 20 球，差值高达 7.58，排名第三，另外两名本土球员为恒大的于汉超和申花的曹赟定。

本赛季的射手榜，排名前十名球员中，除了耶拉维奇，其余球员的实际进球数全部超越了期望进球值，并且进入差值前二十的排行榜。

| 排名 | 球员 | 所属球队 | 进球 |
|---|---|---|---|
| 1 | 扎哈维 | 广州富力 | 27 |
| 2 | 高拉特 | 广州恒大淘宝 | 20 |
| 3 | 拉维奇 | 河北华夏幸福 | 20 |
| 4 | 武磊 | 上海上港 | 20 |
| 5 | 斯蒂夫 | 延边富德 | 18 |
| 6 | 胡尔克 | 上海上港 | 17 |
| 7 | 索里亚诺 | 北京中赫国安 | 16 |
| 8 | 莫雷诺 | 上海绿地申花 | 15 |
| 9 | 帕托 | 天津权健 | 15 |
| 10 | 塔尔德利 | 山东鲁能泰山 | 15 |
| 11 | 耶拉维奇 | 贵州恒丰智诚 | 15 |

图：本赛季中超射手榜前 10

| | 射门数 | 期望进球 | 进球数 |
|---|---|---|---|
| 扎哈维 | 161 | 18.70 | 27 |
| 胡尔克 | 149 | 13.40 | 17 |
| 高拉特 | 127 | 18.38 | 20 |
| 耶拉维奇 | 105 | 15.62 | 15 |
| 帕托 | 101 | 12.72 | 15 |
| 伊哈洛 | 100 | 16.79 | 14 |
| 武磊 | 93 | 12.42 | 20 |
| 索里亚诺 | 92 | 12.63 | 16 |
| 费尔南多 | 87 | 4.42 | 7 |
| 拉维奇 | 85 | 10.96 | 20 |

图：本赛季中超球员射门总数前 10

**分类球员排行，国产锋线勉强及格，本土中场仍须努力**

| 本土前锋进攻表现排行 | | | | | |
|---|---|---|---|---|---|
| 排名 | 球员 | 所属球队 | 差值 | 实际进球 | 期望进球 |
| 1 | 武磊 | 上海上港 | 7.58 | 20 | 12.42 |
| 2 | 于汉超 | 广州恒大淘宝 | 4.62 | 8 | 3.38 |
| 3 | 谭龙 | 长春亚泰 | 2.21 | 8 | 5.79 |
| 4 | 郜林 | 广州恒大淘宝 | 2.16 | 9 | 6.84 |
| 5 | 吕文君 | 上海上港 | 2.13 | 5 | 2.87 |
| 6 | 肖智 | 广州富力 | -0.07 | 7 | 7.07 |

图：本赛季中超具有代表性的 6 名本土射手期望进球值差值

国产前锋今年除了武磊整体都表现平淡。考虑到国产射手的射门次数普遍较少，相应的期望进球值也比较低，实际进球数与此相差并不大，进球效率不高。

| 排名 | 球员 | 所属球队 | 差值 | 实际进球 | 期望进球 |
|---|---|---|---|---|---|
| 1 | 汪嵩 | 江苏苏宁易购 | 2.16 | 3 | 0.84 |
| 2 | 闵俊麟 | 贵州恒丰智诚 | 1.31 | 3 | 1.69 |
| 3 | 黄博文 | 广州恒大淘宝 | 0.76 | 1 | 0.24 |
| 4 | 赵旭日 | 天津权健 | -0.07 | 3 | 3.07 |
| 5 | 蒿俊闵 | 山东鲁能泰山 | -1.01 | 1 | 2.01 |
| 6 | 卢琳 | 广州富力 | -1.16 | 1 | 2.16 |
| 7 | 池忠国 | 延边富德 | -1.25 | 1 | 2.25 |
| 8 | 张稀哲 | 北京中赫国安 | -1.88 | 3 | 4.88 |
| 9 | 吴曦 | 江苏苏宁易购 | -2.08 | 1 | 3.08 |
| 10 | 尹鸿博 | 河北华夏幸福 | -3.05 | 1 | 4.05 |

图：本赛季中超本土中场期望进球值差值榜

国内中场球员总体表现不佳，最近几年国产中场的进球数逐年下降，蒿俊闵、吴曦等人在进攻端发挥都不尽如人意。

| 排名 | 球员 | 所属球队 | 差值 | 实际进球 | 期望进球 |
|---|---|---|---|---|---|
| 1 | 瓜林 | 上海绿地申花 | 4.61 | 10 | 5.39 |
| 2 | 艾哈迈多夫 | 上海上港 | 1.11 | 3 | 1.89 |
| 3 | 郑又荣 | 重庆当代力帆 | 1.03 | 2 | 0.97 |
| 4 | 拉米雷斯 | 江苏苏宁易购 | 0.30 | 7 | 6.70 |
| 5 | 乌索 | 广州富力 | -0.12 | 2 | 2.12 |
| 6 | 多奇卡尔 | 河南建业 | -0.33 | 4 | 4.33 |
| 7 | 保利尼奥 | 广州恒大淘宝 | -0.33 | 7 | 7.33 |
| 8 | 奥古斯托 | 北京中赫国安 | -0.46 | 4 | 4.46 |
| 9 | 维特塞尔 | 天津权健 | -0.77 | 4 | 4.77 |
| 10 | 马里奥 苏亚雷斯 | 贵州恒丰智诚 | -0.95 | 0 | 0.95 |

图：本赛季中超外援中场期望进球值差值榜

除去瓜林，其他大牌外援中场如拉米雷斯、艾哈迈多夫等今年期望进球值与实际进球相差无几。接下来我们看一些球队和球员的例子。

**期望进球值——上海申花**

本赛季申花成绩平平，但其进球数却一点也不少，52 个进球的成绩位列联赛第五，但期望进球值却只列联赛第十二，形成鲜明的反差。下面我们就来进行详细分析。

申花的总期望进球值为 39.10，仅高于重庆当代力帆、河南建业、延边富德和辽宁沈阳开新，位列联赛倒数第五，与其他进攻数据的排名相呼应。

| | |
|---|---|
| 进攻主导率排行 | 14 |
| 关键传球排行 | 14 |
| 传球排行 | 12 |
| 30米区域传球排行 | 15 |
| 禁区内射正排行 | 7 |
| 射门排行 | 10 |
| 禁区内射门排行 | 10 |
| 射正排行 | 9 |

图：申花进攻数据排行

在团队进攻效率一般的情况下，想进球就只能靠球星个人的得分能力了。莫雷诺、马丁斯、瓜林以及曹赟定的出色发挥将申花的实际进球数大大提升。

队长莫雷诺是队内第一射手，共打入 15 粒进球。莫雷诺的期望进球值仅 8.47 个，差值高达 6.53 个。马丁斯期望进球值为 3.16 个，但其实际攻入 7 球，完成度超过了 200%。瓜林期望进球值并不高，只有 5.39 个，但由于赛季初段位置前提，瓜林很好地把握了插上射门的时机，进球数飙升，赛季总进球达 10 粒。曹赟定的期望进球值也不高，只有 2.88 个，但依然打进 6 球，差值达到 3.12。

| | 上场次数 | 进球 | 上场时间 | 期望进球值差值 | 期望进球 |
|---|---|---|---|---|---|
| 莫雷诺 | 26 | 15 | 2147 | 6.53 | 8.47 |
| 曹赟定 | 26 | 6 | 1956 | 3.12 | 2.88 |
| 瓜林 | 18 | 10 | 1468 | 4.61 | 5.39 |
| 马丁斯 | 13 | 7 | 1156 | 3.84 | 3.16 |

图：申花四大攻击手数据

瓜林在第八轮客场对阵恒大的比赛中受伤，复出之后很快再次受伤。这次养伤时间较长，在这一期间，申花战绩仅 1 胜 1 平 7 负，只打进 7 球，丢球更是达到了 27 粒。

| | 场均期望进球 | 场均进球 |
|---|---|---|
| 1–15轮（除第7轮） | 1.24 | 2.07 |
| 16–30轮（含第7轮） | 1.36 | 1.44 |

图：伤病大潮对申花进攻的影响

从联赛进球期望值分段图来看，瓜林、马丁斯、特维斯频频受伤，使得申花的进攻效率骤降。而在联赛后半段，几大主力摆脱伤病后，申花的进攻效率有了明显的回升。

除了之前提到的这四大攻击手，申花剩下的队员进攻能力相比之下就差得较多，除了特维斯、毛剑卿和朱建荣三人合力打入 10 球外，就只有四名队员各打入 1 球。

### 期望进球值——长春亚泰

看完了申花，我们来看看另一支在期望进球值方面比较有特色的球队——长春亚泰。前文我们介绍了期望进球值的相关基础概念，理论上来说 xG 越高的球队往往代表着更多或更好的射门机会，更有可能赢得比赛，不过这在长春亚泰身上似乎成了反例。

| 排名 | 球队 | 差值 | 实际进球 | 期望进球 |
|---|---|---|---|---|
| 1 | 上海上港 | 17.11 | 69 | 51.89 |
| 2 | 广州富力 | 14.61 | 59 | 44.39 |
| 3 | 广州恒大淘宝 | 13.52 | 66 | 52.48 |
| 4 | 上海绿地申花 | 12.90 | 52 | 39.10 |
| 5 | 河北华夏幸福 | 8.41 | 55 | 46.59 |
| 6 | 重庆当代力帆 | 0.98 | 37 | 36.02 |
| 7 | 江苏苏宁易购 | 0.53 | 40 | 39.47 |
| 8 | 延边富德 | –1.11 | 31 | 32.11 |
| 9 | 河南建业 | –1.27 | 32 | 33.27 |
| 10 | 天津权健 | –1.34 | 46 | 47.34 |
| 11 | 辽宁沈阳开新 | –2.09 | 29 | 31.09 |
| 12 | 贵州恒丰智诚 | –2.43 | 39 | 41.43 |
| 13 | 山东鲁能泰山 | –4.06 | 48 | 52.06 |
| 14 | 北京中赫国安 | –6.37 | 42 | 48.37 |
| 15 | 长春亚泰 | –6.53 | 44 | 50.53 |
| 16 | 天津亿利 | –12.77 | 28 | 40.77 |

图：球队期望进球值差值排行

联赛排名第七的长春亚泰在本赛季的进球期望排行中位列第四，但球队赛季仅攻入 44 球，期望进球值差值排在倒数第二，差值为 –6.53；那么究竟是什么原因导致了这样的情况呢？

| | |
|---|---|
| 进攻主导率排行 | 6 |
| 关键传球排行 | 7 |
| 传球排行 | 10 |
| 30米区域传球排行 | 11 |
| 禁区内射正排行 | 5 |
| 射门排行 | 4 |
| 禁区内射门排行 | 4 |
| 射正排行 | 4 |

图：长春亚泰进攻数据排行

先来看看长春亚泰本赛季的进攻数据统计，除了传球次数排在第十、30 米区域传球次数排在第十一，其他不管是射门数据还是进攻主导率均排在联赛上游水平。在比赛中长春亚泰往往可以通过较高的进攻主导率获得更多的射门机会，不过这样的进攻数据却换不来与之相符的进球数。简而言之，长春亚泰错失了很多应该打进的球，进攻效率有待提高。

而在中超提到进攻效率，就不得不提一支球队的外援实力。下面我们就从外援的期望进球值来看看长春亚泰进球难的症结。

| | 上场次数 | 进球 | 上场时间 | 期望进球值差值 | 期望进球 |
|---|---|---|---|---|---|
| 伊斯梅洛夫 | 24 | 3 | 2022 | 0.09 | 2.91 |
| 胡斯蒂 | 16 | 4 | 1436 | -1.45 | 5.45 |
| 伊哈洛 | 27 | 14 | 2411 | -2.79 | 16.79 |
| 马里尼奥 | 17 | 3 | 1428 | -1.72 | 4.72 |

图：亚泰四大攻击手数据

长春亚泰的四名外援中，作为前锋的伊哈洛拥有最高的期望进球值，达到了 16.79 个。而这四人中除了中卫伊斯梅洛夫一人期望进球值差值为正，其他三人都是尴尬的负数，这直接反映了长春亚泰进攻效率的问题。联赛第一轮亚泰 1：5 大比分输给上海上港，时任主教练李章洙在之后的四场比赛中对首发阵容作出改变，撤下了伊斯梅洛夫，启用伊哈洛、胡斯蒂和马里尼奥的前场外援三叉戟，无奈 1 平 3 负，场均丢 1.75 球，黯然下课。陈金刚上任之后重新建立了以伊斯梅洛夫为核心的防线，力求改善防守，来弥补球队进攻效率低下的缺陷。这样的前提下，球队前场只能派上两名外援，他们的进攻效率与球队息息相关。

顶着球队历史第一身价加盟的伊哈洛被无数球迷寄予厚望，不过他的表现不尽如人意。有趣的是伊哈洛的期望进球值和期望进球值差值和球队形成了完美的呼应，期望进球值高居联赛第三，而期望进球值差值却只排在倒数第四。伊哈洛的 xG 射门区域分布，主要还是来自点球和区域一、区域二这三个球场上最容易得分的地点，临门一脚的欠佳造成了期望进球值差值倒数的尴尬。

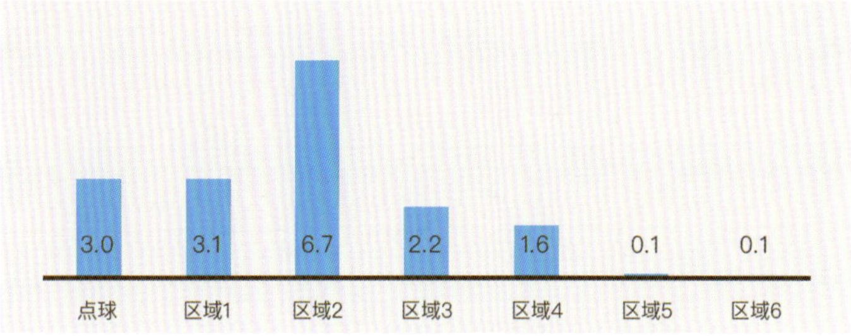


图：伊哈洛期望进球区域数据

当然责任也不能全都推脱在伊哈洛身上，长春亚泰更多地将他作为一个正印中锋来使用，战术地位很高，要求伊哈洛在前场争顶、策应、拉扯空间、组织进攻并把握机会，对于他来说可能承担了过多的职责。伊哈洛也需要时间去适应不同的角色，联赛下半程的表现明显优于上半程。

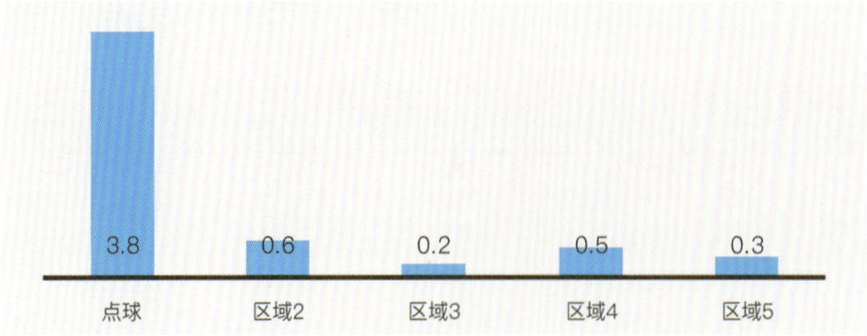


图：胡斯蒂期望进球区域数据

“二进宫”的胡斯蒂进球期望值为 5.45，打入 4 球，进球期望差值为 –1.45，匈牙利人的发挥基本符合之前赛季为长春亚泰效力的表现。司职球队进攻组织者的胡斯蒂发挥可圈可点，完成 4 次助攻，场均 2.6 次关键传球排在联赛第四，34 岁的高龄有如此表现实属不易。不过作为球队第一点球主罚者来说，胡斯蒂是不称职的，观察他的 xG 射门区域分布，在点球这项上期望进球值高达 3.80，却仅仅只打进 3 球（实际主罚点球 5 粒），这在 xG 上也拖了个人和球队的后腿。

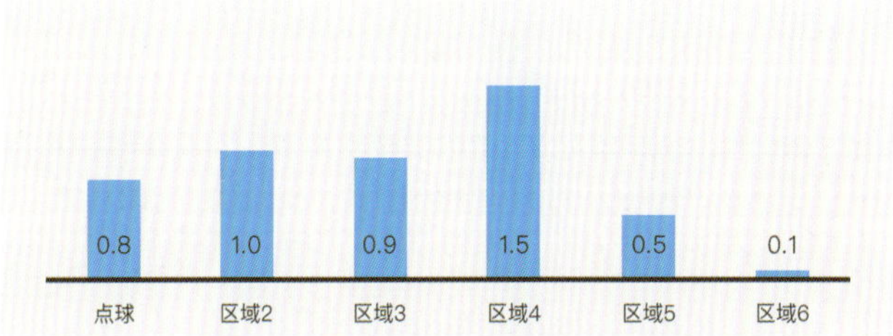


图：马里尼奥期望进球区域数据

顶着巴甲铜靴光环加盟球队的马里尼奥赛季初发挥不佳，中段被教练雪藏，如果不是胡斯蒂的重伤，他可能不会获得稳定的出场机会。2016 赛季他为巴甲维多利亚出战 27 场，收获 12 粒进球，也算得上是一位高效的射手，但从 xG 射门区域分布来看，本赛季他在射门位置大多集中在大禁区线附近，依靠个人能力突破后寻找机会，导致在中超上场 17 次仅仅打入 3 球。

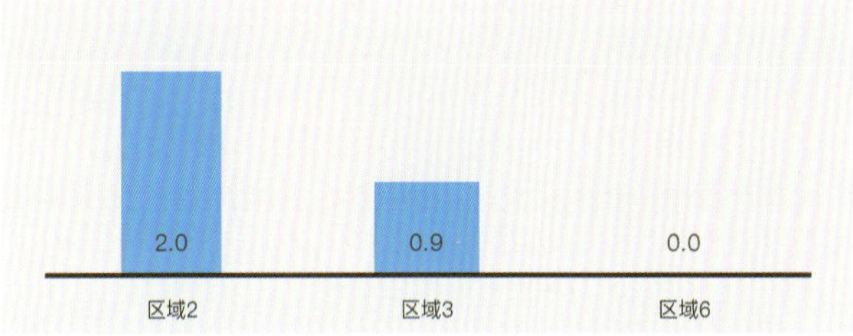


图：伊斯梅洛夫期望进球区域数据

2011 年，伊斯梅洛夫转会加盟长春亚泰。如今 32 岁的伊斯梅洛夫将 7 年的职业球员黄金生涯都献给了长春亚泰。身材高大的伊斯梅洛夫主要担任盯人中卫，在场上盯防和限制对方高中锋，为球队在空中筑起一道防线，在争顶成功率上仅仅次于河南建业的戈麦斯排在联赛第二。当然头球的优势也会在进攻中得以体现，伊斯梅洛夫可以说是长春亚泰定位球战术中的主要攻击点，他的射门大多集中在区域二。

| | 场均期望进球 | 场均进球 |
|---|---|---|
| 1-14轮 | 1.55 | 0.93 |
| 15-30轮 | 1.80 | 2.06 |

图：长春亚泰期望进球半赛季统计

虽然伊哈洛浪费了很多机会，但是依旧是长春亚泰的第一射手，他的表现也直接影响了球队的表现。在第 1-14 轮中，伊哈洛仅仅在面对上海绿地申花的比赛中梅开二度，14 轮联赛收获 2 球。球队场均期望进球值差值为 -0.62 个，而在下半程的比赛中，伊哈洛逐渐熟悉了自身角色，找到了进球感觉，15-26 轮这个阶段球队场均进球与期望进球值差值为 0.26。慢慢回归到了球队期望进球值的平均水平。

**期望进球值——扎哈维**

荣膺本赛季中超金靴的广州富力前锋扎哈维，30 场比赛 27 粒进球的数据展现了他超强的进球能力。从期望进球值以及期望进球值差值的统计来看，扎哈维对进球机会的把握几乎是现象级的。

| | |
|---|---|
| 进球 | 27 |
| 头球进球 | 7 |
| 右脚进球 | 17 |
| 左脚进球 | 3 |
| 左脚射门 | 27 |
| 头球射门 | 23 |
| 右脚射门 | 111 |
| 射门 | 161 |
| 射正 | 75 |
| 禁区内射门 | 94 |
| 射正率 | 46.58% |
| 进球转化率 | 16.77% |
| 射正率排名 | 32 |
| 进球转化率排名 | 48 |
| 禁区内射门排名 | 1 |
| 射门排名 | 1 |
| 射正排名 | 1 |

图：扎哈维进攻数据统计

众所周知，广州富力的足球风格在中超独树一帜，强调进攻的战术体系让扎哈维获得了非常多的射门机会。在本赛季的期望进球值排名中，扎哈维以 18.7 个期望进球值排在第一位，这说明了扎哈维在广州富力扮演了最重要的终结者角色。

本赛季扎哈维打入 27 球显然比他的期望进球值多，而期望进球值差值也是位于本赛季的中超榜眼。进球数第一、期望进球值第一、期望进球值差值第二的数据充分证明了扎哈维作为优秀前锋的价值。

在总射门数和射正次数方面，扎哈维都排在本赛季中超的第一位。同时禁区内射门达到了 94 次，也位列中超之首。与此同时，扎哈维在本赛季屡次在禁区外上演世界波，这也是他的期望进球值差值排在第一的原因。以色列人在大量射门的情况下依然保持了近五成的射正率和近两成的进球转化率，十分难能可贵。

| | 射门数 | 期望进球 | 进球数 |
|---|---|---|---|
| 点球 | 3 | 2.28 | 2 |
| 区域1 | 5 | 2.56 | 4 |
| 区域2 | 32 | 6.31 | 9 |
| 区域3 | 29 | 3.34 | 5 |
| 区域4 | 63 | 3.47 | 6 |
| 区域5 | 28 | 0.72 | 1 |
| 区域6 | 1 | 0.02 | |

图：扎哈维不同区域射门与进球

从扎哈维的进球分布来看，其得分点遍布禁区内以及大禁区弧顶。从射门方式统计来看，扎哈维主要依靠自己的黄金右脚，不过，这并不意味着扎哈维只会用右脚进球。从进球方式统计可以看到，扎哈维利用头球和左脚一共完成了 10 粒进球，占到了总进球的百分之三十七。

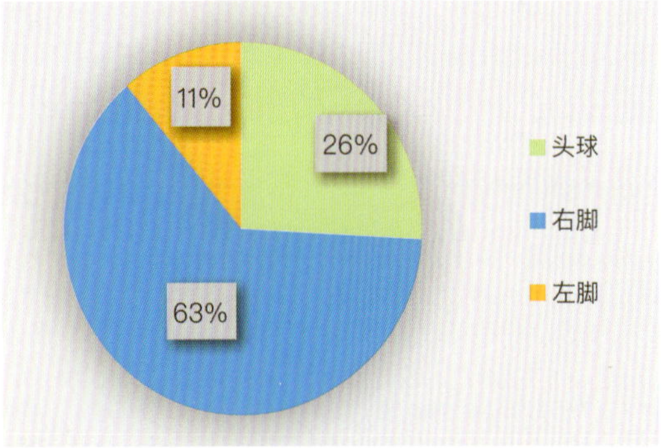


图：扎哈维进球方式比例

扎哈维的进球价值不仅体现在高产上，更直接体现在了为球队带来的胜利和积分上，扎哈维本赛季代表广州富力在 19 场比赛中进球，球队也取得了 11 胜 5 平 3 负的战绩；而从进球贡献度的统计来看，扎哈维的进球贡献度达到了 30 个联赛积分，占到了球队联赛积分的一半以上。

**期望进球值——佩莱**

前意大利国脚佩莱的支点作用明显，可是在本职工作破门得分方面，却意外地哑火了。

| | |
|---|---|
| 进球 | 7 |
| 头球进球 | 2 |
| 右脚进球 | 4 |
| 左脚进球 | 1 |
| 左脚射门 | 10 |
| 头球射门 | 38 |
| 右脚射门 | 31 |
| 射门 | 79 |
| 射正 | 26 |
| 禁区内射门 | 66 |
| 射正率 | 32.91% |
| 进球转化率 | 8.86% |
| 射正率排名 | 99 |
| 进球转化率排名 | 106 |
| 禁区内射门排名 | 7 |
| 射门排名 | 12 |
| 射正排名 | 18 |

图：佩莱进攻数据及排名

本赛季佩莱出场 24 次，仅打入 7 球，少于队友西塞的 11 球和塔尔德利的 15 球，排名联赛并列第 26 名。很多人把此归结于运气欠佳和得到的支援不够，但细看技术统计，其实佩莱获得的机会并不少。场均射门 3.3 次排名联赛第 11，30 轮联赛一共 82 次禁区内射门排名联赛第 4。佩莱的期望进球值为 13.5，排名联赛第 5。

问题的关键还是在于把握机会能力上面。佩莱场均有 1.1 次射正，33.3% 的射正率中规中矩，但进球转换率只有可怜的 8.9%，进一球所需时间高达 308.6 分钟。佩莱实际进球与期望进球值的差值为 -6.5，是中超所有球员中最低的，这正是其效率低下的最好体现。

回想佩莱效力于南安普顿时，便不是以得分能力见长。两年英超生涯出战 68 场，共打入 23 球，平均每 237 分钟才能打入一球。只是高昂的身价加上意大利国脚的光环使得球迷们对佩莱的期望很高，综合以上数据我们可以得出结论，射门能力是佩莱技术环节中相对薄弱的。尤其是头球得分的能力被严重高估，从射门方式中我们可以看到，佩莱有接近 50% 的射门来自于头球，但实际只打入 2 粒头球入球，只占其进球的 28.6%，头球进球率只有 5.3%。利用身高优势，佩莱的确能更多的获得头球射门的机会，只是在后卫的干扰下，能真正制造威胁的并不多。其次，佩莱并不是左右脚实力很均衡的射手，左脚射门能力一般，只有 12.7% 的射门用左脚完成且进球数为 1。这一定程度上也影响了佩莱的进球数据。

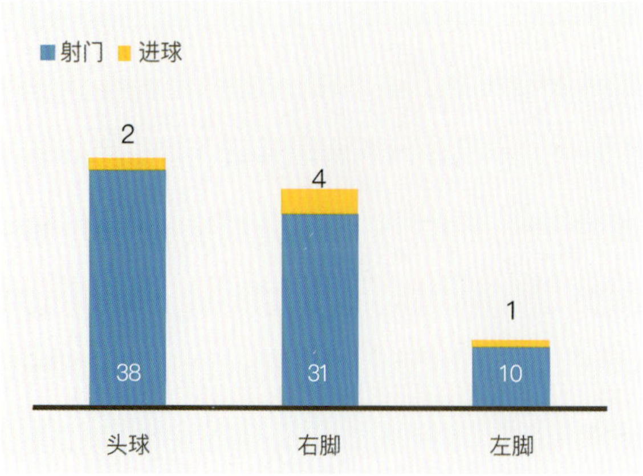


图：佩莱射门、进球方式

虽然佩莱的得分能力在如今大牌外援横行的中超中并不出彩，但是其之于山东鲁能的战术价值却是不可磨灭的。佩莱有着强大的空中对抗能力，前场桥头堡作用明显。244 次参与争顶排在联赛第 3，争顶成功率达到 64.5%，甚至我们可以经常看到佩莱依靠着强大的身体直接用胸部卸下高空球。正是因为有了佩莱的存在，鲁能队才能放心的采用长传球战术，本赛季鲁能有着联赛第二的场均 46.9 次长传。其次作为传统意式中锋，佩莱的脚下技术并不粗糙，做球能力同样出色。场均能送出 36.5 次短传，排在队内第 5。同时能贡献 2.2 次关键传球，排在联赛第 6。

## 中超球员评分系统

作为今年创冰数据的重头戏，球员评分系统的推出，让我们在每轮比赛结束后第一时间就可以对当轮中超联赛的球员表现有一个直观的、可量化的认知。

创冰的球员评分是由球员个人得分辅以球队整体表现得分计算得出。

在球员个人表现方面，我们首先对球员所踢的阵型和位置做出明确、详细的分类和判定，每种阵型每个位置都有对应的战术和数据要求。然后，我们的评分系统主要采用了 5 大类、50 余项数据，分别从进攻、防守、传控、门将和特殊数据等五个方面入手，这 5 类数据几乎涵盖了球场上发生的所有事件。我们将这些数据赋予不同的权重分，以体现这些数据对比赛的影响程度，评分就是由这些数据加权求和而成。

而球队整体表现的得分则包括零失球得分、进球整体加分和失球整体扣分。根据不同的球队状态，给予相应的系数，然后得出球队整体表现分。

球员评分系统从 50 分起评，因此，球员的最终评分 = 个人表现分 + 整体表现分 +50。正面数据加分，负面数据扣分，不设上限。

相信所有人都会关心的是，在整个 2017 赛季结束后，中超球员的评分是怎样的？根据评分系统，不同位置的哪些球员发挥最出色、表现最好呢？（注：因人数较多，所选择的球员需联赛至少出场 10 次）

### 前锋球员评分 TOP10

| 前锋评分排名 | 前锋球员 | 所属球队 | 赛季出场 | 赛季场均评分 | 进球 | 助攻 |
|---|---|---|---|---|---|---|
| 1 | 胡尔克 | 上海上港 | 27 | 81.06 | 17 | 12 |
| 2 | 拉维奇 | 河北华夏幸福 | 27 | 79.83 | 20 | 15 |
| 3 | 扎哈维 | 广州富力 | 30 | 79.12 | 27 | 7 |
| 4 | 塔尔德利 | 山东鲁能泰山 | 18 | 78.97 | 15 | 4 |
| 5 | 高拉特 | 广州恒大淘宝 | 29 | 78.73 | 20 | 9 |
| 6 | 埃尔克森 | 上海上港 | 17 | 77.14 | 11 | 4 |
| 7 | 武磊 | 上海上港 | 28 | 76.44 | 20 | 8 |
| 8 | 索里亚诺 | 北京中赫国安 | 19 | 76.17 | 16 | 2 |
| 9 | 卡斯特罗 | 贵州恒丰智诚 | 12 | 75.09 | 7 | 1 |
| 10 | 西塞 | 山东鲁能泰山 | 18 | 74.30 | 11 | 0 |

图：前锋球员评分 TOP10

（注：我们选择了联赛出场至少 10 场且评分排名前 10 的锋线球员，总体样本为 92 名）

上海上港的胡尔克打入 17 球同时贡献 12 次助攻，赛季场均评分居所有球员之首。拉维奇虽然 20 球 15 助攻要高于胡尔克，但评分却屈居第二，是什么造成了这样的差距？接下来我们通过两人的赛季评分走势来详细分析。

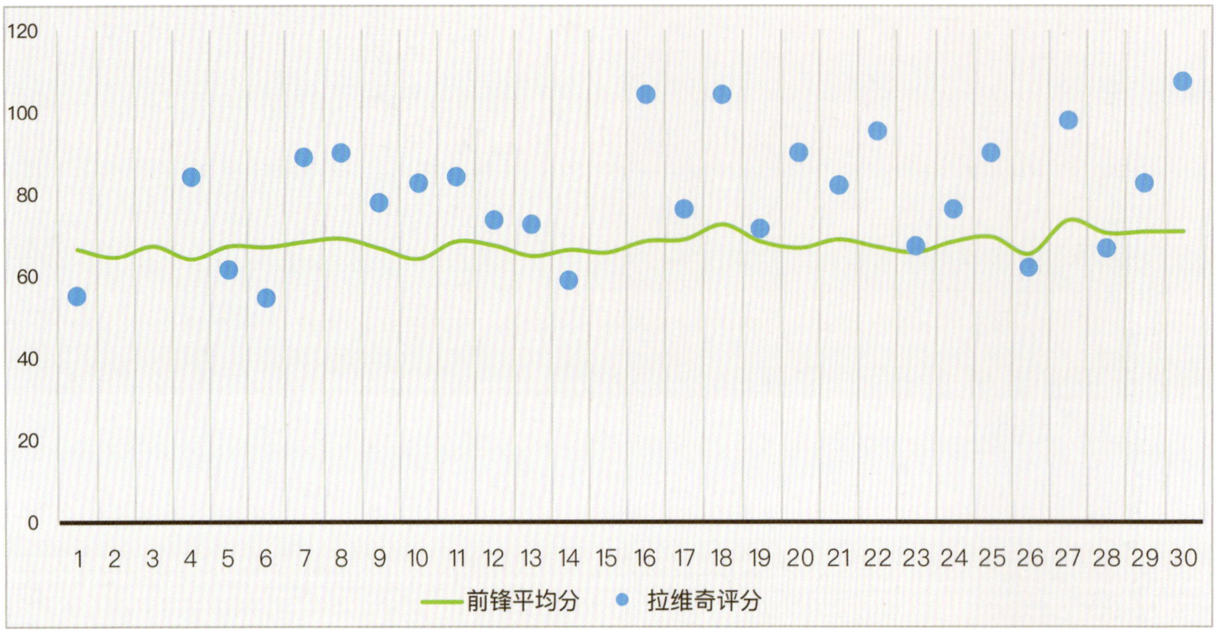


图：拉维奇赛季评分与联赛同位置球员比较

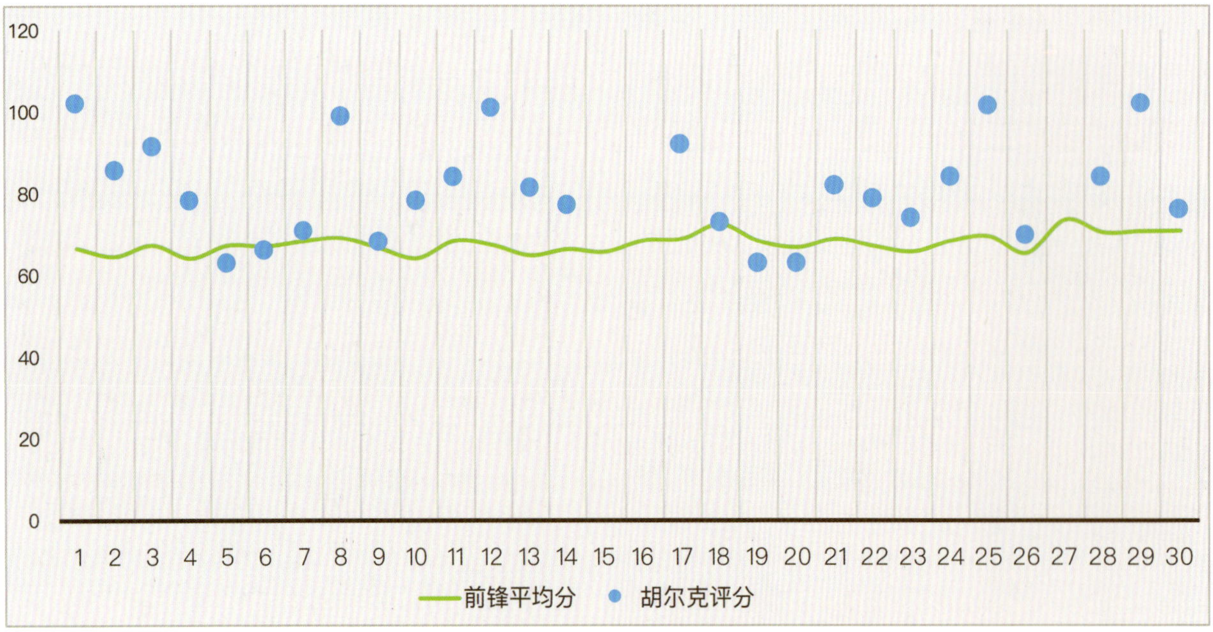


图：胡尔克赛季评分与联赛同位置球员比较

可以看到，胡尔克的整体发挥处于联赛平均水平之上，且低分场次要比拉维奇少（总共只有 4 场），而拉维奇的低分场次达到 6 场，整体水平也波动较大，因而赛季均分低于胡尔克。

山东鲁能的两位前锋塔尔德利、西塞本赛季发挥出色，顺利进入前锋评分排行前十。作为球队本赛季复苏的关键人物，塔尔德利凭借最后几轮的出色表现力压高拉特排名第四，西塞则是受益于开季的高光表现，最终名列第十，下面我们同样通过球员赛季评分走势图来逐一分析。

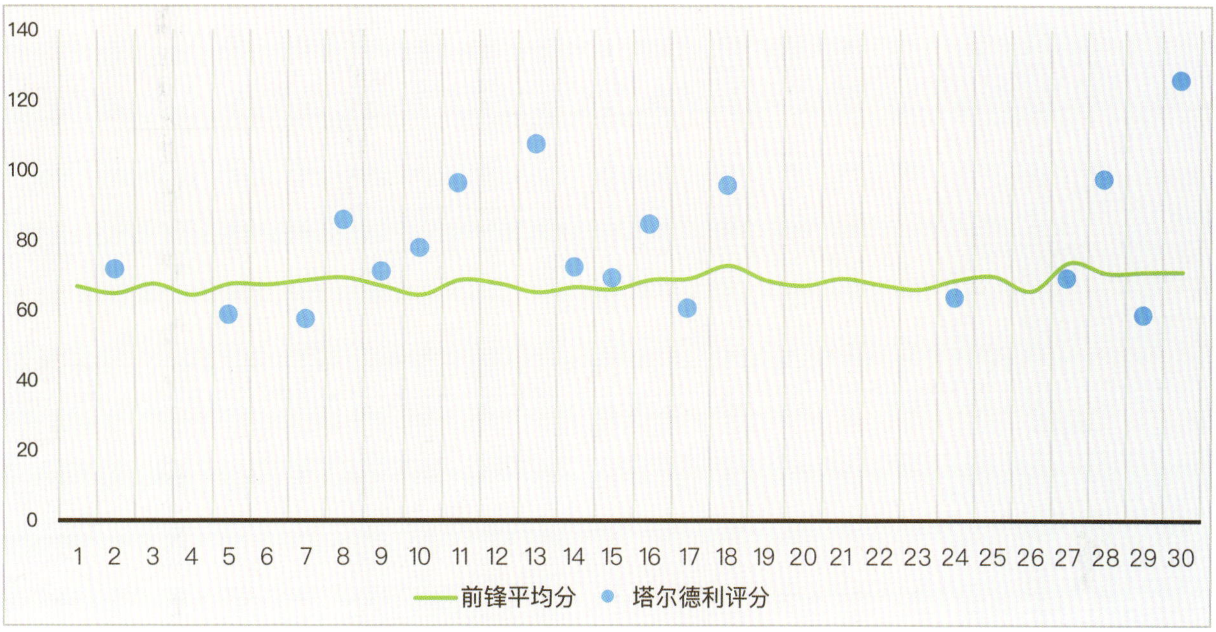


图：塔尔德利赛季评分与联赛同位置球员比较

（注：第 7 轮实际发生在第 25-26 轮之间）

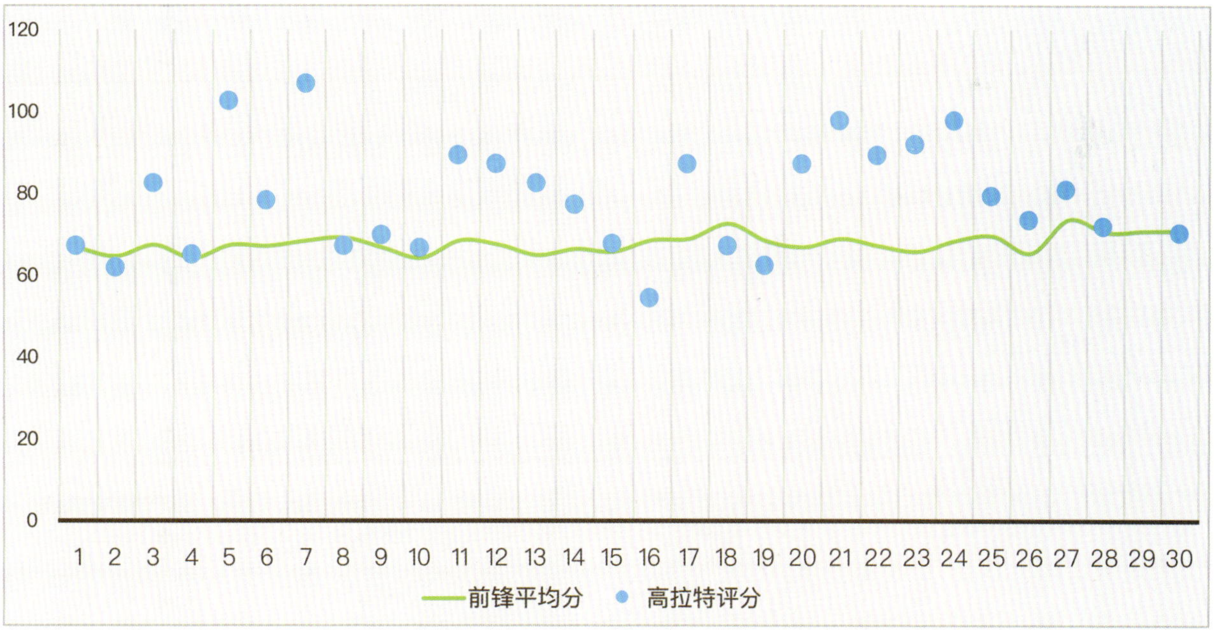


图：高拉特赛季评分与联赛同位置球员比较

先看塔尔德利和高拉特的对比，根据数据可以看出，塔尔德利的表现优于高拉特，塔尔德利在第 28 轮和第 30 轮的评分分别达到了 97.34 和 126.02，而高拉特的后几轮评分则是在中超平均线左右徘徊。这是最终塔尔德利场均评分超过高拉特的重要原因。

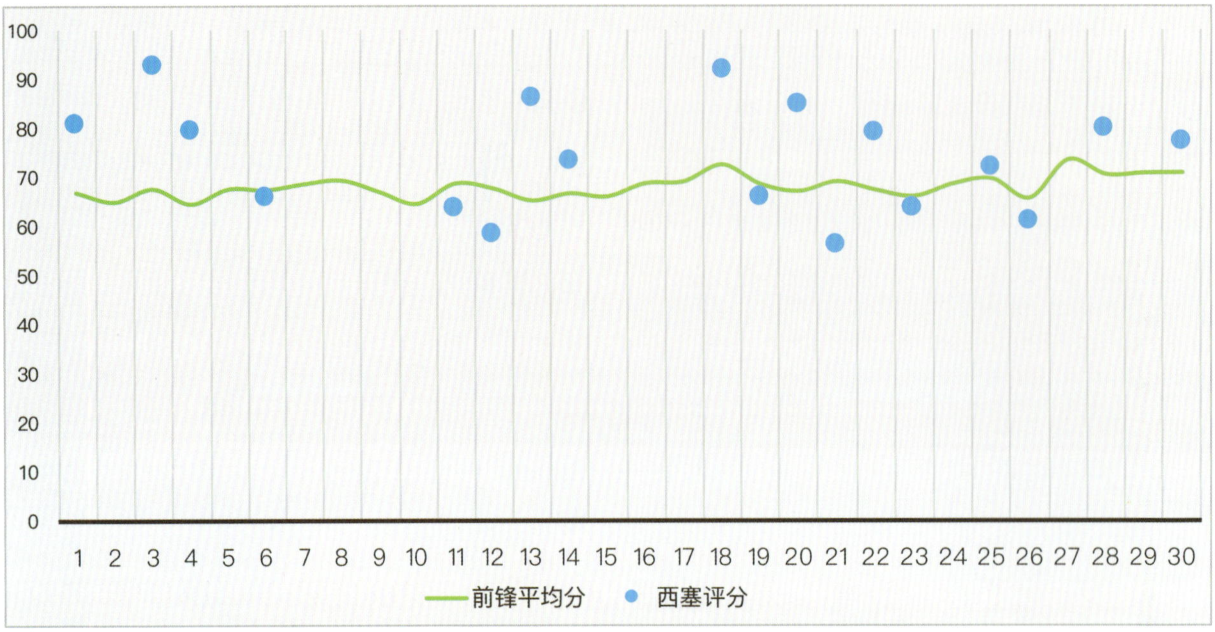


图：西塞赛季评分与联赛同位置球员比较

鲁能另一名前锋西塞，赛季初较好地把握了主帅马加特给予的机会，获得了较高的评分（在第三轮创造了 93.13 的个人赛季最高分），虽然联赛尾端表现归于平庸，但最终得以入选前锋评分排行前十。

除去上述球员，其他如出场时间受限的埃尔克森、赛季中段开始发挥的索里亚诺、二次转会加盟的卡斯特罗，这些球员能够进入榜单，足可见他们在有限的上场时间内表现出了自身的价值，对于他们来说，球队的成绩、个人的效率，是评分比较高的重要原因。

而作为前锋评分榜单上排名最靠前的国内球员，时隔 11 年之后又一个单赛季打入 20 球的国产射手，武磊的表现要比大多数外援前锋更出色。

### 中场球员评分 TOP10

在中场球员的评分方面，球员 TOP10 榜单完全是外援的天下。

从外援中场球员的评分可以看出，莫雷诺和瓜林两位申花球员能够排名前两位都有各自的原因，莫雷诺的个人表现出色，数据层面远胜其他人。瓜林是否出场对申花战绩影响巨大，只要出战，就是申花的关键人物，在其出场的 18 场联赛里，申花取得 8 胜 5 平 5 负的成绩。

奥斯卡、奥古斯托、保利尼奥、拉米雷斯这样的全能型中场代表了中超中场球员的发展方向，在三外援政策的限制下，中场放一个既能射门得分又能组织串联，还能拦截防守的外援，作用突出。

多奇卡尔、古德利这样的组织型中场能够入围，个人数据是重要因素；乌索作为一个防守型后腰入围，则是因为其对富力中场的防守拦截起到很大作用。

| | 赛季出场 | 赛季场均评分 | 抢断 | 突破 | 解围 | 拦截 | 进球 | 助攻 | 关键传球 |
|---|---|---|---|---|---|---|---|---|---|
| 莫雷诺 | 26 | 78.26 | 35 | 83 | 50 | 20 | 15 | 4 | 27 |
| 瓜林 | 18 | 76.76 | 40 | 55 | 14 | 19 | 10 | 4 | 26 |
| 奥斯卡 | 22 | 76.60 | 53 | 120 | 14 | 17 | 3 | 9 | 60 |
| 保利尼奥 | 20 | 74.20 | 54 | 36 | 26 | 24 | 7 | 2 | 21 |
| 奥古斯托 | 28 | 73.68 | 47 | 109 | 24 | 22 | 4 | 4 | 54 |
| 乌索 | 18 | 73.40 | 47 | 27 | 19 | 31 | 2 | 1 | 13 |
| 多奇卡尔 | 23 | 72.05 | 47 | 35 | 28 | 14 | 4 | 4 | 56 |
| 古德利 | 19 | 71.96 | 57 | 30 | 23 | 19 | 1 | 5 | 26 |
| 拉米雷斯 | 23 | 71.76 | 80 | 39 | 22 | 37 | 7 | 3 | 19 |
| 尹比加兰 | 12 | 71.20 | 20 | 17 | 11 | 9 | 3 | 2 | 31 |

图：中场球员评分前 10

（注：我们选择了联赛出场至少 10 场且评分排名前 10 的中场球员，总体样本为 174 名）

| 球员 | 球队 | 赛季出场 | 赛季场均评分 | 抢断 | 突破 | 解围 | 拦截 | 进球 | 助攻 | 关键传球 |
|---|---|---|---|---|---|---|---|---|---|---|
| 蒿俊闵 | 山东鲁能泰山 | 29 | 69.21 | 71 | 53 | 20 | 45 | 1 | 5 | 62 |
| 曹赟定 | 上海绿地申花 | 26 | 66.50 | 25 | 84 | 1 | 8 | 6 | 10 | 46 |
| 张稀哲 | 北京中赫国安 | 25 | 66.04 | 27 | 58 | 4 | 22 | 3 | 6 | 36 |
| 蔡慧康 | 上海上港 | 28 | 62.37 | 72 | 4 | 26 | 43 | 0 | 2 | 7 |

图：本土 4 名中场球员评分

而国内中场球员的得分普遍不高，首先球员类型以防守型中场和边前卫为主，缺乏像拉米雷斯、保利尼奥一样的全能中场，蔡惠康、蒿俊闵承担了大量的防守工作，本赛季进球数量和助攻数量普遍不多，张稀哲、曹赟定等人表现缺乏稳定，影响了他们的得分；另一方面，排名靠后球队的本土中场球员受到球队成绩的影响比较大，难以得到高分。

## 后卫球员评分 TOP10

| 后卫评分排名 | 后卫球员 | 所属球队 | 赛季出场 | 赛季场均评分 | 解围 | 抢断 |
|---|---|---|---|---|---|---|
| 1 | 伊斯梅洛夫 | 长春亚泰 | 24 | 71.96 | 120 | 35 |
| 2 | 权敬源 | 天津权健 | 21 | 71.96 | 99 | 40 |
| 3 | 戴琳 | 山东鲁能泰山 | 28 | 70.53 | 146 | 64 |
| 4 | 米洛维奇 | 重庆当代力帆 | 13 | 70.52 | 78 | 14 |
| 5 | 张琳芃 | 广州恒大淘宝 | 22 | 69.33 | 78 | 49 |
| 6 | 唐淼 | 广州富力 | 30 | 69.14 | 39 | 78 |
| 7 | 弋腾 | 广州富力 | 23 | 68.73 | 87 | 36 |
| 8 | 姜至鹏 | 广州富力 | 28 | 68.39 | 41 | 52 |
| 9 | 吉尔 | 山东鲁能泰山 | 29 | 68.33 | 83 | 49 |
| 10 | 冯潇霆 | 广州恒大淘宝 | 24 | 67.36 | 86 | 43 |

图：后卫球员评分前10

（注：我们选择了联赛出场至少10场且评分排名前10的后卫球员，总体样本为137名）

从后卫球员评分的 TOP10 榜单来看，长春亚泰的伊斯梅洛夫、天津权健的权敬源、山东鲁能的戴琳和吉尔等人，都是各自球队的关键人物，他们的出场可以直接提升球队的防守质量，同时稳定球队的传控体系，再加上球队成绩都不错，因此得分较高。

重庆力帆的米洛维奇今年出场次数不多，但是踢得都是硬仗，他的存在保证了球队的防守质量，让球队在逆境中依然看到希望。

唐淼、张琳芃和姜至鹏是本赛季发挥最好的边后卫，唐淼和姜至鹏都达到了职业生涯的巅峰状态，上榜实至名归。

## 门将评分 TOP5

| | 所属球队 | 赛季出场 | 赛季场均评分 | 扑救 | 零封 | 球队丢球 |
|---|---|---|---|---|---|---|
| 颜骏凌 | 上海上港 | 30 | 65.99 | 110 | 7 | 39 |
| 张鹭 | 天津权健 | 30 | 64.94 | 101 | 8 | 33 |
| 程月磊 | 广州富力 | 30 | 64.72 | 113 | 5 | 46 |
| 王大雷 | 山东鲁能泰山 | 30 | 63.82 | 66 | 11 | 33 |
| 杨程 | 河北华夏幸福 | 30 | 62.91 | 82 | 11 | 38 |

图：门将评分前 5

（注：我们选择了联赛出场至少 10 场且评分排名前 5 的门将，总体样本 26 名）

颜骏凌今年是中超评分最高的门将，去年被对手打入太多远射，今年的颜骏凌修补了自己的短板，变得更全面，更让人放心。个人扑救数达到 110 次，联赛第二。

王大雷作为今年丢球最少的门将之一，联赛 11 次零封对手。而另一位丢球最少的门将张鹭，有 8 次零封对手射门，同时扑救数达 101 次，评分位居联赛第二。

由于恒大最后两轮连败，杨程挤掉曾诚排名第五，个人赛季零封场次也达到了 11 场，见证了球队从升班马到中超劲旅的蜕变过程。

# U23 球员评分研究

作为 2017 赛季中超最受关注的一个焦点，U23 新政的执行情况是今年联赛的研究重点。我们创冰数据的评分系统正好可以对 U23 球员进行一次客观的考核。通过评分系统对 U23 球员能力做出全面的了解。（注：下文中所有研究样本均选取联赛出场次数至少 10 场的球员）

## 2017 赛季 U23 球员评分：高准翼、黄政宇、韦世豪名列前三

| 评分排名 | 球员 | 赛季场均评分 |
|---|---|---|
| 1 | 高准翼 | 67.03 |
| 2 | 黄政宇 | 63.99 |
| 3 | 韦世豪 | 63.74 |
| 4 | 闵俊麟 | 63.24 |
| 5 | 郑达伦 | 62.74 |
| 6 | 刘奕鸣 | 61.79 |
| 7 | 张修维 | 61.58 |
| 8 | 何超 | 61.00 |
| 9 | 钟晋宝 | 60.32 |
| 10 | 胡靖航 | 59.95 |
| 12 | 龙成 | 59.67 |
| 11 | 杨立瑜 | 59.23 |
| 13 | 徐新 | 58.26 |
| 14 | 巴顿 | 58.18 |
| 15 | 刘军帅 | 58.18 |

图：U23 球员评分总排行

在创冰数据评分系统的排行榜上，今年 U23 球员评分排名第一的球员是河北华夏幸福的中后卫高准翼，富力黄政宇位居第二。

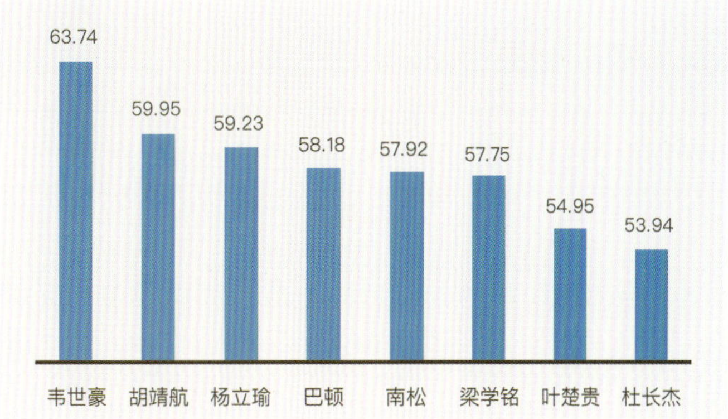


图： U23 前锋球员评分排行

从U23前锋球员的评分来看，唯一一名超过60分的是韦世豪，建业的胡靖航紧随其后，排名第二。

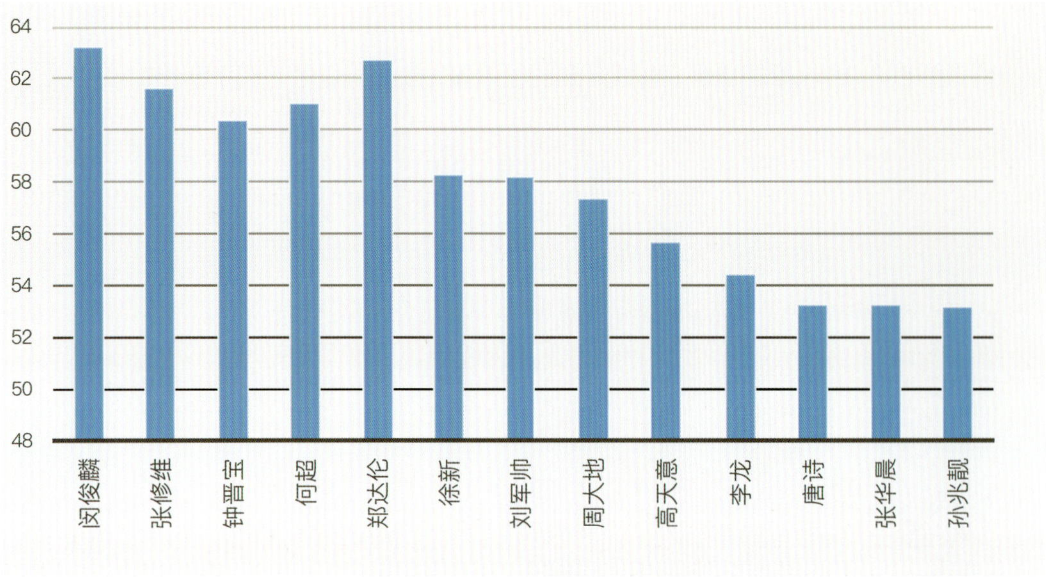


图：U23中场球员评分排行

今年U23球员出场位置人数最多的是中场，涵盖了前腰、后腰、中前卫、边前卫等不同位置。

从实际表现来看，防守型后腰是表现最突出的，闵俊麟、何超、徐新、刘军帅的评分都较高。张修维和钟晋宝是为数不多在中路表现不错的进攻组织型球员，而在边前卫方面，权健的郑达伦表现出色。

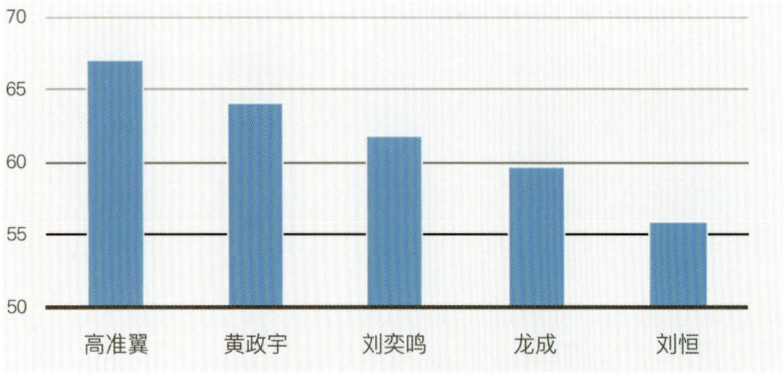


图：U23后卫球员评分排行

而在后卫方面，能够入围评分榜前列的都是中后卫，本赛季U23边后卫出场人数和时间太少，整体表现低迷。

本赛季，U23中后卫的出场特征是核心球员闪耀但是人数偏少，真正表现不错的中后卫，只有高准翼、黄政宇、刘奕鸣、龙成和刘恒5人。

### U23 球员每轮评分趋势图：表现不稳定是年轻人的特征

作为成长中的年轻人，表现不稳定、受影响波动大，都是典型特征。因此，长期跟踪观察，对比不同时间点的不同变化，是综合评定球员赛季表现比较好的方式。创冰数据的评分系统每轮都会对所有 U23 球员进行评分，记录了年轻人整个赛季的成长轨迹。

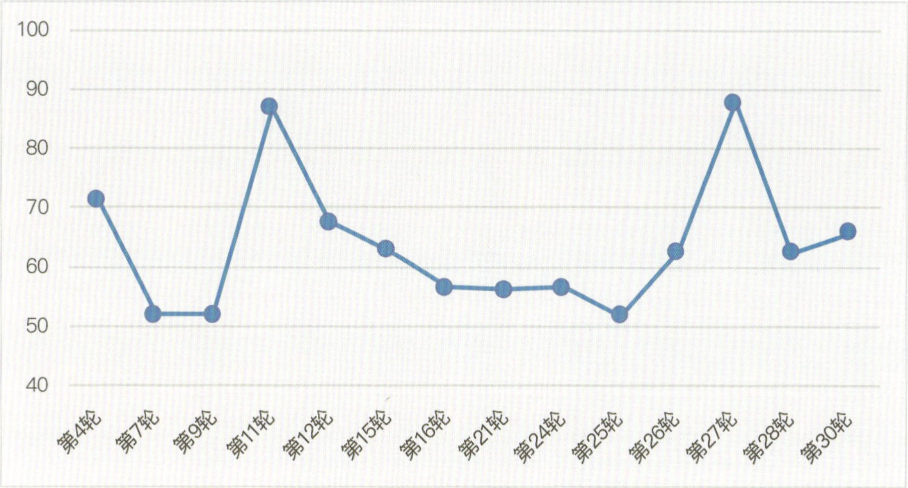


图：韦世豪联赛评分走势

韦世豪作为今年上海上港力捧的新人之一，首秀对阵山东鲁能就完成远射进球，帮助球队取胜。由于上港前场有胡尔克、埃尔克森、武磊、吕文君等球员，韦世豪上场机会不多，不够连续，一定程度上影响了他的稳定性。在 24–30 轮连续获得出场机会之后，他的评分稳中有升。

图：高准翼联赛评分走势

高准翼今年表现最大的特点，是经历低谷之后能够摆脱出来，找回最佳状态。

高准翼本赛季出场 19 次，打入 2 球送出 1 次助攻，赛季初他曾经是球队的稳定先发，对阵上海上港时两个低级失误导致球队输球，因此淡出首发阵容接近 10 轮，从第 19 轮开始，他又重新首发，一直到赛季结束，并在第 21 轮时拿到了 86.27 的高分。

高准翼身体条件出色，综合防守能力强，踢过后腰的他传球能力也非常强，在技术层面没有什么短板，未来的中超他需更多地通过上场累积比赛经验。

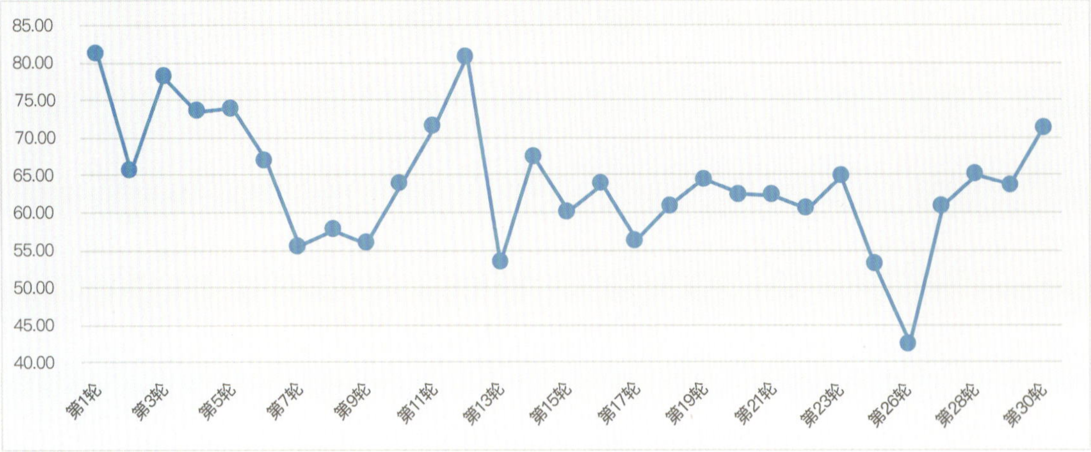


图：黄政宇联赛评分走势

评分系统清晰地记录了黄政宇一个赛季的表现，赛季初平均得分很高，第 7 轮到第 9 轮，球队状态整体出现波动，评分受到影响，之后也能很快反弹。但是下半赛季，黄政宇的评分低于上半赛季，如何在未来稳定发挥是这名小将需要解决的问题。

## U23 球员出场时间排行榜：建业、权健一路领先

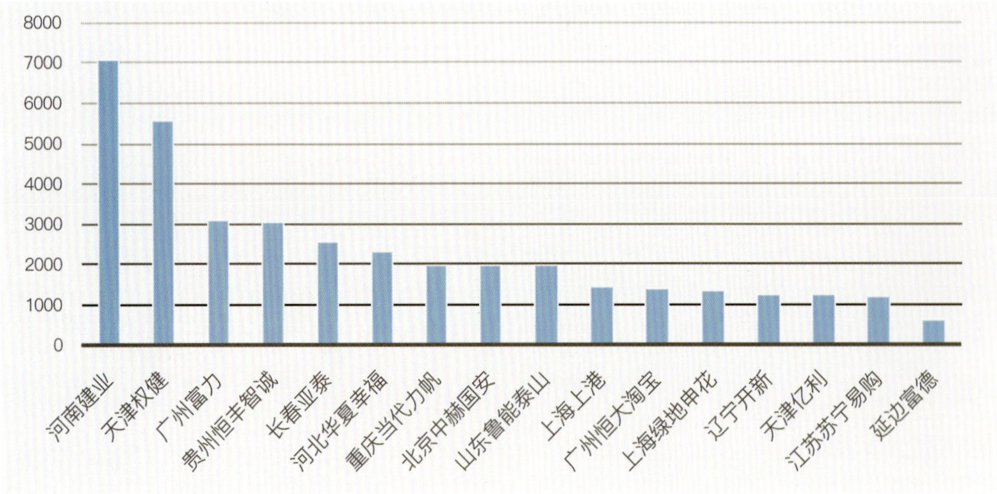


图：U23 球员累计出场时间排行榜

今年 U23 新政推出以来，赛季初中超各队出现三种不同的态度，一种以河南建业、天津权健为首，坚决执行，重用年轻人；一种是观望态度，包括了恒大、上港等球队，在下半赛季，这些

球队的 U23 球员出场时间明显多于上半赛季；还有一种就是回避，包括天津亿利、辽宁开新、延边富德等球队，这些球队普遍受到成绩影响，压力比较大，不敢轻易使用年轻人，出场时间排名倒数。

| | 所属球队 | 位置 | 年龄 | 出场总时间（分钟） |
|---|---|---|---|---|
| 黄政宇 | 广州富力 | 中后卫 | 20 | 2524 |
| 刘奕鸣 | 天津权健 | 中后卫 | 22 | 2463 |
| 闵俊麟 | 贵州恒丰智诚 | 后腰 | 23 | 2372 |
| 龙成 | 河南建业 | 中后卫、后腰 | 22 | 2224 |
| 胡靖航 | 河南建业 | 前锋、边前卫 | 22 | 2022 |
| 何超 | 长春亚泰 | 后腰 | 22 | 1869 |
| 郑达伦 | 天津权健 | 边前卫、边后卫 | 23 | 1838 |
| 南松 | 重庆当代力帆 | 前锋、中前卫 | 20 | 1826 |
| 钟晋宝 | 河南建业 | 边前卫 | 22 | 1741 |
| 高准翼 | 河北华夏幸福 | 中后卫、后腰 | 22 | 1534 |

图：U23 球员个人出场时间排行榜

在 U23 小将们的出场时间方面，排名前 10 名的球员也是本赛季仅有的出场累计时间超过 1500 分钟的球员，远远领先于其他人。

黄政宇从赛季初就一路领先，直到赛季结束，富力为了培养他，不惜放走老将张耀坤，决心可见一斑。刘奕鸣的出场地位也非常稳固，只是由于离队参加亚青赛，减少了出场时间；排名第三的闵俊麟前半赛季几乎场场打满 90 分钟，本赛季多次上演精彩的世界波。

### U23 球员本赛季数据之最

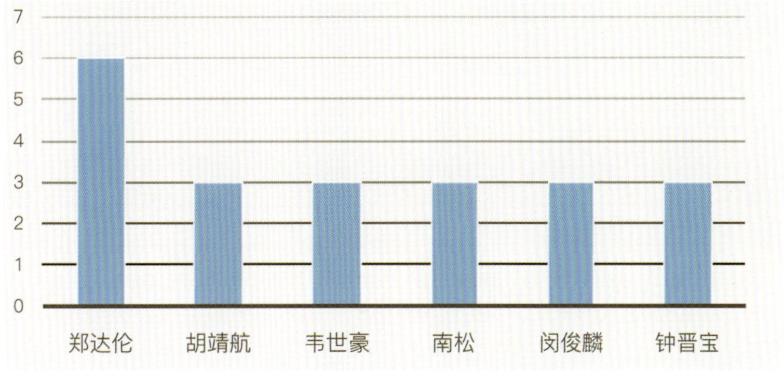


图：U23 球员进球榜

U23 球员本赛季有超过 10 人收获进球。权健的郑达伦打入 6 球，排名榜首。胡靖航、韦世豪、南松、钟晋宝 4 名进攻球员打入 3 球，闵俊麟作为一个防守型中场也能打入 3 球，拥有不俗的远射能力，让人欣喜。

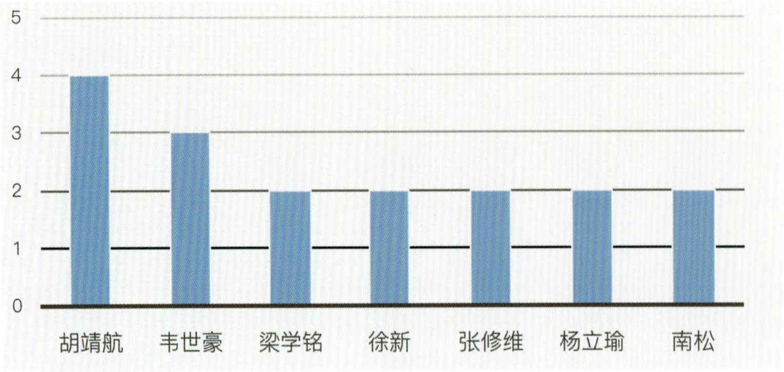


图：U23 球员助攻榜

在球员助攻榜上，胡靖航送出 4 次助攻，次数最多，他打入 3 球送出 4 个助攻，制造了 7 个进球，也是本赛季制造进球最多的 U23 球员。韦世豪、梁学铭、张修维等人紧随其后。没有进入榜单的国安小将巴顿本赛季已经制造了两个点球，同样表现不俗。

| 场均射门 | 场均次数 | 场均射正 | 场均次数 | 场均传球 | 场均次数 | 场均突破 | 场均次数 | 场均传中 | 场均次数 |
|---|---|---|---|---|---|---|---|---|---|
| 巴顿 | 1.5 | 韦世豪 | 0.4 | 何超 | 42.3 | 杜长杰 | 1.5 | 唐诗 | 2.2 |
| 钟晋宝 | 1.1 | 胡靖航 | 0.4 | 黄政宇 | 40.7 | 巴顿 | 1.5 | 郑达伦 | 1.2 |
| 闵俊麟 | 1.1 | 郑达伦 | 0.4 | 闵俊麟 | 39.6 | 韦世豪 | 1.4 | 巴顿 | 1.1 |

图：U23 球员各项数据排行

场均射门方面，小将巴顿受益于施密特的战术体系，场均 1.5 次排名第一。胡靖航、南松等出场时间很多的进攻球员场均射门都很少，反倒是闵俊麟、钟晋宝这样的中场球员射门机会更多，从一个侧面也说明了国产前锋的尴尬处境。

射正方面，韦世豪、胡靖航和郑达伦成为今年射正最多的三名 U23 球员，他们在进攻端的潜力得到了初步展现。

传球次数方面，黄政宇是 U23 传球次数最多的中后卫，传球能力是富力最看重他的地方。何超和闵俊麟所在球队实力并不强，能达到场均接近 40 次的传球，非常难得，这两位防守型中场将在未来成为直接竞争对手，争夺进入国家队的位置。

突破方面，场均次数排名第一的杜长杰让人吃惊。本赛季作为建业的替补轮换球员，他 19 次出场全部替补，累计出场时间只有 313 分钟，在非常有限的出场时间里，他能拿到场均 1.5 次突破，而且不是在某几场比赛刷出的数据，一直比较稳定，展现出了一定的突破能力。

本赛季 U23 边前卫球员出场人数很多，但整体表现不佳，传中方面，唐诗能够排名榜首，主要是因为国安前主帅何塞让其主罚了大量定位球。边前卫郑达伦和前锋巴顿排名二、三。

| 场均解围 | 场均次数 | 场均抢断 | 场均次数 | 场均拦截 | 场均次数 |
| --- | --- | --- | --- | --- | --- |
| 高准翼 | 4.5 | 闵俊麟 | 2.6 | 何超 | 2.0 |
| 黄政宇 | 3.1 | 钟晋宝 | 1.8 | 高准翼 | 1.7 |
| 刘奕鸣 | 2.8 | 何超 | 1.8 | 黄政宇 | 1.6 |

图：U23 球员防守数据排行

防守方面，高准翼场均 4.5 次解围高居解围榜第一，黄政宇、刘奕鸣毫无悬念地进入前三。

抢断数据是防守型中场的天下，闵俊麟、徐新和何超是今年表现最好的三大防守型后腰，但是建业的中场球员钟晋宝凭借最后几轮的表现强势入围，能攻善守，钟晋宝这个赛季的成长让人欣喜。

能够同时在抢断和拦截榜上进入前 3，何超不光能对有球球员进行贴身逼抢，还有出色的判断对手传球路线的能力和对场上局面的预判，这让他在跟徐新和闵俊麟的竞争中占据上风，率先进入里皮的国家队。黄政宇和高准翼同样表现出色。

# 2017 赛季进球方式总体研究

2017 年的中超联赛发生了诸多变化，大量世界级教练和超级巨星的加盟，外援和 U23 新政的执行都对比赛和进球产生直接影响。

今年联赛的进球方式有什么变化？创冰数据为您解读。

首先需要明确不同进球方式的定义，按照国际足坛的分类和定义，创冰同样将足球进球方式分成 14 种，其中“定位球”5 种、“运动战”9 种。

我们首先来看 5 种定位球进球方式的分类：

1、点球。常规定义不需要多说，需要注意的是，点球被扑出之后紧随着的补射破门也属此类。

2、直接任意球。球员利用任意球机会直接射向球门取得进球。

3、任意球配合。任意球配合包括快发任意球形成破门的配合和任意球传向危险区域由其他球员抢点完成射门得分等。同时，直接任意球发出被破坏后，通过二次进攻形成的进球，也计算在任意球配合之内。

4、角球。直接来自角球传中或紧随角球传中后的进球，需要指出的是，角球罚出后被防守方解围、进攻方在外围得球后展开的二次进攻得分都属于角球进攻进球。

5、界外球。界外球罚出以后形成的射门得分。

接下来再看 9 种运动战进球方式的定义：

6、边路传中。即从球场边路传中形成的射门得分。

7、渗透配合。此类方式的定义为两三人之间配合后的破门得分，例如撞墙式二过一。这类进球之前，一般都是以短传配合为主，然后完成最后一击。

8、直塞球。以向前的穿透性传球或传防守球员身后的方式形成的射门得分。

9、个人突破。是指进攻方球员带球摆脱、晃过对方防守球员，在距离较近范围内射门得分；或者是自己带球，然后传球给队友完成射门得分。

10、远射。指远距离直接射门，或远射被扑后的补射，最初起脚位置一般都是在禁区外。

11、长传禁区。通过斜长传的方式将球直接传入禁区内完成的射门得分。

12、防守失误。指本方持球队员回传队友或门将时出现失误而导致丢球，或是因为本方门将失误导致的丢球。

13、倒三角。即从底线前回传完成射门的得分方式，回传的传球位置必须在禁区内。

14、乌龙球。即由对方球员攻入的进球统称为“乌龙球”。

## 2017 赛季中超联赛的进球方式：运动战依然具有决定性

| 2017赛季 | 运动战进球 | 定位球进球 |
|---|---|---|
| 数量 | 521 | 211 |
| 比例 | 71% | 29% |

图：2017 赛季中超运动战和定位球的进球比例分布

从 2017 赛季的中超进球方式来看，运动战进球 521 个，占比达到 71%，定位球进球 211 个，占比达 29%，运动战解决问题依然是最有决定性的方式。

| 2017 赛季 | 渗透配合 | 长传 | 传中 | 倒三角配合 | 防守失误 | 个人突破 | 直塞 | 远射 | 乌龙球 |
|---|---|---|---|---|---|---|---|---|---|
| 数量 | 138 | 22 | 119 | 25 | 37 | 42 | 56 | 67 | 15 |
| 比例 | 26.5% | 4.2% | 22.8% | 4.8% | 7.1% | 8.1% | 10.7% | 12.9% | 2.9% |

图：2017 赛季中超各队运动战进球方式

在运动战方面，渗透配合由于形式多样、发生地点更靠近球门，占有绝对比重，占运动战总进球的比例达到 26%，边路传中、远射、直塞球同样是各队最常用的运动战进攻手段，进球分别占运动战总进球比例的 23%、13% 和 11%。

| 2017赛季 | 点球 | 角球 | 界外球 | 任意球配合 | 任意球射门 |
|---|---|---|---|---|---|
| 数量 | 70 | 72 | 3 | 40 | 26 |
| 比例 | 33.2% | 34.1% | 1.4% | 19.0% | 12.3% |

图：2017 赛季中超各队定位球进球方式

在定位球方面，角球、点球和任意球的进球数量基本上是三分天下的状态，占比都超过了 30%，其中任意球里有 12% 是直接任意球射门，19% 是任意球战术配合，说明中超定位球进球手段保持着多样性的特征，没有单纯依赖哪种战术。

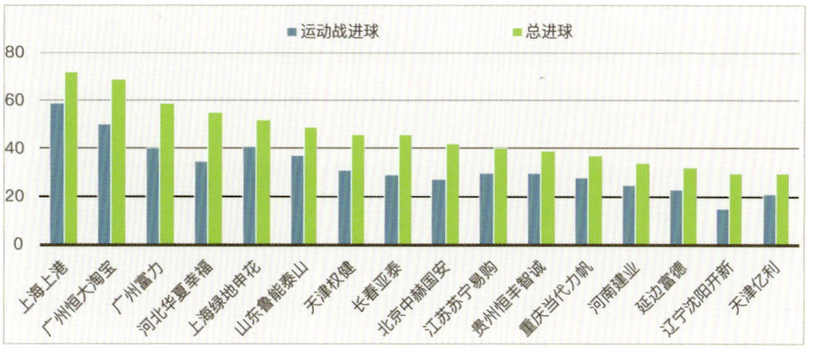


图：2017 赛季中超各队运动战进球数和总进球数

界外球在定位球里进球的比例很小，中超真正的手榴弹高手只有权健的权敬源、建业的戈麦斯等少数几个人，秦升还一直在禁赛状态，手榴弹战术对中超来说，还是个稀缺产品。

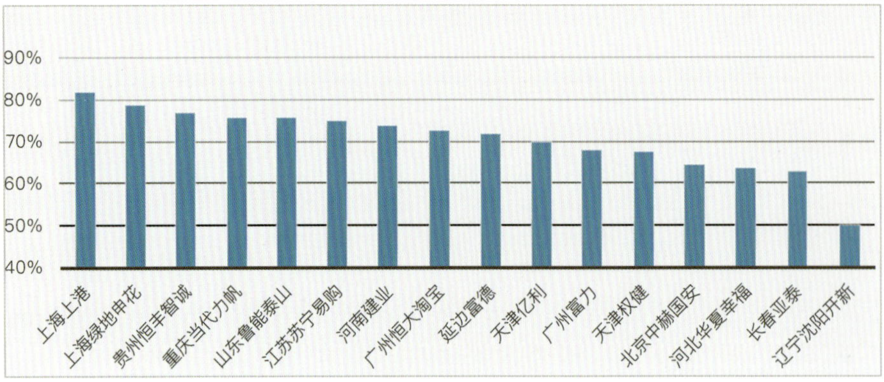


图：2017 赛季中超各队运动战进球

分析中超各队的运动战进球占总进球数的比例我们可以发现几个特征：

1、在强队里，上港、恒大、申花、鲁能这样的传统球队，运动战进球的能力最强，占比都超过了总进球数的 75%。华夏、权健这样的中超新贵或者富力这样的阵容有较大变化的球队，对定位球的依赖程度要更高，运动战进球占比都在 70% 以下。

2、亚泰、贵州和力帆这几支本赛季表现出色的中游球队各有不同，亚泰今年的定位球战术进球很多，他们获得了中超最多的点球，任意球和角球战术也频频进球，让球队拿到多场胜利；力帆的运动战进攻踢得有声有色，进球占比接近 80%，但是定位球表现比较一般；贵州恒丰则是偏科比较严重，由于有耶拉维奇的存在，他们对运动战和定位球传中、远射的依赖度非常高。

| | 渗透配合 | 长传 | 传中 | 倒三角配合 | 防守失误 | 个人突破 | 直塞 | 远射 | 乌龙球 | 点球 | 角球 | 界外球 | 任意球配合 | 任意球射门 |
|---|---|---|---|---|---|---|---|---|---|---|---|---|---|---|
| 北京中赫国安 | 10 | 1 | 7 | 2 | 1 | 3 | 2 | 1 | | 10 | 4 | | | 1 |
| 广州富力 | 8 | 3 | 10 | 2 | 3 | 4 | 3 | 7 | | 2 | 10 | 1 | 4 | 2 |
| 广州恒大淘宝 | 11 | 4 | 17 | | 3 | 1 | 5 | 6 | 3 | 6 | 10 | | 1 | 2 |
| 贵州恒丰智诚 | 10 | 1 | 8 | 2 | | 1 | 3 | 5 | | 2 | 4 | | 3 | |
| 河北华夏幸福 | 10 | | 9 | 1 | 4 | 3 | 1 | 7 | | 9 | 6 | | 5 | |
| 河南建业 | 9 | 1 | 2 | | 2 | 4 | 4 | 1 | 2 | 1 | 2 | 1 | 2 | 3 |
| 江苏苏宁易购 | 10 | 2 | 3 | 2 | 1 | 5 | 3 | 4 | | 2 | 2 | | 4 | 2 |
| 辽宁沈阳开新 | 3 | 1 | 6 | | | 1 | 1 | 2 | 1 | 5 | 3 | | 2 | 5 |
| 山东鲁能泰山 | 7 | 5 | 10 | 1 | 5 | 1 | 1 | 6 | 1 | 3 | 7 | | 1 | 1 |
| 上海绿地申花 | 12 | 1 | 12 | | 5 | 3 | 6 | 2 | | 4 | 3 | | 2 | 2 |
| 上海上港 | 18 | | 9 | 4 | 4 | 4 | 10 | 7 | 3 | 7 | 3 | | 2 | 1 |
| 天津权健 | 7 | 1 | 6 | 4 | 2 | 2 | 4 | 5 | | 5 | 6 | 1 | 2 | 1 |
| 天津亿利 | 7 | | 4 | 2 | 1 | 3 | | 2 | 2 | 3 | 2 | | 4 | |
| 延边富德 | 7 | 1 | 1 | | 2 | 2 | 7 | 2 | 1 | 3 | 1 | | 2 | 3 |
| 长春亚泰 | 4 | | 8 | 3 | 1 | 2 | 5 | 4 | 2 | 6 | 5 | | 6 | |
| 重庆当代力帆 | 5 | 1 | 7 | 2 | 3 | 3 | 1 | 6 | | 2 | 4 | | | 3 |

图：2017 赛季中超各队 14 种进球方式

## 2017 赛季中超进球数观察

2017 赛季中超跟之前几个赛季在数据层面最大的区别或者说进步是什么？是进球数。

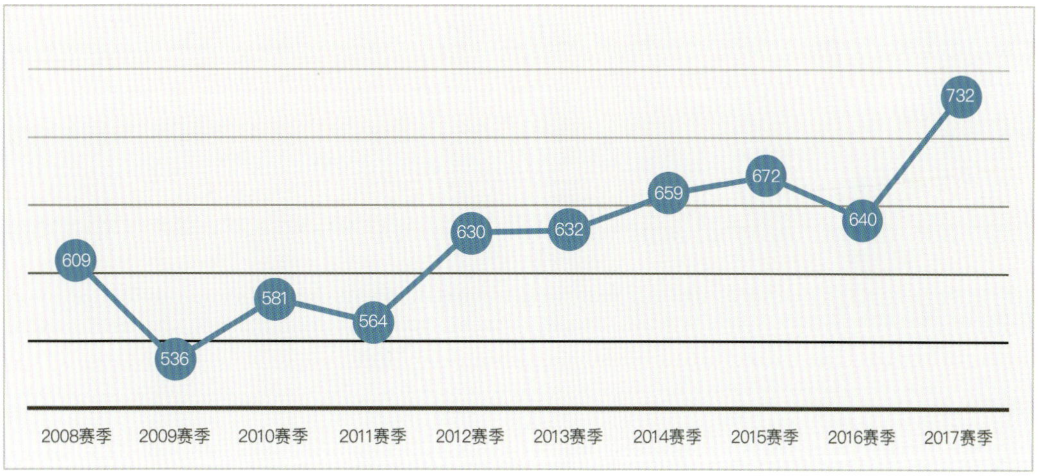


图：中超历年进球数

自从 2008 赛季中超开始拥有 16 支球队、240 场联赛以来，总进球数在本赛季第一次突破 700 球大关，达到了 732 球。

到底是什么原因导致今年进球数爆棚？是超级外援增多，世界级名帅纷纷到来，还是 U23 和三外援新政导致的？我们创冰大数据进行了深入的研究。

### 多年数据对比：本赛季进球爆发集中在射手榜前 10 名

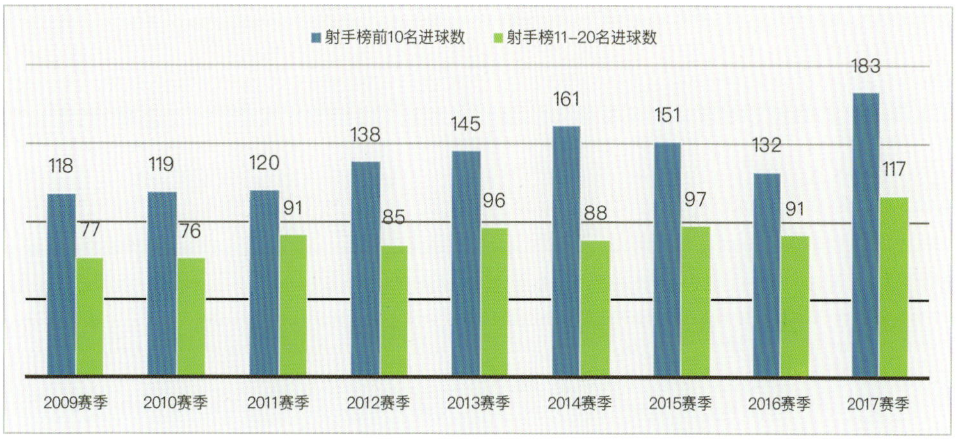


图：中超2009-2017赛季进球发生分布

2008 赛季由于武汉光谷退赛，某些射手少了一次表现的机会；自从 2009 赛季开始，中超所有射手都站在同一起跑线上。

回顾最近 9 个赛季射手们的表现可以发现，2009–2011 赛季射手榜前 10 名的射手基本都在同一水平，2012 赛季埃尔克森的加盟，提升了中超超级射手的功力，2012–2014 赛季，射手榜前 10 名球员的进球总数一直在攀升，但是到了 15–16 赛季又出现下滑，尤其去年，以高拉特为首的射手们表现并不出彩。

相比射手榜前 10 名射手的能力波动，射手榜 11–20 名的射手们则处于长期稳定的状态，每赛季进球总数都相差无几。

到了 2017 赛季，射手榜前 20 名射手的进球数分别有了明显增加，前 10 名射手的进球数比去年增加了 51 球，排名 11–20 名射手的进球总数也增加了 26 球。

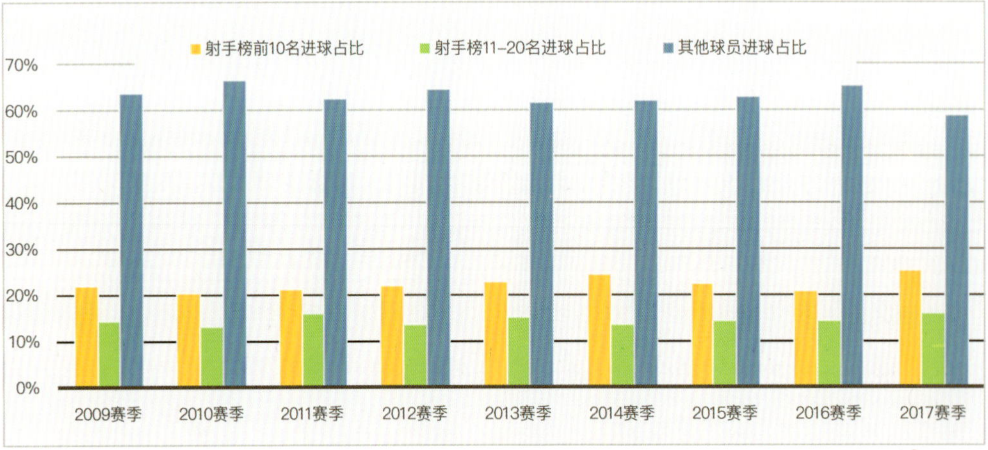


图：历年中超进球分布占比

进球绝对数量的飙升是一回事，进球数量占总进球数量的比例是另一回事，如果所有人的进球数都在同比例增加，那可能说明不了什么问题。

但从进球占比来看，射手榜前 10 名球员的进球占总进球数的比例，今年已经跃升到 25%，是历年来最高的一次，而 11–20 名射手的进球占比，则依然在一个横向区间里震荡，今年只是碰到区间上沿。

也就是说，前 10 名射手的爆发，成为今年进球数飙升的关键。

除了射手榜上的超级球星，今年其他角色球员的进球数占比，第一次跌破总进球数的 60%，角色球员的地位再一次被削弱。

本赛季射手榜前 20 名除了武磊，剩下的全部是外援，进球正在变成外援的专属工作，国内射手正在被边缘化。

## 超级射手的爆发：高效与能力并存

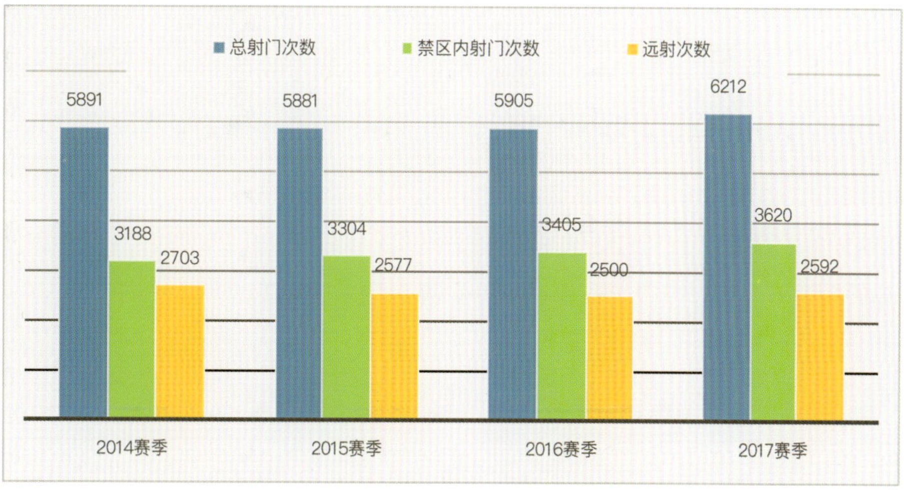


图：最近 4 个赛季中超射门次数对比

在本赛季之前，中超每赛季的总射门次数已经连续三年稳定在同一个区间里，本赛季是第一次突破 6000 次大关，这就意味着在每年的 240 场比赛里，各队单场比赛的平均射门次数从 12.3 次上升到了 12.9 次。

本赛季与之前几年相比，远射的射门次数还不如 2014 赛季，跟 15 年基本持平，禁区内射门的次数却是一路走高，比起 2014 赛季已经上涨了 14%，说明中超各队对于禁区的攻击能力越来越强。

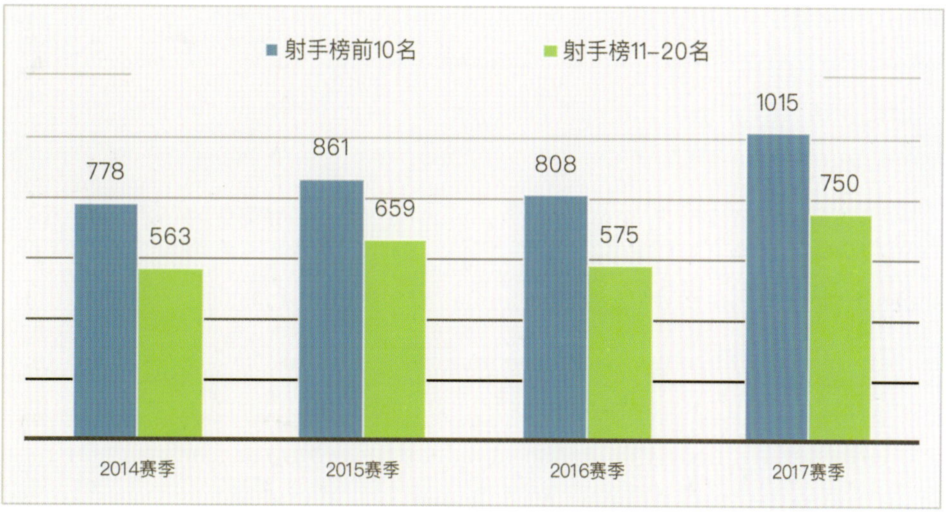


图：近 4 赛季射手榜前 20 射门次数之和

2017 赛季射门方面两极分化的格局正在形成。

今年联赛总射门次数比之前几个赛季多了 300 次，其中，射手榜前 10 名球员的射门次数之和比之前几年多了超过 200 次，11–20 名射手的射门之和较往年增长了约 180 次，也就是说，除去这 20 位球员，其他球员的射门次数总和还降低了接近 100 次。

超级射手们获得了更多射门机会，完成了更多进球，这是今年超级射手们爆发的关键所在；其他角色球员的射门次数变少，射正率降低，稀释了平均数据，导致 17 赛季整体的射正率下降。

### 进球数量的增多是否和防守质量下滑有关？

| 比赛场次 | 0–0 | 进1球 | 进2球 | 进3球 | 进4球 | 进5球及以上 |
|---|---|---|---|---|---|---|
| 2014赛季 | 19 | 41 | 54 | 55 | 39 | 32 |
| 2015赛季 | 18 | 36 | 56 | 58 | 39 | 33 |
| 2016赛季 | 22 | 39 | 59 | 57 | 31 | 32 |
| 2017赛季 | 15 | 28 | 54 | 59 | 38 | 46 |

图：近 4 年联赛进球场次统计

超级射手们为何会突然爆发？武磊、拉维奇、斯蒂夫、塔尔德利、莫雷诺等人都在今年踢出最好的状态，仅仅只是巧合，还是有什么其他原因？

本赛季中超能够上演进球狂飙，单场比赛打入 5 球及以上的比赛显著增多是重要原因，今年一共有 46 场比赛打入 5 球及以上，远多于之前 3 个赛季的 32–33 场的水平。

高比分的比赛增多，相应减少的不是进 3 球、4 球的比赛，而是 0–0 的平局和只进 1 球的比赛，说明在多场比赛里，至少有一支球队存在防守失控的状态，有些场次是两队防守都已经失控，比如山东鲁能 5–4 战胜河北华夏，比赛中被判罚 3 个点球，就是很好的例子。

| 进球的射门区域 | 2016上半赛季 | 2016下半赛季 | 2017上半赛季 | 2017下半赛季 |
|---|---|---|---|---|
| 小禁区 | 56 | 57 | 79 | 87 |
| 禁区中路点球点之前 | 97 | 111 | 91 | 131 |
| 禁区中路点球点之后 | 61 | 84 | 83 | 81 |
| 禁区两侧和弧顶一带 | 27 | 52 | 33 | 62 |
| 禁区外远射 | 36 | 43 | 32 | 38 |
| 乌龙 | 6 | 10 | 8 | 7 |

图：中超进球射门区域统计

如果我们按照进球的难易程度和射门位置，把进球的射门区域分为小禁区、中路点球点之前、中路点球点之后、禁区两侧和弧顶、禁区外远射等 5 个不同的区域可以发现，本赛季在小禁区和禁区中路点球点之前这种最容易进球区域的进球数量大幅增加，而禁区两侧的进球数增加，相当一部分也是在小禁区两侧很接近球门的区域完成。

这就意味着，本赛季中超各队让对手在自己的小禁区附近得分变得非常容易，各队普遍防守质量都存在问题，对禁区的保护远不如前几个赛季。

另一方面，如果我们把足球的球门分成左上、左下、中上、中下、右上、右下 6 个区域，可以发现，今年的 732 个进球有 461 个射入左右下角的死角。

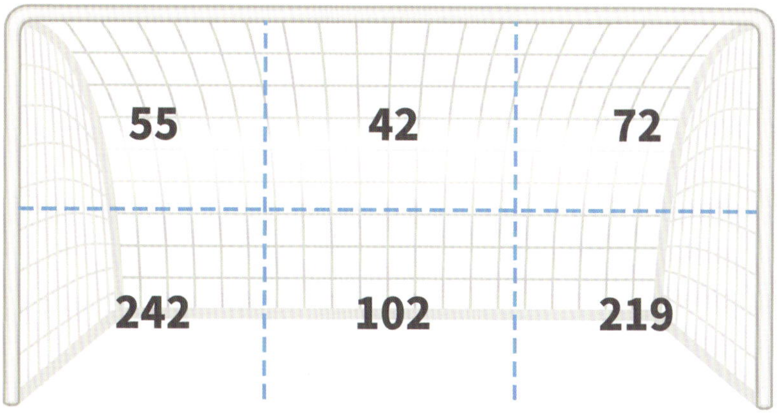


图：本赛季进球球门位置分布

还有一个能证明防守质量下降的因素是射门方式。

本赛季头球进球数量比上赛季多了 31 个，这是防空质量下降的结果。

右脚进球数增加了 66 个，射手榜前 10 名里扎哈维、武磊、索里亚诺等 7 大右脚射手本赛季一共打入 131 个进球，其中 100 个是右脚打入的。

| | 左脚进球 | 右脚进球 | 头球进球 | 其他方式 |
|---|---|---|---|---|
| 2016赛季 | 175 | 332 | 114 | 19 |
| 2017赛季 | 170 | 398 | 145 | 19 |

图：近 2 赛季联赛进球方式统计

综合上述分析，我们可以得出结论，中超本赛季的进球数增加原因来自两方面，一是能力出色的超级射手集体爆发，一是中超各队的防守质量普遍下降，而防守质量的下降又直接导致超级射手们得分更容易，因此，防守质量的下降是最重要因素。

## 2017 赛季运动战进球方式研究

对于不同的球队来说，由于球队阵容配置的差异，造成了不同球队的运动战进球方式差别很大，突破能力强的球队、拥有高中锋的球队、重点配置边路球员的球队，都有不同的进攻属性。

如前文所说的，我们把运动战进球分为 9 种方式，那么在 2017 赛季中，不同的运动战进球方式存在什么差异？哪些球队在哪些领域有出色的表现呢？

### 边路传中进球：左右路边路传中形成进球大致相同

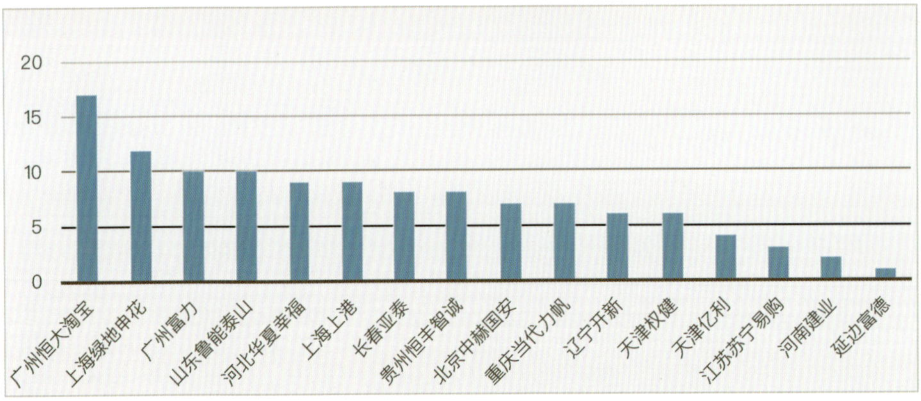


图：2017 赛季中超各队边路传中进球数量统计

在 2017 赛季的边路传中进球里，进球数排名前列的球队，如恒大、鲁能、富力、华夏等，这些球队的共同特征是既拥有一定的比赛控制能力、又拥有优秀的边路球员、还拥有抢点能力突出的前锋。

一些边路传中进球少的球队，往往存在缺陷，比如天津亿利、江苏苏宁边路实力突出但是本赛季锋线把握机会能力不佳；辽宁、延边等球队中路薄弱，单纯依靠边路进攻很容易被对手防死；权健、建业等球队中路配合更多、更依赖反击，等等。

比较特殊的上海申花，运动战边路传中打入 12 球，但是角球、任意球战术进球并不多，主要是因为球队中前场仅有莫雷诺的高点争抢能力突出。

从本赛季的边路传中进球的传中位置和成功率来看，左右路完成次数几乎相同。重庆力帆、上海申花、贵州智诚等球队，由于拥有出色的左翼球员左路踢得比较活跃，广州恒大、山东鲁能等球队的右路配合更有效果，而河北华夏、上海上港、广州富力等球队则由于拥有出色的边路球员，可以做到两翼齐飞。

但是总得来说，在郑龙、张文钊、冯仁亮等一批边路球员逐渐淡出、外援边锋又大量消失之后，中超球队目前两个边路的能力普遍不如前几年，依赖中路渗透进攻正在成为主流。

## 渗透配合

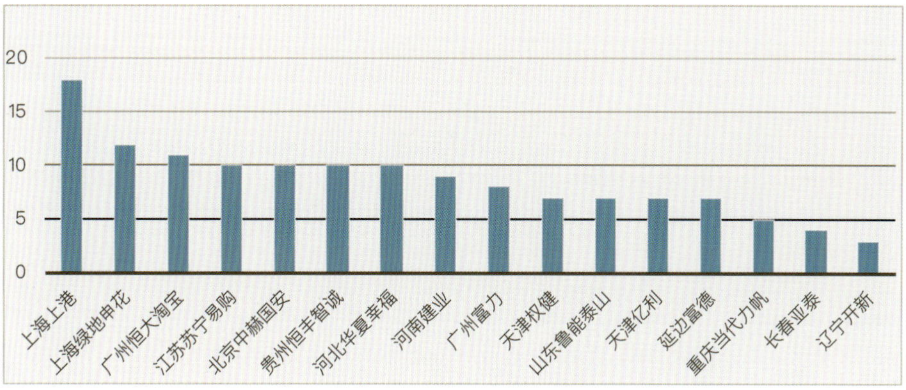


图：2017 赛季中超各队渗透配合进球统计

由于中路短传配合、突破之后的禁区内传递等战术进球都被划到渗透配合进球里，因此，这种进球方式成为进球最多的运动战进球方式。

上港、申花、恒大是依靠这种战术进球最多的球队，尤其上港，由于胡尔克、奥斯卡拥有强大的个人能力，此类进球方式远远领先其他球队。

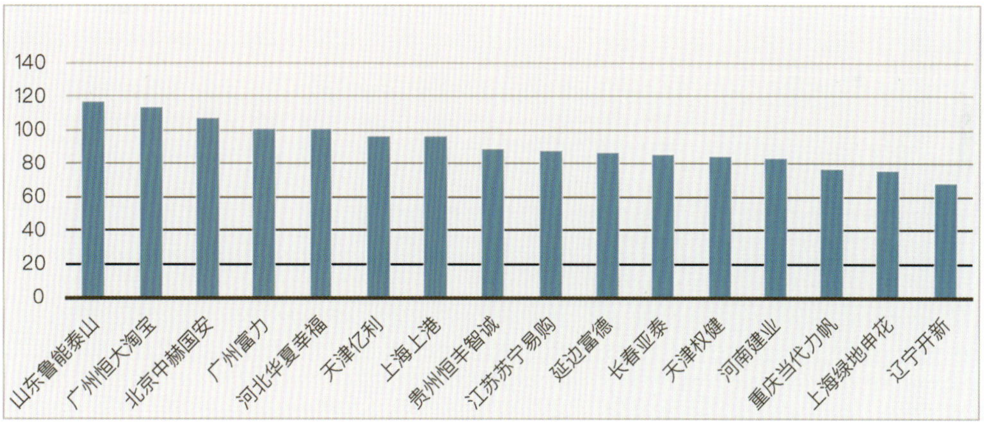


图：2017 赛季中超各队进攻 30 米区域的场均传球次数统计

在制造渗透配合方面，有几个因素非常关键，其中最重要的是进攻 30 米区域里的短传渗透能力。

山东鲁能、广州恒大等球队的突破能力并不算突出，本赛季场均突破次数都排在中超球队的中下游水平，恒大甚至突破次数倒数第一，但是这些球队都有很强的比赛控制能力和进攻核心区域连续短传渗透的能力，因此能够取得大量进球。

而上海双雄则正好相反，他们在进攻 30 米区域的传球能力一般，但是依靠核心球员的突破完成对对手防线的打击、制造混乱，其他球员快速跟上完成配合进球，效率同样非常高。

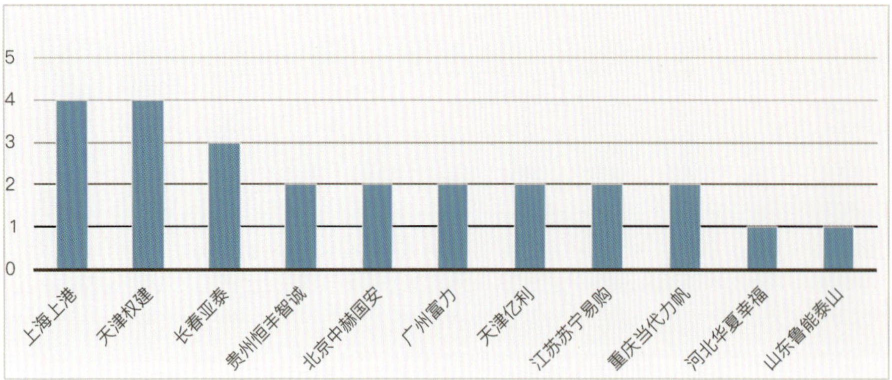


图：2017 赛季中超各队倒三角配合进球数量统计

而作为渗透配合里的一种特殊形式，倒三角配合本赛季打入了 25 个进球。倒三角配合进球最多的球队与边路传中进球最多的球队恰恰相反。本赛季边路传中进球最多的恒大、申花、富力、鲁能等队，倒三角配合的进球都比较少，上港、权健、亚泰这样的擅长在中路渗透的球队更喜欢倒三角配合。

## 个人突破、直传等方式进球：超级明星的舞台

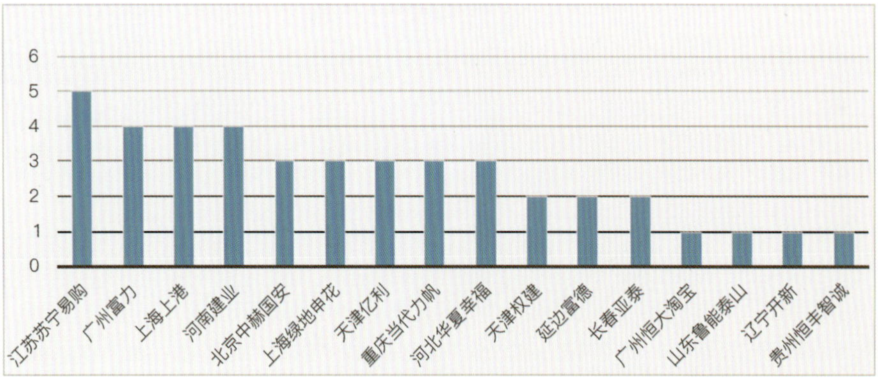


图：2017 赛季中超各队个人突破进球数量统计

在中超引入大量优秀锋线外援的大背景下，尽管世界级名帅带来了强大的战术体系，但很多时候球员强大的个人能力还是解决问题的有效途径，比如个人突破进球。

个人突破进球的产生，跟球员突破能力有一定的关系，比如恒大整体缺少突破能力，因此只有 1 个突破进球，力帆的费尔南多、建业的巴索戈等人则都在突破进球上多有建树。

但同时，由于今年中超球队普遍在防守时会集中在中路，球员突破往往会发生在边路，像上

港的胡尔克是个特例，尽管他的大多数突破都没有完成直接进球，而是传递给队友间接完成突破进球。

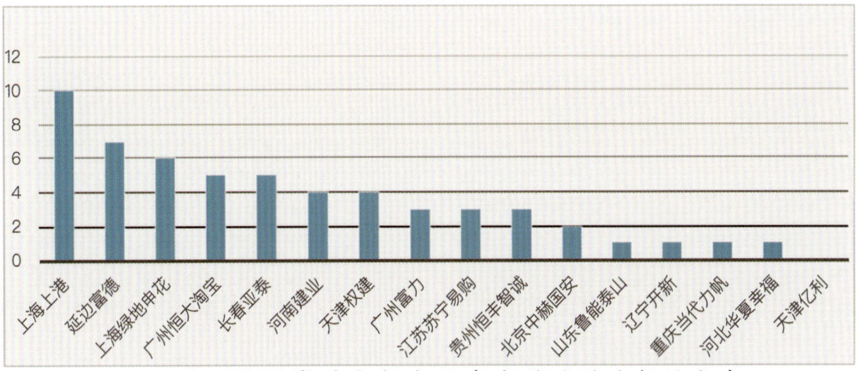


图：2017 赛季中超各队直塞进攻进球数量分布

而另外一种依靠明星球员个人发挥的进球方式，依靠直塞进球最多的上港、延边、申花、恒大等队，要么拥有单兵作战能力很强的球星，要么有两三人熟练的传跑配合。

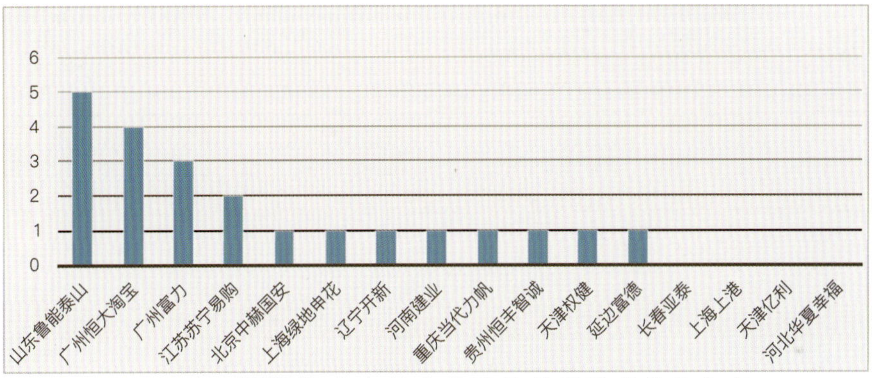


图：2017 赛季中超各队长传禁区进球数量分布

还有一种依靠个人能力的进球方式不太常见，长传禁区通常发生在快速反击中，容易与其他进球方式发生交集。山东鲁能、广州双雄对战局变化的敏感度最高，此类方式进球较多。

## 远射进球：灵光乍现比远射能力更重要

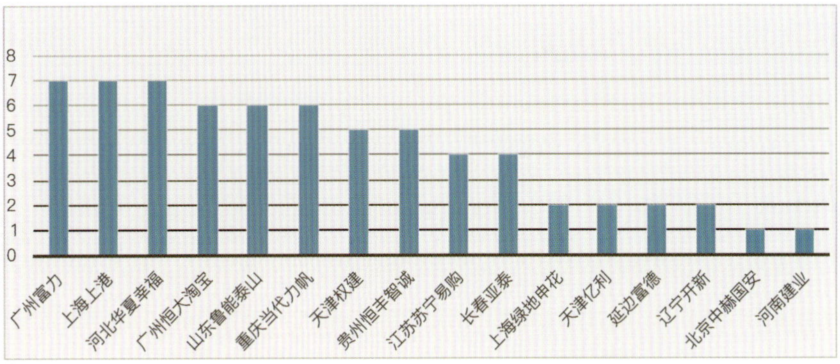


图：2017 赛季中超各队远射进球数量统计

再出色的战术和个人能力，面对反击战术也可能失灵，破密集防守的三大法宝，除了突破和定位球，就是远射。

本赛季，富力、华夏、上港等球队都依靠远射拿到过重要的分数，表现最好。辽宁、建业、国安都拥有出色的定位球主罚高手，阿萨尼、多奇卡尔等本赛季都打入过漂亮的直接任意球，但是这些球员因为位置和能力问题，在运动战时远射很难进球，导致各自球队的运动战远射只打入1球。

| 球队 | 所属球队 | 远射次数 | 远射进球 |
| --- | --- | --- | --- |
| 扎哈维 | 广州富力 | 67 | 6 |
| 胡尔克 | 上海上港 | 94 | 5 |
| 帕托 | 天津权健 | 45 | 4 |
| 费尔南多 | 重庆力帆 | 58 | 3 |
| 塔尔德利 | 山东鲁能 | 21 | 3 |

图：2017 赛季中超球员远射进球榜前五

对于中超球队来说，拥有一个有远射能力的球员，是一种幸福，扎哈维、胡尔克、帕托等人都是各自球队的远射大腿，打入过多个漂亮进球。

但总得来说，即使是效率很高的塔尔德利，21 次远射也只打入 3 球，胡尔克的暴力远射固然经常，浪费的射门次数也非常惊人。

## 防守失误进球和乌龙

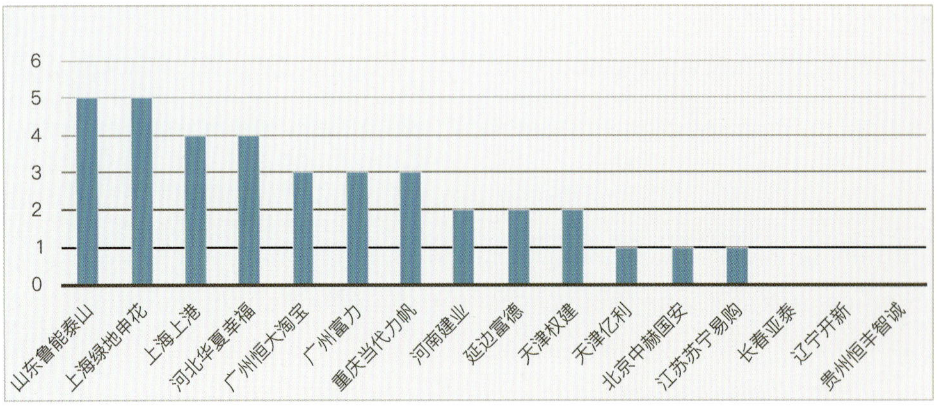


图：2017 赛季中超各队防守失误进球数量统计

渗透配合战术，是球队控制力和技术能力的展现，一方面可以直接造成进球，一方面还能造成一些附属方式的进球，比如防守失误。

渗透配合战术通常会给对方防线造成非常大的防守压力，造成对手的紧张从而失位导致低级错误，当然，一些定位球战术也会激发防守失误的产生。

在渗透配合、定位球战术等多重影响下，上港、恒大、鲁能成为造成对手失误然后进球最多的球队；辽宁、苏宁和贵州因为球队进攻点单一，很少能引发对手防线的混乱。

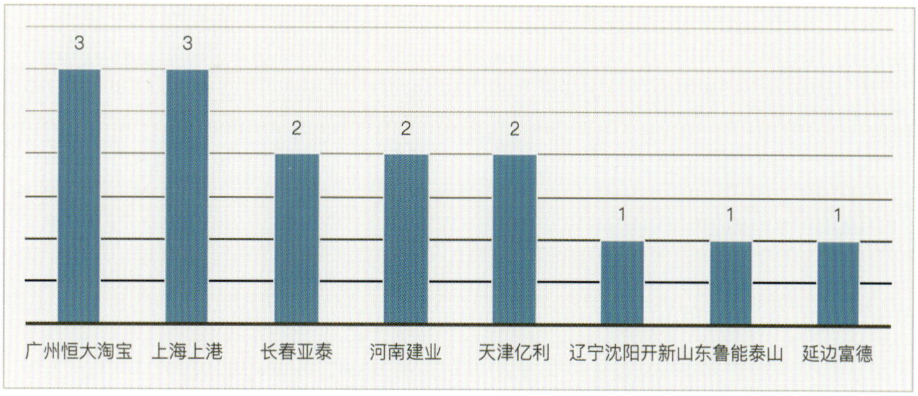


图：2017 赛季中超各队乌龙球进球数量统计

而作为防守失误的一种特殊形式，本赛季一共产生了 14 个乌龙球。能够制造乌龙球的球队，要么是恒大、上港这种特别强大的球队，要么是各种作风比较硬朗的北方球队。

## 2017 赛季定位球进球方式研究

| 获得次数 | 总进球 | 获得次数 | 总进球 | 获得次数 | 总进球 | 直接任意球 |
|---|---|---|---|---|---|---|
| 84 | 70 | 2400 | 72 | 3622 | 66 | 26 |
| 点球 | | 角球 | | 前场任意球 | | |

图 2017 赛季中超定位球进球数据总览

定位球历来是足球场上重要的得分手段，对于中超也不例外，2017 赛季，16 支中超球队一共通过点球、角球和任意球获得的进球分别是 70、72、66 个。

### 点球进球研究：国安是点球之王，中超是右脚将的天下

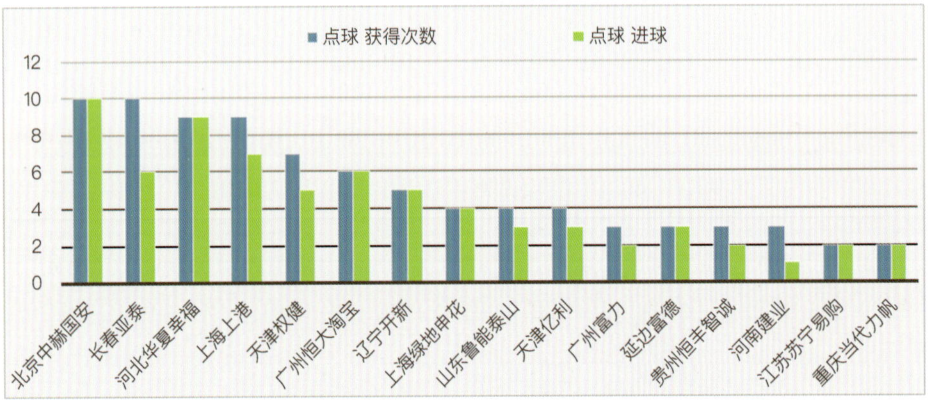


图：2017 赛季中超各队获得点球以及点球进球数总览

说到点球，本赛季最大的赢家是北京中赫国安，他们一共获得 10 个点球全部罚入，命中率 100%，其中索里亚诺一人就打入 7 球。

广州恒大的高拉特、河北华夏的拉维奇都是队内头号点球手，分别主罚 6 个点球，全部罚中。

长春亚泰、上海上港和天津权健是点球命中率最糟糕的几支球队，尤其亚泰，10 罚 6 中，队内两大王牌伊哈洛和胡斯蒂分别罚丢了两个，上港的胡尔克和权健的帕托也都罚丢两球。

| 点球获得方式 | 单刀和反击 | 门将出击 | 突破过人 | 对手手球 | 对手非受迫性犯规 | 误判 |
|---|---|---|---|---|---|---|
| 获得次数 | 12 | 13 | 18 | 20 | 20 | 1 |
| | 主动突破造成对手犯规 | | | | | |

图：2017 赛季中超获得点球的不同方式和次数

在点球获得的方式上，主动突破造成对手犯规是最主要的获得点球方式，可以分为三种不同的形式。

首先，个人能力超强的外援如奥斯卡、伊哈洛以及于汉超等人可以在阵地进攻中靠个人突破完成对对手禁区的冲击，一共有 18 个点球来自突破造成的犯规。其次，利用反击制造单刀球机

会造成对手后卫犯规获得 12 个点球，贵州恒丰、延边富德等进攻速度比较快的球队用这种方式获得的点球数较多。还有一种特例，就是反击或者突破击穿对手整条防线迫使门将出击犯规制造点球，也有 13 个，如延边的董佳林、亿利的杜佳、辽宁的石笑天等人也先后送出过点球大礼。

此外，禁区内推人、踢人等各种非受迫性防守犯规也制造了 20 个点球，广州富力、河南建业这种后防线比较年轻的球队经常会犯这样的错误，比如小将黄政宇就送给对手 2 个点球；但是伊斯梅洛夫、多奇卡尔等外援也犯过类似的错误。

手球犯规制造的点球也有 20 个，华夏、权健这样的边路比较活跃的球队在传中时容易造成对手手球犯规。

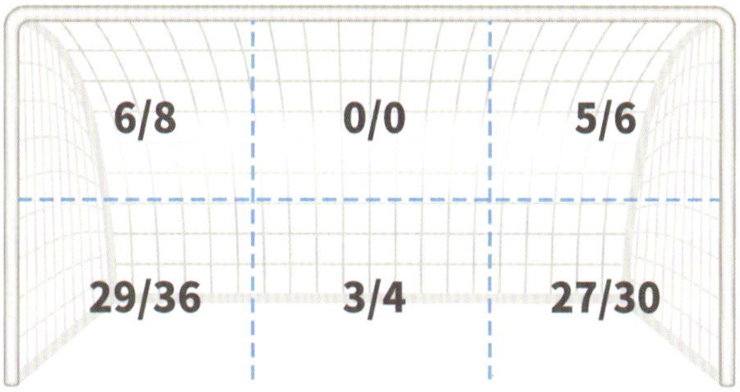


图：2017 赛季中超 16 队主罚点球角度及进球比例

如果我们把球门分成左上左下、中上中下、右上右下 6 个区域，射手们最爱的还是左右两个下角，分别主罚了 36 次和 30 次，不过，左下角也成为射手的噩梦，36 次主罚只打入 29 球，胡尔克、佩莱、帕托等人都曾经射向这个角度，但是偏出或者被门将扑出。

射向左右上角的球员，通常都有非常好的脚法和信心，胡尔克、奥斯卡等人会选择射向这种角度，扎哈维和迪亚涅分别有一次射飞。

射向中路的球员非常少，本赛季没有一个勺子点球，毕竟门将见多了防备心都比较强。

| 点球 | 左脚 | 右脚 | 判断正确 | 判断错误 |
|---|---|---|---|---|
| 次数 | 15 | 69 | 45 | 39 |
| 进球数量 | 10 | 60 | 34 | 36 |
| | 主罚脚 | | 门将判断 | |

图：2017 赛季中超左右脚进球分布

在主罚脚方面，中超是右脚将的天下、左脚将的噩梦，本赛季只有胡尔克、胡斯蒂、马里尼奥、巴索戈和申花的莫雷诺 5 个人选择用左脚主罚，结果，胡尔克、胡斯蒂分别罚丢两个，巴索戈也没罚进；右脚将 69 次主罚 60 次罚入，伊哈洛、帕托都是用右脚射偏两次。

而门将的判断对点球主罚者的心理压力还是比较大，本赛季门将还是会经常采用提前移动的方式扑救点球，84 次面对点球，只有 45 次判断正确，判断错误率比较高。索里亚诺是罚点球技术最好的球员，他主罚时的助跑经常让对手门将判断错方向，国安 10 个点球 7 个对方门将判断失误，对手的判断错误率高达 70%。

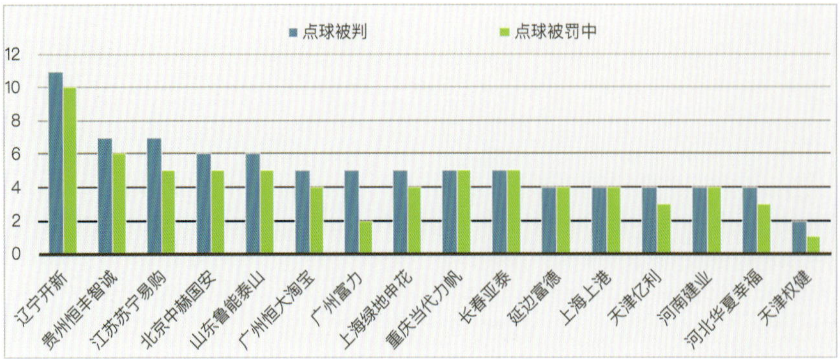


图：2017 赛季中超各队被判点球数和被罚中点球数

获得点球固然欣喜，每个球队也免不了在禁区内犯错，辽宁整个赛季被判罚了 11 次点球，相比之下，权健成为被判点球最少的球队。

在扑救点球方面，富力的程月磊成为今年表现最好的门将，扑出 3 次点球；颜骏凌、曾诚等人扑点球都是弱项，表现不佳。

### 角球进球研究：超级球员是第一战斗力

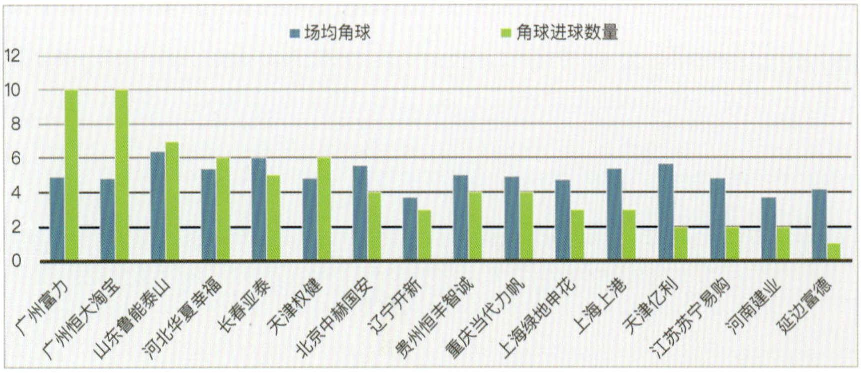


图：2017 赛季中超各队场均获得角球数以及角球进球数

本赛季中超球队角球进球数和角球获得的次数并没有完全相关的关系，鲁能这样的角球获得大户进球不少，富力、恒大这种角球次数并不多的球队进球也不少；而上港、亿利、苏宁等角球次数很多的球队，进球数却不多。

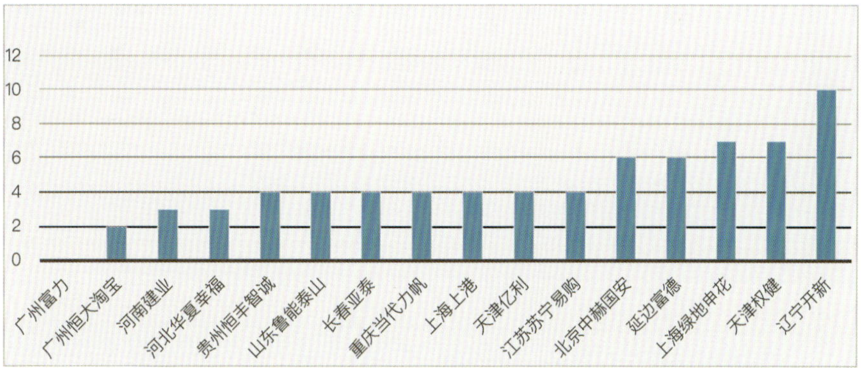


图：2017 赛季中超各队队角球丢球数

而在防守角球方面，富力、恒大这样的角球进球大户的防守质量同样很高，尤其广州富力是本赛季唯一一支没有角球丢球的球队。这些球队不光防空能力出色，对对手角球战术的解读能力同样强大。

相比之下，国安、申花、延边、权健、辽宁等球队则各有防守问题，像申花、国安的空中对抗能力不足，辽宁和延边的防线都卖出重臣，权健则是全新组合，防守角球时配合都缺少默契，丢球较多。

| 2017赛季 | 头球 | 脚射门 | 角球到外围远射及补射 | 直接打入 | 摆渡之后二次射门 | 门将失误 | 战术角球传中 | 补射 |
|---|---|---|---|---|---|---|---|---|
| 数量 | 45 | 27 | 6 | 39 | 18 | 2 | 4 | 3 |
| | 进球方式 | | 进球战术 | | | | | |

图：2017 赛季中超各队角球进球方式分布

从进球方式来看，头球是角球主要的攻击手段，但并不是唯一，有相当多的角球进球是用脚完成的，包括角球罚到禁区外的远射、摆渡之后抢二点的射门等等。

## 中超常用角球战术 1：直接传到外围远射

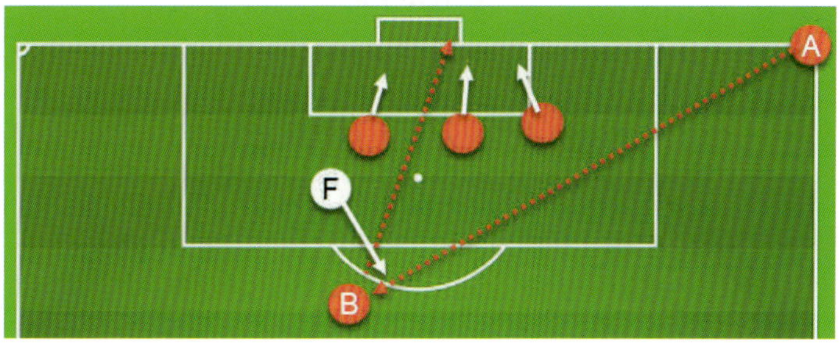


此战术的核心，是利用防守球队重点布防禁区内的习惯性防守策略，安排几名进攻球员不断在禁区内挤压防守球员，造成假象，角球主罚者直接快速将球传给禁区外埋伏好的本方球员，完

成射门。

但是，通常防守球队会在点球点附近安排一名身材不高、但是移动快速的球员防备这种战术，因此成功率并不高。

### 中超常用角球战术 2：分散跑动战术

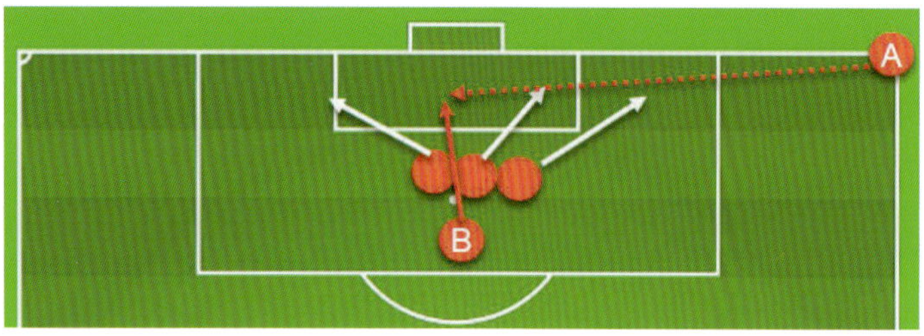


分散跑动战术，是最常见也是进球率最高的角球战术。

进攻方通常会在禁区内安排 3–4 名球员，初始站位有全纵向站位和横向分散战术多种，多人负责向不同方向假跑，吸引防守球员的注意力，真正负责抢点的球员从后排插上，或者摆脱防守球员抢点射门。

这种战术对防守球员最大的难度是，不知道究竟哪个球员才是真正的抢点者，尤其对那些拥有多名高大球员的球队，防守体系容易混乱。

### 中超常用角球战术 3：横向抢前点战术

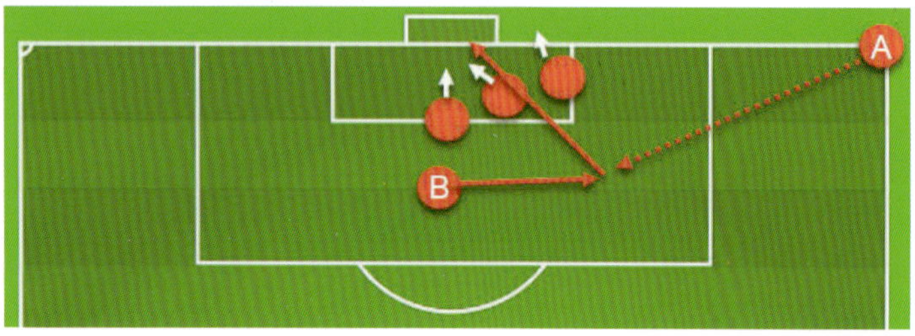


横向抢前点战术，也是一种国际上常用的角球战术。这种战术的精髓，是多名球员在前点小禁区附近不起跳，组成人墙，挤压和阻拦防守球员，一名真正的抢点者从点球点附近横向向前点跑动，甩开防守者，抢点射门。

这种防守战术的防守难度有两点，一是角球主罚者通常选择罚地面球或者贴地短传，球速快，战术时间短，留给防守方的反应时间短；二是等到防守方意识到对手采用这种战术时，防守球员往往都被挡住路线，根本没法封堵。

## 中超常用角球战术 4

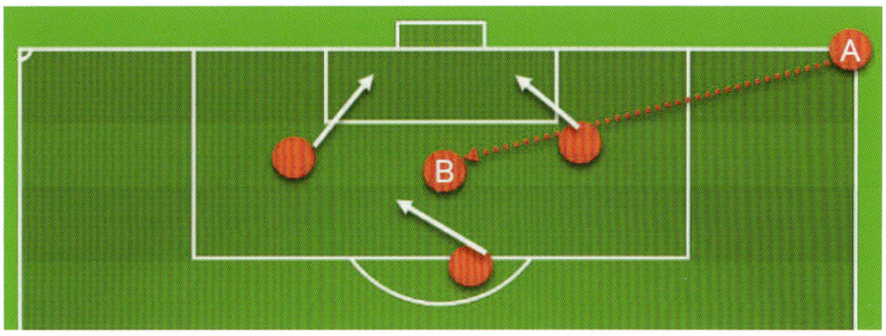


喜欢使用支点摆渡法的球队，比如山东鲁能，球队里通常拥有一个能够控制空中落点的球员，角球主罚者直接将球罚到支点球员的头顶，防守方通常会误以为对方要头球攻门，于是忽视了对其他攻方球员的注意力，支点球员头球摆渡，其他球员冲抢第二落点射门得分。

这种战术对攻防两方来说，都有一定运气成分，但同时容易造成禁区内的混乱局面，造成补射、乌龙等丢球的发生。

中超球队最擅长的角球进球战术，还是出色脚法＋抢点能力的标准配置，用这种方式直接打入的角球有 39 个。

利用高中锋或者高大中后卫在禁区内做支点，摆渡之后二次射门，一共打入 18 球，鲁能、富力都擅长用这种战术破门。

而上港、申花和权健，则喜欢用战术角球传中，传中点更接近禁区，只是效率不太高。

| 球员 | 所属球队 | 角球主罚次数 | 主罚成功率 | 角球助攻次数 |
|---|---|---|---|---|
| 拉维奇 | 河北华夏幸福 | 144 | 35.4% | 5 |
| 蒿俊闵 | 山东鲁能泰山 | 136 | 37.5% | 3 |
| 胡尔克 | 上海上港 | 111 | 45.9% | 1 |
| 奥古斯托 | 北京中赫国安 | 91 | 39.6% | 3 |
| 胡斯蒂 | 长春亚泰 | 88 | 45.5% | 1 |
| 郑又荣 | 重庆当代力帆 | 85 | 44.7% | 1 |
| 切里 | 贵州恒丰智诚 | 83 | 38.6% | 2 |
| 买提江 | 天津亿利 | 81 | 33.3% | 0 |

图：2017 赛季中超球员主罚角球效率分布

在主罚球员方面，拉维奇是今年角球次数最多的球员，他主罚 144 次，其中贡献了 5 次助攻；蒿俊闵 136 次主罚排名第二，一共完成 3 次直接助攻，还有多次角球制造了对方禁区混乱，造成了对手失误或者其他方式的进球；国安的奥古斯托一直到主帅施密特上任后才变成主罚角球的第一人，半个赛季就完成 3 次助攻，效率同样很高。

胡尔克、胡斯蒂等人的主罚成功率更高，主要是因为经常采用战术角球，短传直接找队友再做配合的次数比较多，所以直接助攻的次数偏少。

## 2017 赛季任意球进球研究

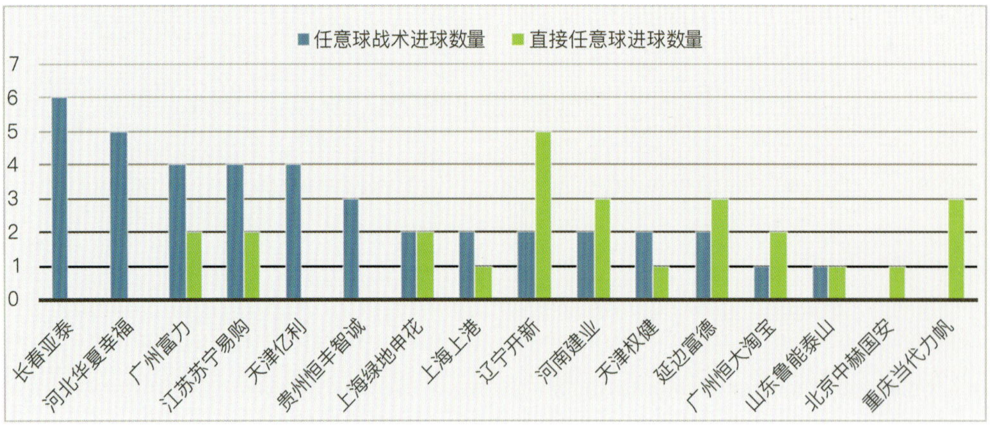


图：2017 赛季中超各队战术任意球丢球以及直接任意球丢球数

与强队角球普遍进球较多不同，本赛季任意球进球较多的球队普遍成绩不理想，比如辽宁一共打入 7 球，苏宁打入 6 球，延边打入 5 球。

在任意球战术方面，亚泰、华夏和富力这种既有脚法出色的主罚者、抢点能力又出色的球队进球数比较多；而在直接任意球方面，中超则缺少真正伟大的大师级人物。

| 球员 | 所属球队 | 位置 | 直接任意球进球数量 |
|---|---|---|---|
| 阿萨尼 | 辽宁开新 | 中后卫 | 4 |
| 瓜林 | 上海绿地申花 | 后腰 | 2 |
| 多奇卡尔 | 河南建业 | 前腰 | 2 |
| 郑又荣 | 重庆当代力帆 | 后腰 | 2 |
| 尹比加兰 | 延边富德 | 后腰 | 2 |
| 雷纳尔迪尼奥 | 广州富力 | 前锋 | 2 |
| 费尔南多 | 重庆当代力帆 | 前锋 | 1 |
| 斯蒂夫 | 延边富德 | 前锋 | 1 |
| 索里亚诺 | 北京中赫国安 | 前锋 | 1 |
| 黄博文 | 广州恒大淘宝 | 后腰 | 1 |
| 汪嵩 | 江苏苏宁易购 | 后腰 | 1 |
| 帕托 | 天津权健 | 前锋 | 1 |
| 鲍马尔 | 辽宁开新 | 前锋 | 1 |
| 李昂 | 江苏苏宁易购 | 中后卫 | 1 |
| 塔尔德利 | 山东鲁能泰山 | 前锋 | 1 |
| 胡尔克 | 上海上港 | 前锋 | 1 |

图：2017 赛季中超球员任意球进球排行

今年排名第一的任意球大师是辽宁宏运的阿萨尼，一共打入 4 球，他也是最近两个赛季最好的任意球主罚者，此外，瓜林、郑又荣也分别打入 2 球，中超任意球大师的半壁江山，都是防守型球员，这也是一景。

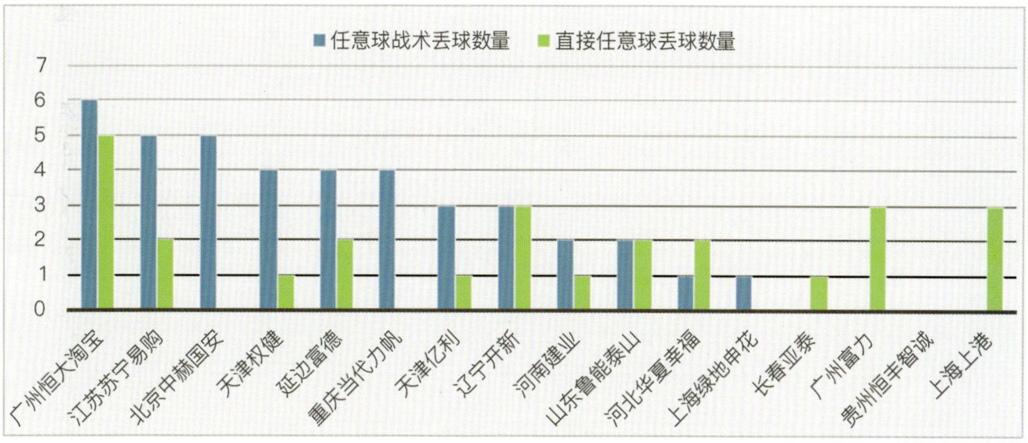


图：2017 赛季中超各队任意球失球

而在任意球丢球方面，广州恒大今年的任意球防守质量下滑严重，一共丢了 11 个球，远远高于其他球队，尤其门将曾诚丢了多个直接任意球。

亚泰、富力、贵州和上港四支球队本赛季任意球战术的防守非常成功，没有丢 1 球。贵州智诚本赛季防守任意球效果最好，零失球。上海申花这样的角球防守效果不好的球队，任意球防守效果倒是很出色，只丢过一个球。

由此可见，决定球队定位球的防守效果因素里，球员个人能力并不是最主要的，球队防守体系的搭建、互相之间的配合更加重要。

# 2016-2017 赛季得失球方式对比：多角度证明防守质量下降

从 2016 赛季的 640 个联赛进球，到 2017 赛季的 732 球，一个赛季整整多了 92 个进球，可研究的细节有很多。我们需要从进攻和防守两个角度分别去思考问题，究竟是中超球队的进攻能力变强大，还是巨星加盟后对各队的防守压力越来越大?

没有对比，就无法真正明白今年中超的改变在哪儿，所以，我们将用连续的篇幅从多个不同的维度去解读最近两个赛季的得失球差异。

## 2016-2017 赛季运动战进球对比：传中和直塞进攻差别最大

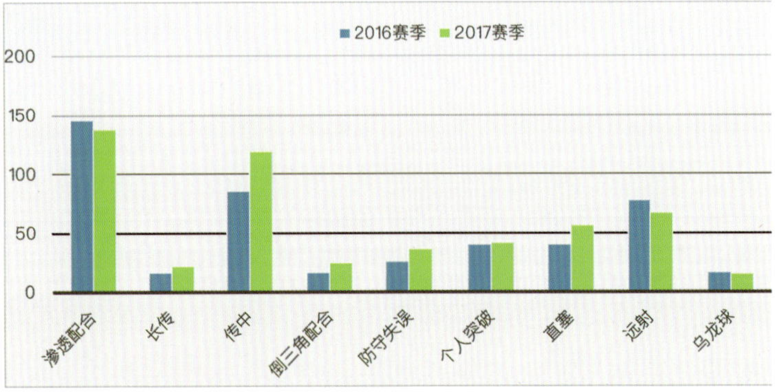


图：2016-2017 赛季运动战各方式进球数对比

对比两个赛季的运动战进球方式我们可以发现，防守失误、长传禁区、个人突破、渗透配合等大多数方式的进球数量差异并不大，甚至运动战远射这样的方式 2016 赛季进球更多。

运动战进球差异最大的包括三个方面，差距最大的是边路传中，2017 赛季进球 119 个，比去年多了 33 个；其次是直塞球进攻，2017 赛季进球 56 个，比去年多了 15 个；还有利用对手防守失误进球，比去年多了 11 个。

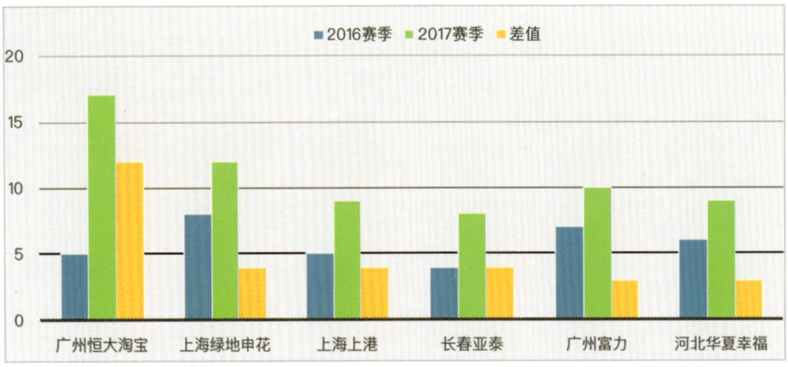


图：2016-2017 赛季球队运动战传中进球数差值排行前六

在传中方面，广州恒大去年只有 5 个传中进球，今年达到 17 个，差异最大。这主要是因为恒大整体的进攻方式出现了改变。恒大今年让出了很多数据榜单上的榜首位置，射门次数、传球次数、控球时间等方面都下降，非常明显的改变是，球队在禁区附近的短传渗透配合能力下降了，更多需要边路传中解决问题。2016 赛季，恒大渗透配合进球 24 个，今年只有 11 个，下滑的数字转移到了边路传中上。

而申花、富力、上港、华夏这些球队的边路传中进球增加比较好理解，莫雷诺、扎哈维、拉维奇、武磊等超级球星的爆发是主要因素，这些超级球星本赛季的高效至关重要。

| 进球方式 | 进球球队 | 丢球球队 | 丢球方式 | 失误球员 |
|---|---|---|---|---|
| 比赛最后15分钟防守失误进球 | 广州恒大淘宝 | 天津权健 | 解围失误 | 维特塞尔 |
| | 广州富力 | 辽宁开新 | | 阿萨尼 |
| | 广州富力 | 河北华夏幸福 | | 金周荣 |
| | 天津亿利 | 重庆当代力帆 | 乌龙 | 米洛维奇 |
| | 江苏苏宁易购 | 北京中赫国安 | 乌龙助攻 | 克里梅茨 |

图：2017 赛季中超比赛最后 15 分钟防守失误进球特例分析

防守失误的进球则直接反应了中超整体防守能力的下降。比如，本赛季各队靠对手防守失误打入的进球一共 37 个，加上 15 个乌龙球，最后 15 分钟这两种失误进球就有 16 个，其中大多数抓住的都是解围失误的机会，说明在今年中超比赛进入到最后阶段时，防守球队的防守质量已经出现严重下滑。

而出现失误的球员，不仅仅只有国产球员或者年轻人，外援同样出现了相当多的防守失误，仅在最后 15 分钟，维特塞尔、金周荣、克里梅茨等人都出现了多次低级失误。

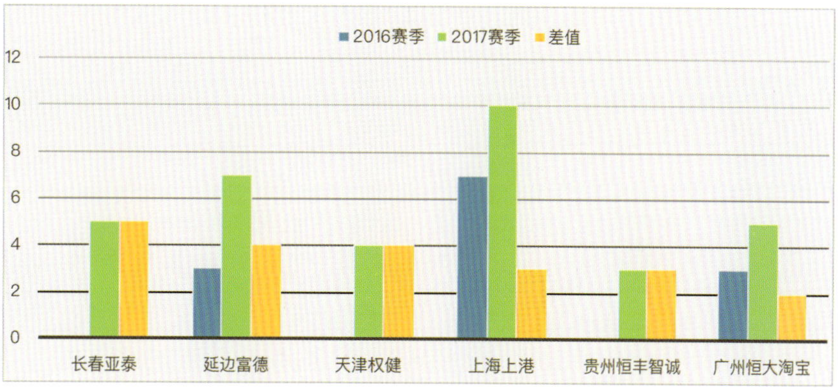


图：2016-2017 赛季中超球队直塞进球数差值排行前六

在直塞进攻上，差异主要来自两个方面，一是中超新军的战斗力更强，去年降级的杭州绿城和石家庄永昌两队一个赛季加起来只有 2 次直塞进球，今年权健和贵州一共有 7 个进球。

另一方面，球队战术改变和球星的个人能力也是决定因素，延边去年只有 3 个直塞进球，今年由于斯蒂夫的个人爆发，增加到 7 个，斯蒂夫一人就打入 5 个直塞进球；长春亚泰去年一个直塞球都没进，球队状况不佳，今年陈金刚带给球队巨变，伊哈洛和谭龙等人爆发，打入 5 球。

| 进球方式 | 球员 | 对阵 | 进球时间 | 进球策划人 |
|---|---|---|---|---|
| 直塞进球 | 武磊 | vs北京中赫国安 | 83'31" | 奥斯卡 |
| | | vs延边富德 | 83'43" | 埃尔克森 |
| | | vs山东鲁能泰山 | 22'53" | 艾哈迈多夫 |
| | | vs上海绿地申花 | 62'59" | 奥斯卡 |
| | | vs河南建业 | 59'24" | 奥斯卡 |
| | 吕文君 | vs江苏苏宁易购 | 7'49" | 卡瓦略 |
| | 奥斯卡 | vs北京中赫国安 | 30'57" | 胡尔克 |
| | 埃尔克森 | vs河北华夏幸福 | 6'46" | 胡尔克 |
| | | vs天津亿利 | 79'56" | 胡尔克 |
| | 胡尔克 | vs山东鲁能泰山 | 9'42" | 奥斯卡 |

图：2017 赛季中超直塞进球进球特例分析

外援尤其超级外援的加盟是对进球方式非常巨大的影响因素。

以上海上港为例，本赛季打入 10 个直塞球进球，国产前锋武磊是第一受益人，一共打入 5 球。而直塞进球的策动者，包括了直接助攻或者传出关键一传等不同方式，新加盟球队的奥斯卡策动 4 球、胡尔克策动 3 球，卡瓦略和艾哈迈多夫也有助攻。

实际上，外援水平高低对中超联赛的影响显而易见，该如何调整正面与负面影响的平衡点？高水平外援确实会抢占国内球员的位置和出场时间，但是武磊、郜林、肖智等国内球员在外援身边的成长也绝对不能忽视。

### 2016-2017 赛季定位球进球对比：角球进球变化也因防守质量下降

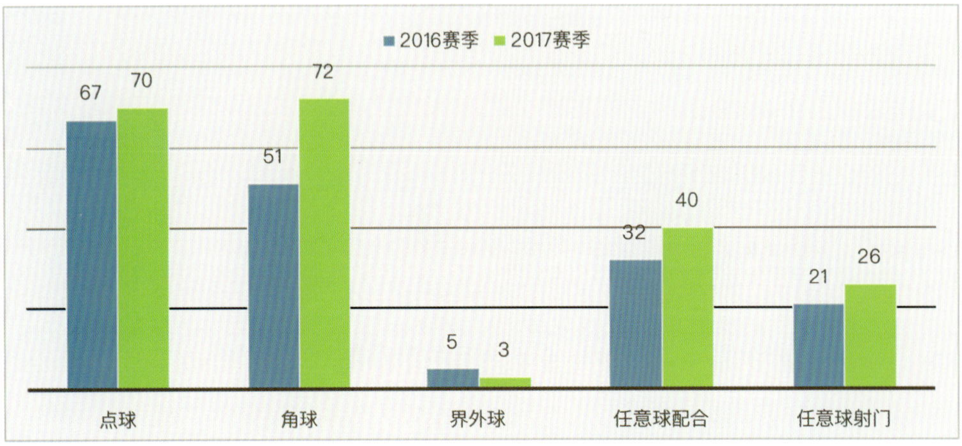


图：2016-2017 赛季中超球队定位球方式进球对比

说完了运动战，再来看定位球。

在定位球方面，2017 赛季比 2016 赛季差别最大的是角球，今年 74 球，比去年多了 23 球。

角球，其实就相当于固定位置的边路传中，因此，丢球的原因跟边路传中基本相同。

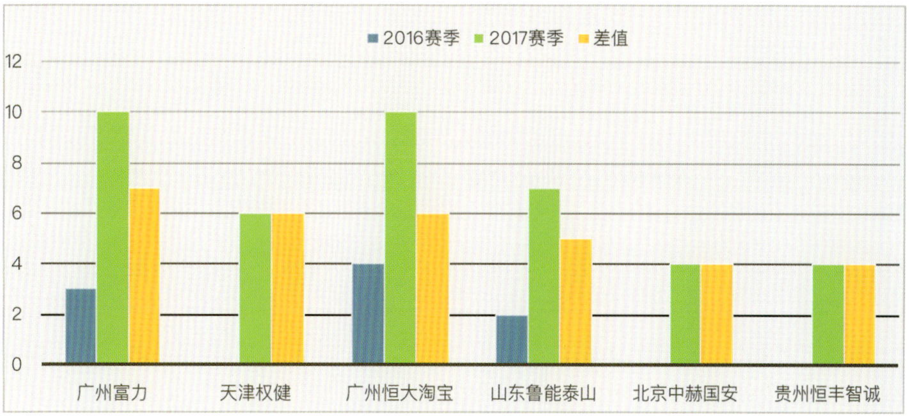


图：2016-2017 赛季中超球队角球进球数差值排行前六

今年角球进球与去年相比差异最大的球队，富力排名第一，比去年多了 7 球，新军权健和贵州、本赛季传中进球很多的恒大和鲁能，也都有上佳表现。这些球队的共同特点是，头球能力强，有高大球员和传中技术出色的球员，角球套路相对丰富。

而天津亿利在更换多名外援之后，上赛季打入 10 个角球进球的神奇表现不在，本赛季只打入 2 球。

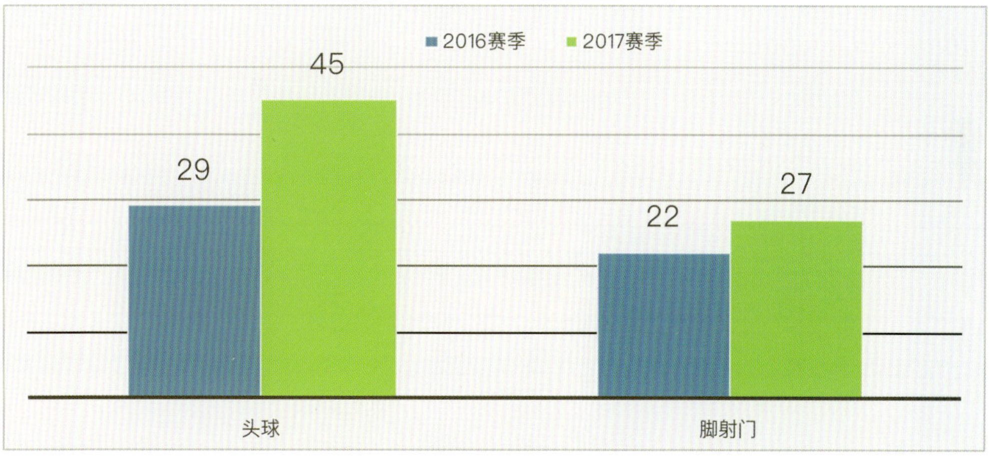


图：2016-2017 赛季中超不同部位的角球进球数量对比

从进球部位这一项对比就可以看出，今年中超防守质量的下降有多大。

在脚射门和乌龙相差不大的情况下，今年头球进球比去年整整多了 16 个，各队防空质量的下降是非常明显的。

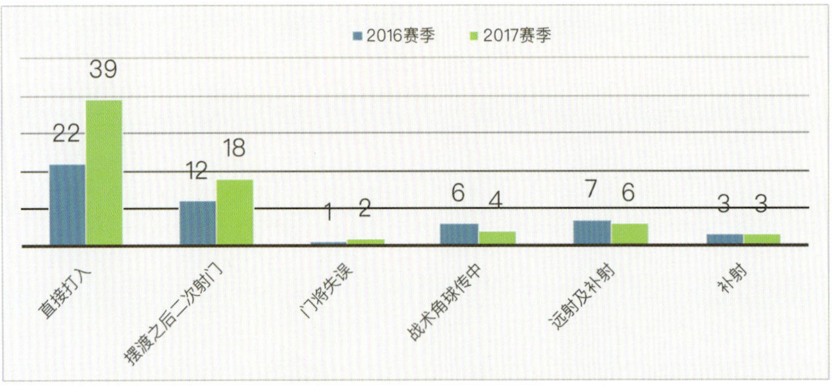


图：2016-2017 赛季中超不同方式的角球进球数量对比

进球方式也证明了同样的情况。

今年比去年增加最明显的角球进球方式，是接角球传中直接抢点这种身体素质比战术更重要的抢点方式，多了 17 球；而第一点摆渡再去抢第二落点的进球，也多了 6 球。其他方式的角球进球反而都在减少。

欧洲高中锋越来越多，亚洲外援中后卫大幅减少，决定了今年中超的防空能力注定下降，而这种下降，直接反应到了传中、角球这种进球方式的差异之上。

## 丢球时间与丢球方式的对比：多角度证明防守质量下降

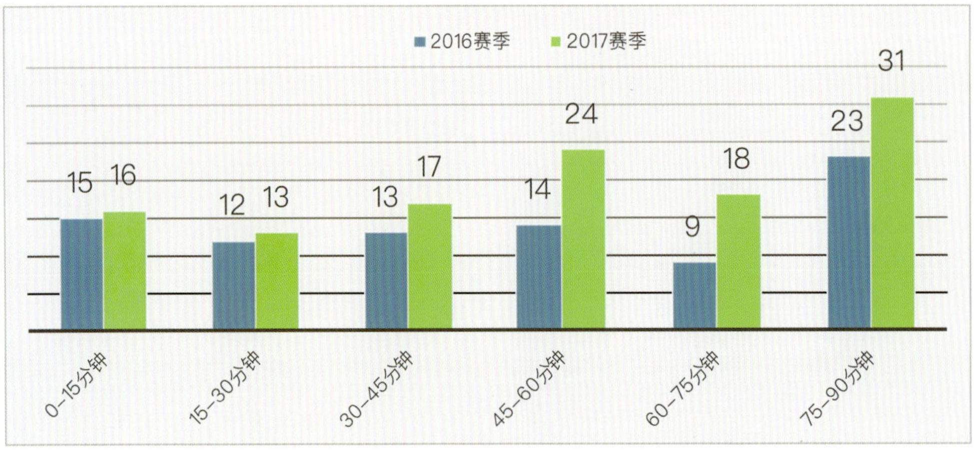


图：2016-2017 赛季中超不同时间的传中丢球数量对比

能证明中超防守质量下降的还有不同方式的进球时间。

例如，运动战传中这种两赛季进球差异最大的进球方式。2016 和 2017 赛季上半场靠传中进球的数量差别很小，2017 赛季只是在上半场最后 15 分钟多进了 4 球；然而下半场却差距非常大，17 赛季多出 27 球，下半场的每个时间段差距都很明显。

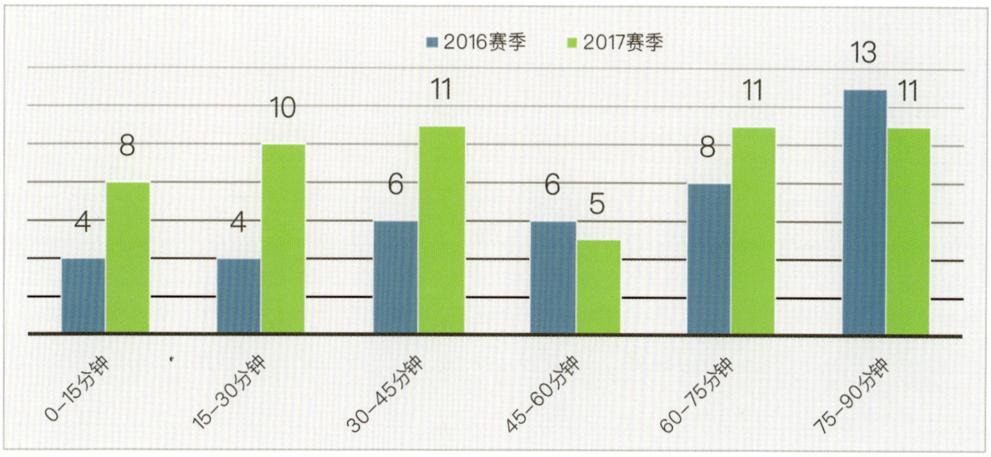


图：2016-2017 赛季中超不同时间的直塞球丢球数量对比

直塞球进球则与运动战传中截然相反，增加主要来自 2017 赛季的上半场，从比赛一开始就有所增加。

这种差异其实很好解释。上半场从 0-0 开始，比赛双方势均力敌，防守方在防守时阵型往往会主动收缩，对两个边路的保护做得更好，中路人员也更密集，解围做得更好。但在这种情况下，很多球队依然可以利用围攻的机会用直传直接撕裂防线，打入更多进球，恰好说明防守整体质量的下滑，跟防守人数多少无关。

而一旦上半场出现丢球，下半场丢球方必然反扑，加大进攻投入，意味着防守漏洞增加，于是传中进球更加容易。

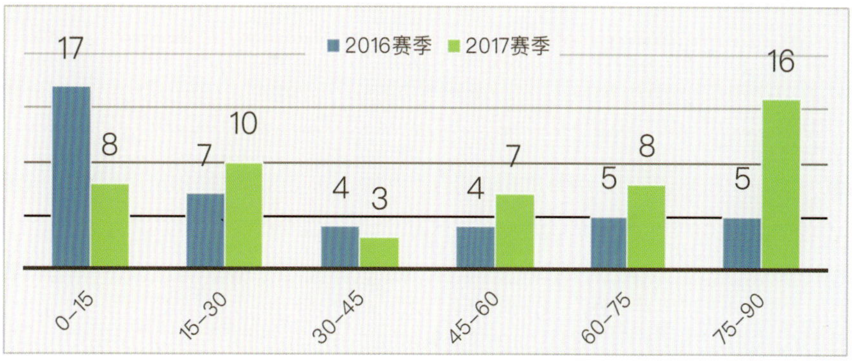


图：2016-2017 赛季中超不同时间的防守失误和乌龙球丢球数量对比

同时，防守失误和乌龙球的这两种以防守球员失误造成的丢球数量又呈现出不同的状态。

2016 赛季是中超 80 亿元年，大量超级球星涌入，各队普遍不太适应，开场 15 分钟因为防守失误和乌龙球的丢球高达 17 球。2017 赛季尽管超级球星更多，但是主教练已经普遍习惯，防守布置更有针对性，开局防守失误并不多；但是下半场防守失误的丢球大大增加，尤其到了最后阶段，一旦体能下降，超级球星的单兵作战能力变成最有决定性的因素，一个人就能搅乱对手整条防线，造成失误或者乌龙。

| 角球丢球 | 点球丢球 | 任意球丢球 | 运动战传中丢球 | 渗透配合丢球 | 直塞丢球 |
|---|---|---|---|---|---|
| 辽宁开新 | 辽宁开新 | 广州恒大淘宝 | 申花、富力、重庆 | 辽宁、申花 | 国安、上港 |
| 10 | 10 | 11 | 11 | 14 | 7 |

图：2017赛季中超丢球方式特例分析

本赛季中超丢球数大大增加，主要集中在中下游甚至降级球队身上，像辽宁在角球、点球、渗透配合丢球方式上都丢球最多，延边富德也有多种丢球方式仅次于辽宁。

同时，也有一些意外。比如广州恒大本赛季丢了11个任意球，一向稳健的曾诚连续丢掉多个直接任意球；上海绿地申花、富力、重庆力帆都丢了11个运动战传中，申花和重庆的年龄结构老化、富力的大换血都是原因；而国安和上港都是讲究控球和压迫对手的球队，防守人数不够，防线空当比较大，被对手直塞的丢球最多，分别有7个。

# 2017赛季中超进球时间观察

在足球数据的研究领域，进球时间是一项容易被忽视的数据。实际上，一场比赛为何会变得胶着，原本平衡的比赛为何会产生大比分，实力、战术、运气都会产生影响，进球、丢球的时间同样重要。

足球场上存在一些很难被数据量化的决定因素，比如情绪，而进球和丢球的时间，恰恰是能够瞬间改变场上球员情绪的关键所在。因此，对进球时间和进球、丢球顺序的研究，能发现很多独特的规律。

## 进球时间证明，本赛季弱队难踢开局、强队缺少统治力

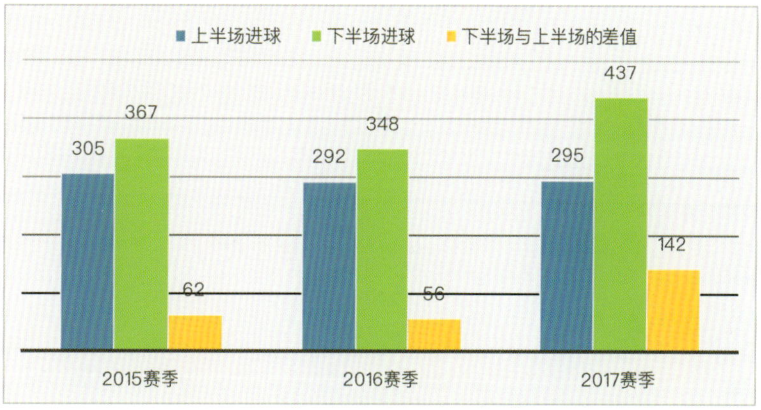


图：近3年中超联赛上下半场进球数量

总结最近三年中超联赛上下半场的进球数量，我们发现，今年中超总进球732个，比前两年增加不少，在上半场的进球数基本不变的前提下，激增全部发生在下半场，下半场总进球数与上半场的差值，比前两年差值的总和还要多，今年中超有多场比赛在下半场发生了进球大战。

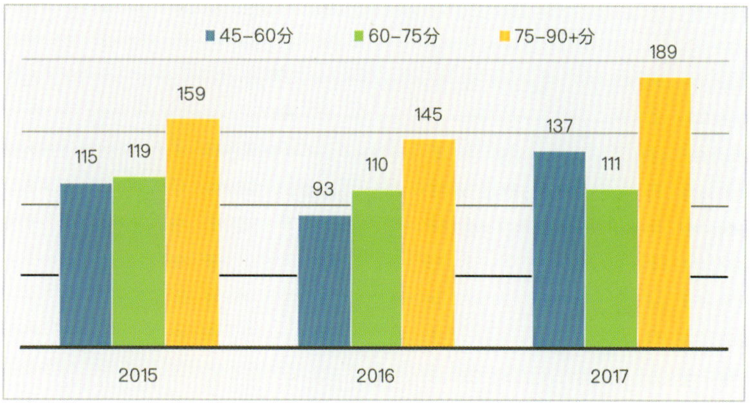


图：近3个赛季下半场进球时间分布

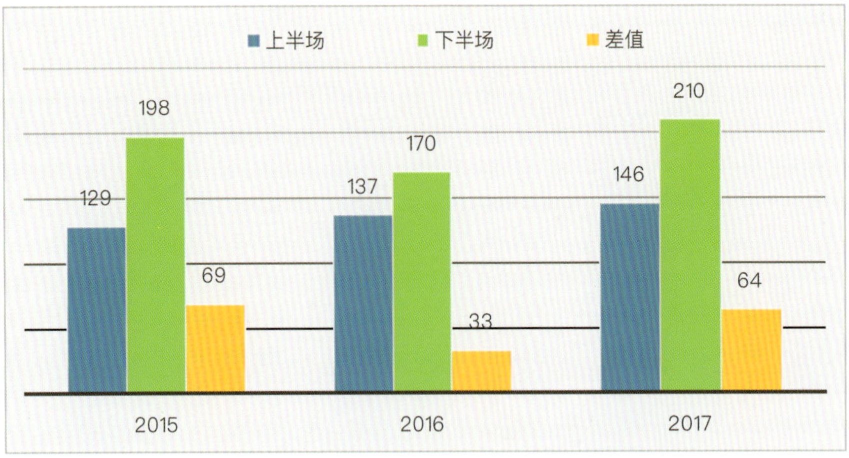


图：进球数前 6 名上下半场进球数统计

然而，如果总结每赛季中超进球数最多的 6 支球队可以看到，每年攻击力最强的球队上下半场的进球数相对稳定，今年只是比 2015 赛季略有提高。

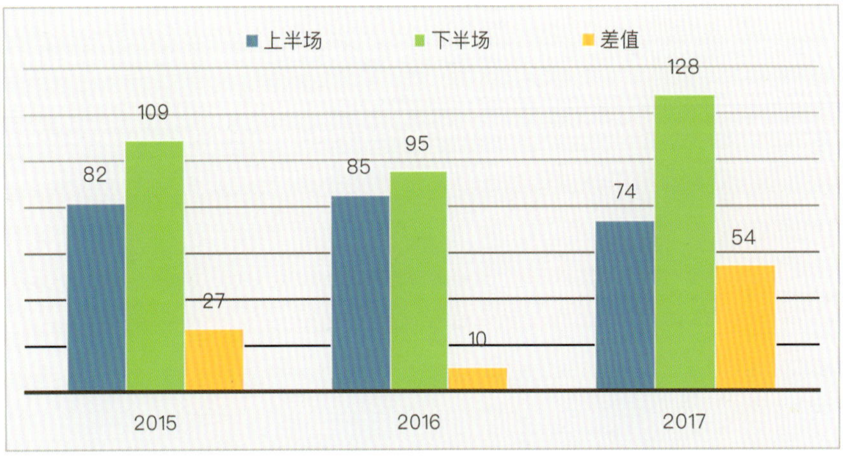


图：进球数后 6 名上下半场进球数统计

爆发式增长出在进球数后 6 名身上。今年中超进球数倒数 6 名的球队上半场进球的能力明显弱于前两年，一共只打入 74 球，但是下半场却创出了近几年的新高。

前两个赛季，攻击力差的球队是上下半场都弱，进球差值并不大，今年相差达到 54 球。这说明，弱队开局能力不行，但是下半场反扑的势头很猛，也说明中超强队们的控制力开始减弱，球队之间的差距逐渐缩小，导致很难在开局领先后就直接杀死比赛，逆转、扳平比分的比赛越来越多。

在球队方面，进球数排名倒数的贵州恒丰智诚在下半场最后阶段打入 16 球，凶猛程度堪比恒大、上港，延边、辽宁等球队在下半场的进球也明显多于上半场。

## 2017 赛季球队进球时间：恒大、上港称雄中超

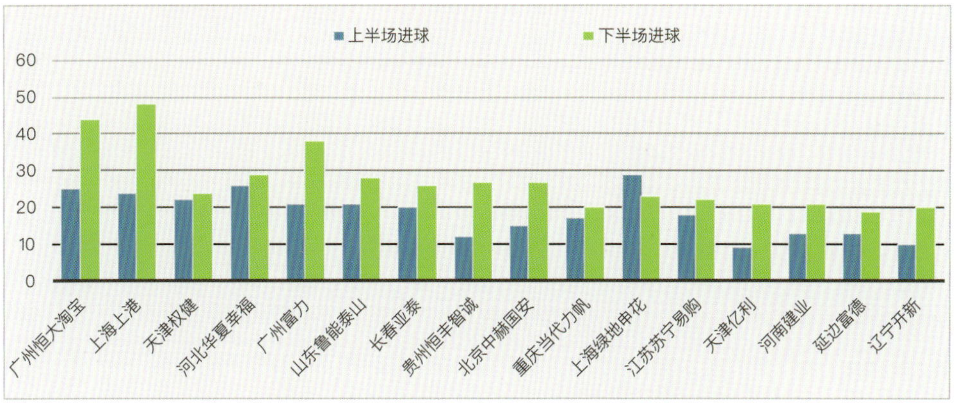


图：本赛季各队上下半场进球数对比

今年中超，上海申花、河北华夏和广州恒大是上半场进球最多的球队，上港、恒大和富力则是下半场进球最多的球队。

从积分榜和进球数量的联动效应来看，北京中赫国安之所以没能闯入前 6，跟他们上半场进球太少有直接关系，上半场只打入 15 球，总是踢不好开局。

而在下半场进球的榜单上，贵州恒丰、长春亚泰都展现出了很强的斗志，这也成为他们今年成绩不错的保障。亚泰在下半场开局、贵州在最后时刻的表现，都给人留下了深刻的印象。

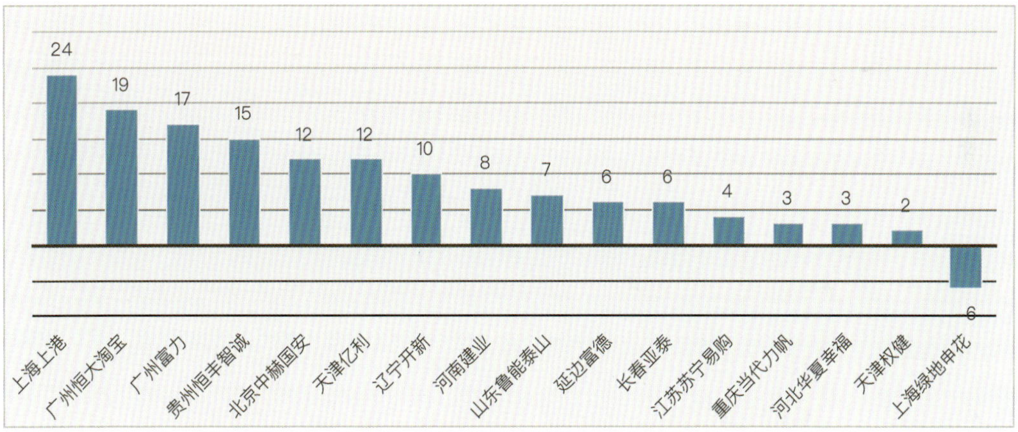


图：本赛季中超各队下半场与上半场进球差值

在今年中超上下半场进球的差值上，只有上海申花 1 支球队下半场的进球少于上半场，申花在多场比赛中率先进球，但总是被对手扳平或者逆转，球队成绩因此造成一些起伏和波动。

上港、恒大和富力都是今年攻击力最强的球队，他们在下半场的持续进球能力领先整个中超，贵州恒丰下半场比上半场多进了 15 个球，曼萨诺的球队展现出了很强的持续战斗力。

从广州恒大的王者地位正在接受严酷的挑战，他们本赛季只在上半场 0–15 分钟和下半场 30–45+ 分钟两个时间段进球最多。

| | 0-15分钟 | 15-30分钟 | 30-45+分钟 | 45-60分钟 | 60-75分钟 | 75-90+分钟 |
|---|---|---|---|---|---|---|
| 北京中赫国安 | 3 | 3 | 9 | 12 | 7 | 8 |
| 长春亚泰 | 4 | 9 | 7 | 10 | 7 | 9 |
| 广州富力 | 4 | 8 | 9 | 12 | 15 | 11 |
| 广州恒大淘宝 | 9 | 6 | 10 | 10 | 13 | 21 |
| 贵州恒丰智诚 | 2 | 7 | 3 | 6 | 5 | 16 |
| 河北华夏幸福 | 9 | 10 | 7 | 10 | 6 | 13 |
| 河南建业 | 7 | 3 | 3 | 7 | 3 | 11 |
| 江苏苏宁易购 | 6 | 2 | 10 | 5 | 4 | 13 |
| 辽宁沈阳开新 | 4 | 1 | 5 | 8 | 6 | 6 |
| 山东鲁能泰山 | 5 | 6 | 10 | 11 | 4 | 13 |
| 上海绿地申花 | 9 | 8 | 12 | 5 | 5 | 13 |
| 上海上港 | 6 | 6 | 12 | 17 | 12 | 19 |
| 天津权健 | 2 | 10 | 10 | 8 | 8 | 8 |
| 天津亿利 | 2 | 5 | 2 | 4 | 6 | 11 |
| 延边富德 | 2 | 4 | 7 | 5 | 5 | 9 |
| 重庆当代力帆 | 6 | 6 | 5 | 7 | 5 | 8 |

图：中超进球时间段统计

河北华夏幸福拥有美好的开局，在上半场前 15 分钟和 15-30 分钟，他们都是进攻能力最强的球队，上半场的最后阶段属于上港和申花，而下半场最初的 15 分钟，上海上港打入 17 球排名第一，让人吃惊。

## 2017 赛季球队丢球时间：鲁能防守最佳

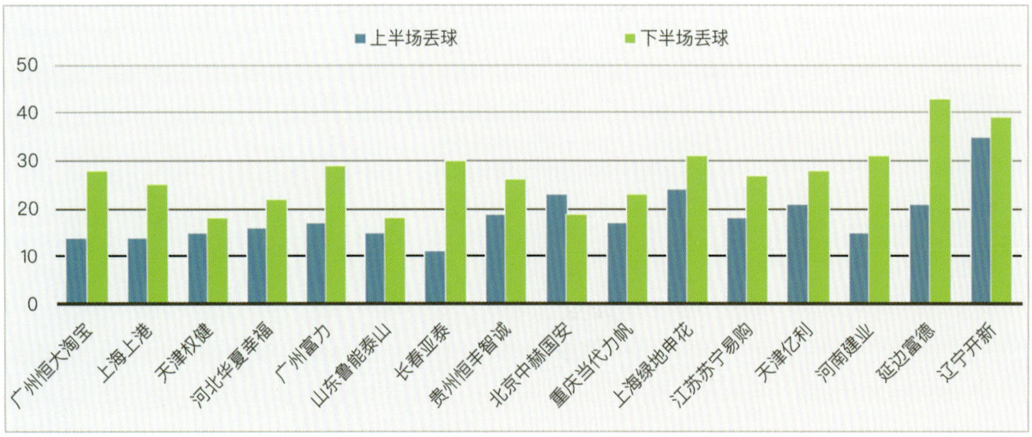


图：本赛季各队上下半场丢球数对比

说完了进球再来看丢球，很多进球方面很牛的球队，成绩却没有达到人们的预期，原因就在丢球上。

比如恒大和上港，上半场丢球数很少，但是下半场丢球数激增，是上半场丢球的一倍，下半场的丢球让他们丢掉了多场比赛的胜利，也是他们今年在强强对话中缺少足够统治力的问题所在。

鲁能和权健是今年防守最好的球队，他们下半场只丢了 18 球，是仅有的下半场丢球最少的球队。而富力下半场的防守问题，则成为影响他们成绩的关键问题。

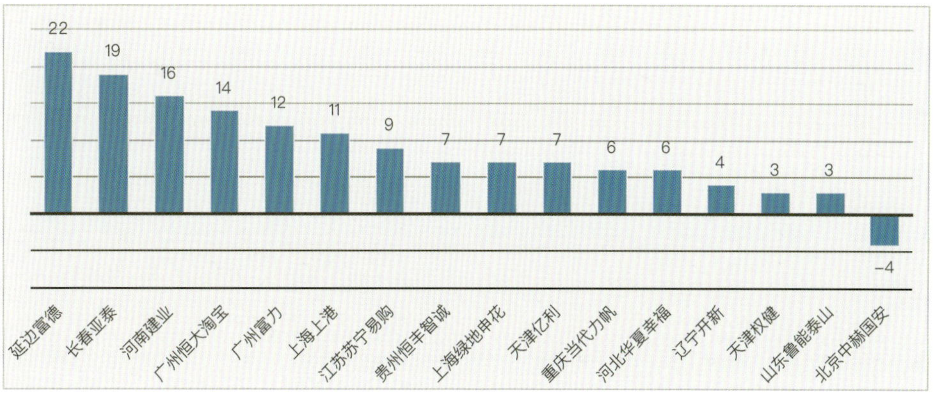


图：本赛季中超各队下半场与上半场丢球差值

在中超各队上下半场丢球的差值方面，北京中赫国安是唯一一支上半场丢球多于下半场的球队。国安本赛季的问题很明显，上半场进球少但是丢球多，导致总是先落后再追赶，球队进入状态太慢，严重影响了球队成绩。

延边的降级源自上下半场丢球都很多，上半场总是先丢球导致落后，下半场急于扳平比分结果导致多场溃败。而亚泰如果不是下半场丢球太多，他们本来能够变成更黑的黑马。

在不同时间段丢球数量的排行榜上，申花、苏宁和辽宁在上半场都经历了一些糟糕的时间，恒大、苏宁和延边在下半场开局阶段的慢热和混乱，富力和申花则在最后时刻的频繁丢球。

| | 0–15分钟 | 15–30分钟 | 30–45+分钟 | 45–60分钟 | 60–75分钟 | 75–90+分钟 |
|---|---|---|---|---|---|---|
| 北京中赫国安 | 2 | 9 | 12 | 6 | 5 | 8 |
| 长春亚泰 | 4 | 3 | 4 | 11 | 8 | 11 |
| 广州富力 | 3 | 7 | 7 | 7 | 8 | 14 |
| 广州恒大淘宝 | 1 | 6 | 7 | 10 | 7 | 11 |
| 贵州恒丰智诚 | 8 | 3 | 8 | 6 | 6 | 14 |
| 河北华夏幸福 | 6 | 4 | 6 | 11 | 4 | 7 |
| 河南建业 | 4 | 4 | 7 | 9 | 9 | 13 |
| 江苏苏宁易购 | 6 | 5 | 7 | 9 | 8 | 10 |
| 辽宁沈阳开新 | 7 | 14 | 14 | 11 | 13 | 15 |
| 山东鲁能泰山 | 3 | 6 | 6 | 5 | 4 | 9 |
| 上海绿地申花 | 7 | 6 | 11 | 13 | 4 | 14 |
| 上海上港 | 3 | 7 | 4 | 8 | 7 | 10 |
| 天津权健 | 4 | 4 | 7 | 4 | 5 | 9 |
| 天津亿利 | 7 | 7 | 7 | 6 | 5 | 17 |
| 延边富德 | 10 | 3 | 8 | 15 | 12 | 16 |
| 重庆当代力帆 | 5 | 6 | 6 | 6 | 6 | 11 |

图：中超失球时间段统计

### 先进球还是先丢球：心态影响球队命运

今年中超总是在比赛中先进球的球队，广州恒大依然排名第一，24 场比赛先进球，拿到 19

场胜利，只是夺冠后有所松懈，否则纪录可能更高；上港只有20场比赛先进球拿到15场胜利，他们在联赛中与恒大的差距就在这里。

北京国安和贵州恒丰成为先进球超过10场的球队里赢球效率最高的球队，分别是13次先进球赢11场、12次先进球赢10场，这两支球队的问题是，先进球的场次太少。

辽宁和延边是在先进球的情况下表现最不好的球队，辽宁和延边先进球的比赛赢球太少，则直接导致降级。

| | 总场次 | 胜 | 平 | 负 |
|---|---|---|---|---|
| 广州恒大淘宝 | 24 | 19 | 3 | 2 |
| 山东鲁能泰山 | 15 | 11 | 2 | 2 |
| 北京中赫国安 | 13 | 11 | 1 | 1 |
| 广州富力 | 18 | 12 | 4 | 2 |
| 上海绿地申花 | 12 | 8 | 1 | 3 |
| 上海上港 | 20 | 15 | 3 | 2 |
| 辽宁沈阳开新 | 9 | 4 | 3 | 2 |
| 天津亿利 | 12 | 7 | 3 | 2 |
| 江苏苏宁易购 | 12 | 5 | 3 | 4 |
| 长春亚泰 | 16 | 10 | 5 | 1 |
| 河南建业 | 7 | 5 | 1 | 1 |
| 重庆当代力帆 | 14 | 9 | 4 | 1 |
| 天津权健 | 15 | 11 | 4 | 0 |
| 河北华夏幸福 | 18 | 12 | 3 | 3 |
| 延边富德 | 8 | 4 | 4 | 0 |
| 贵州恒丰智诚 | 12 | 10 | 2 | 0 |

图：先进球场次结果统计

权健、贵州、延边是本赛季先进球从来没输球的球队，延边先进球虽然不败，但是场次太少、平局太多，球队没能拿到足够的积分。

在先丢球和输球场次上，延边和辽宁同样21次先丢球，都输掉18场，防守太差直接导致两队降级。国安和申花先丢球场次太多，让两队成绩没有达到预期。而恒大拿到7连冠的原因，就是他们防守的稳定性比其他球队更强。

| | 总场次 | 胜 | 平 | 负 |
|---|---|---|---|---|
| 广州恒大淘宝 | 6 | 1 | 1 | 4 |
| 山东鲁能泰山 | 11 | 2 | 4 | 5 |
| 北京中赫国安 | 16 | 0 | 5 | 11 |
| 广州富力 | 11 | 3 | 2 | 6 |
| 上海绿地申花 | 15 | 1 | 4 | 10 |
| 上海上港 | 9 | 2 | 3 | 4 |
| 辽宁沈阳开新 | 21 | 0 | 3 | 18 |
| 天津亿利 | 15 | 1 | 1 | 13 |
| 江苏苏宁易购 | 15 | 2 | 5 | 8 |
| 长春亚泰 | 13 | 2 | 2 | 9 |
| 河南建业 | 19 | 2 | 4 | 13 |
| 重庆当代力帆 | 14 | 0 | 3 | 11 |
| 天津权健 | 13 | 4 | 3 | 6 |
| 河北华夏幸福 | 9 | 3 | 1 | 5 |
| 延边富德 | 21 | 1 | 2 | 18 |
| 贵州恒丰智诚 | 17 | 2 | 3 | 12 |

图：先失球场次结果统计

在先丢球的场次里，权健、华夏和富力成为反败为胜场次最多的球队，权健先后以 2–1 战胜鲁能、4–3 战胜恒大、2–1 战胜力帆和华夏，都是经典的落后到反超的反击战。

河北华夏则成为状态起伏最大的球队，他们先进球的比赛，3–4 输给贵州、2–3 输给申花、1–2 输给权健，先丢球的比赛，4–1 战胜国安、4–2 战胜申花、2–1 战胜苏宁，既能反超对手，也能被对手逆转。

**2017 赛季中超单场进球总数分布**

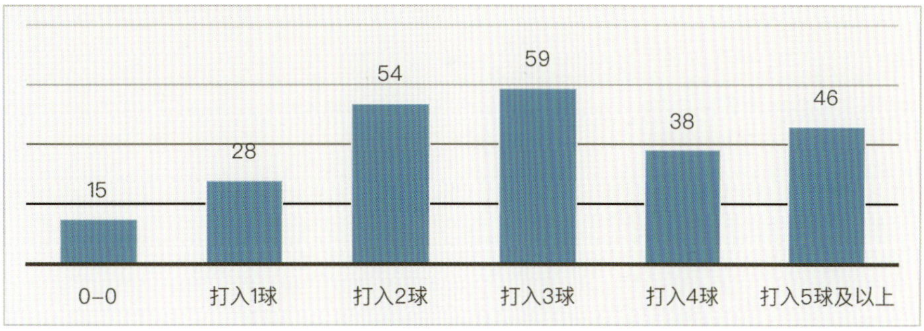


图：本赛季中超不同进球数量比赛场次

今年中超进球很多，打入 5 球及以上的比赛场次达到 46 场，占到总场次的 19.2%，比例很高。

我们通过对 46 场至少打入 5 球的大胜的 267 个进球的进球时间做了统计发现，有两个时间点最为重要，一是上半场的 20–30 分钟，一是下半场刚刚开始的 10 分钟。

上半场 20–30 分钟的进球，会导致落后一方在剩下的 15 分钟内疯狂反扑；下半场开始 10 分钟的进球，则会产生两种不同的走向，一种情况是落后或者弱势一方取得进球，导致比赛进入到焦灼和互相对殴的境地，很多 3–2、4–3 的比赛，都在这个时间段产生过影响走势的进球，另一种情况，则是领先一方在对手中场完成调整之后又再次扩大比分，很多一边倒的溃败，在下半场刚开始就已经注定结果。

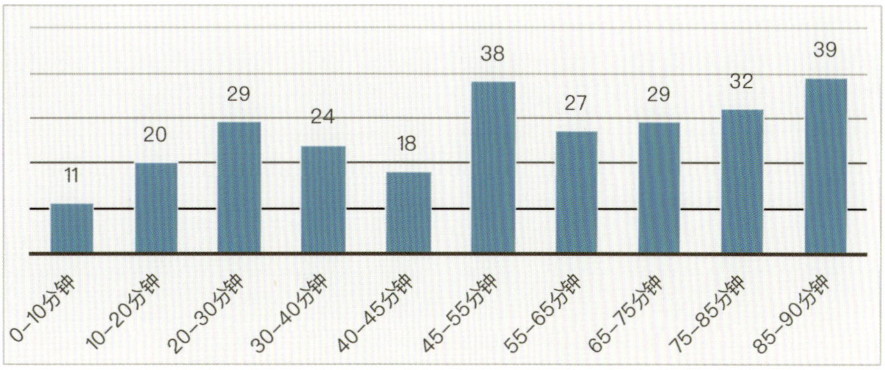


图：46 场 5 球以上比赛不同时间的进球数量

前面两个时间段的情绪，最终会传导到最后的 5 分钟，85 分钟到补时阶段，容易发生情绪崩溃、场面失控等情况，大球比赛就此产生。

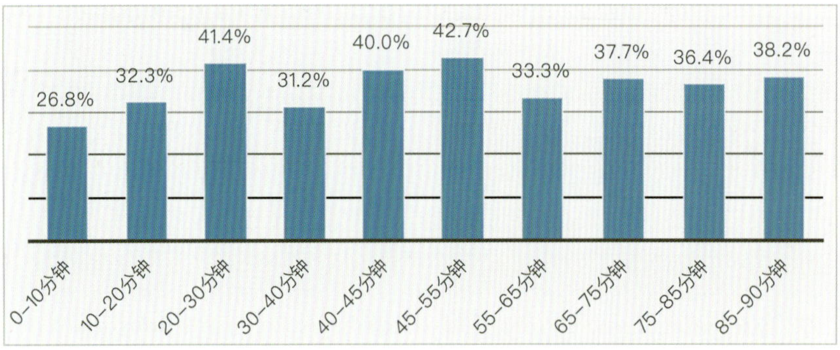


图：46 场 5 球以上比赛不同时间的进球占该时间段总进球数的比例

20-30 分钟、40-45 分钟、45-55 分钟，在这三个时间段有进球，产生大比分的概率都超过了 40%，这个概率已经非常高了。

# 2017 赛季中超阵型研究

2017 赛季博阿斯、卡佩罗、施密特等大牌教练的到来，究竟能给中超带来哪些战术理念和改变，其实是最让人关心的问题。

从整个赛季的情况来看，中超不再是 4-2-3-1 体系的天下，三中卫阵型在本赛季得到了更多的运用。

## 阵型总结：3 中卫体系越来越得到重视

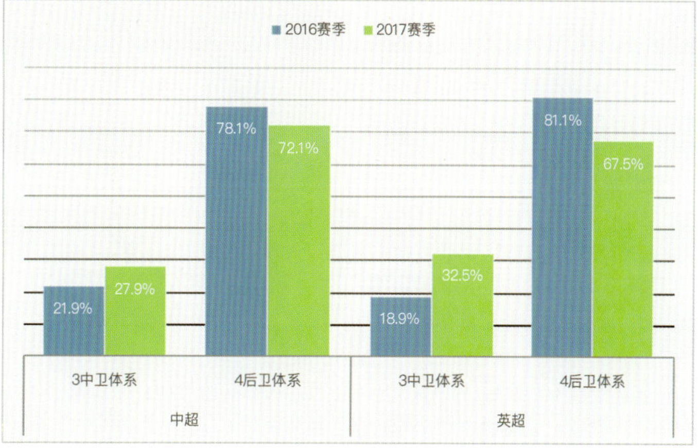


图：中超英超后卫体系占比统计

今年联赛在阵型方面最大的变化是 3 中卫体系得到广泛运用，2017 赛季中超各支球队使用三中卫的次数达到 134 次，较 2016 赛季的 105 次增长了 28%，球队层面，除了富力、建业这些上赛季就使用三中卫体系的球队，包括上港、国安、苏宁在内，越来越多的球队开始尝试不同的阵型组合。

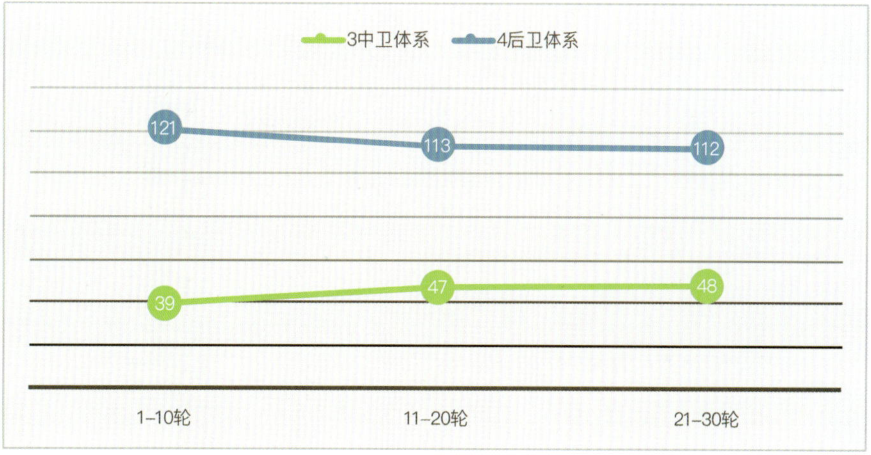


图：两种体系在联赛不同阶段的出现次数

本赛季三中卫体系随着联赛的逐渐深入使用次数越来越多，由于很多球队的本土防线面对顶级外援的冲击劣势明显，这种情况下，增加一个中后卫，利用人数优势取得后场的控球权，缓解后防压力的三中卫体系得到了更多的使用。

从最近两个赛季的对比来看，三中卫体系在英超也得到广泛运用，2016-2017 赛季，英超球队使用 3 中卫体系的比例接近 20%，而本赛季截至第 10 轮，该比例已经超过 30%。中超由于引进了大量顶级教练，战术思想正在迅速跟英超接轨。

## 不同体系在 2017 赛季中超的应用：教练、外援都是影响因素

接下来，我们对 3 中卫和 4 后卫体系下的不同阵型做一些具体研究。

首先要说明的是，由于本赛季中超某些阵型使用的频率较低，只有一两支球队在用，而且球员基本稳定，只是站位略有变化，并没有太明显的分界，因此，我们把某些阵型做了合并。

比如4-4-1-1、4-2-2-2、4-4-2共同计算在4-4-2之内，这是因为，施密特在国安使用过4-4-2、4-2-2-2 两个不同的阵型，但无论人员结构还是实际踢法，都有非常多的共同点；马加特在鲁能使用的 4-4-1-1 和 4-4-2，也有相当多的相似性。

同时，3-4-3、3-4-2-1、3-4-1-2 等阵型出现的频率较低，相似性也较高，因此也做了合并。

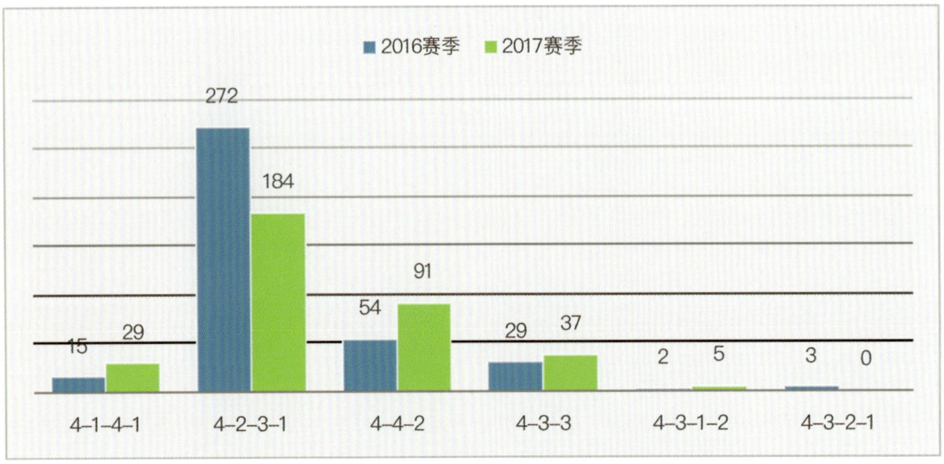


图：四后卫体系在中超的使用次数

可以看到，在 4 后卫体系里，最近两个赛季 4-2-3-1 阵型依然是最重要的主流选择，但是 17 赛季已经比 16 赛季减少了接近 90 次，相应的，4-1-4-1、4-4-2 和 4-3-3 等阵型的使用都在增加，中超的 4 后卫体系正在朝着多元化的方向发展。

3 中卫体系的变化，目标则更明确，跟富力、上港等队本赛季的选择有直接关系。343 和 352 阵型在使用次数上有了明显的增加。

斯托伊科维奇的富力上赛季因 5 后卫体系退守太深，导致进攻不力（上赛季总进球为 47），本赛季，姜至鹏和唐淼两个边路球员的位置大胆前提，激活球队进攻，大幅度提高了进攻效率（本赛季总进球为 59）。

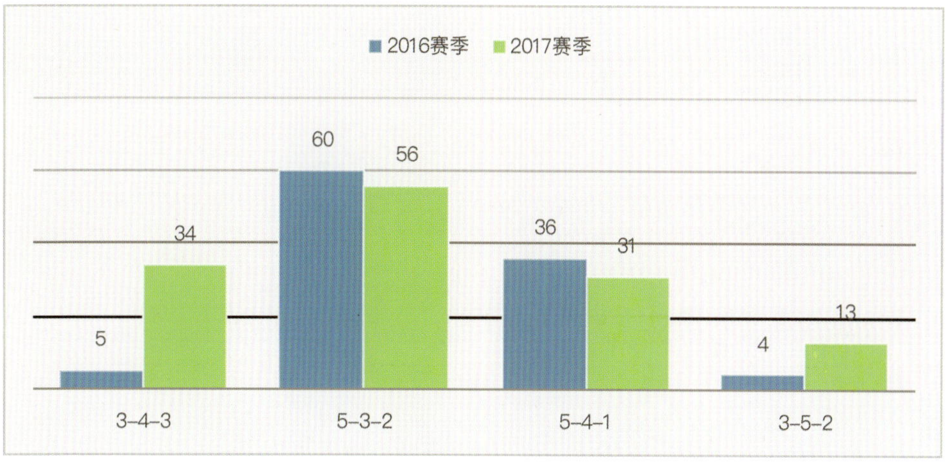


图：三中卫体系在中超的使用次数

上港则是在奥斯卡等人停赛或者需要轮休时，博阿斯做出的一种选择，他使用年轻的 U23 中后卫魏震与石柯、贺惯一起组建 3 中卫体系，用来应急，甚至在亚冠中也有过使用，小将魏震也得到了不少锻炼。

| 重庆当代力帆 | 4-2-3-1 | 4-3-1-2 | 4-4-2 | 4-3-3 | 5-3-2 | 5-4-1 | 3-5-2 |
|---|---|---|---|---|---|---|---|
| 2016赛季 | 21 | 1 | 2 | 1 | 3 | 2 | 0 |
| 2017赛季 | 8 | 0 | 6 | 0 | 13 | 0 | 3 |

图：重庆力帆 2016 与 2017 赛季使用阵型情况对比

比如张外龙执教的重庆力帆，上赛季一直使用 4-2-3-1 阵型，本赛季受到三外援新政影响，中后卫米洛维奇和后腰郑又荣两大外援只能上一个。初期，张外龙简单地用国产后腰顶替郑又荣，继续使用 4-2-3-1，结果成绩不好；变阵三中卫阵型之后郑又荣回到首发，球队的成绩马上有了起色。米洛维奇出场时，球队取得 10 分，郑又荣出场后，球队取得 18 分。

| 延边富德 | 4-2-3-1 | 4-1-4-1 | 4-4-2 | 4-3-3 | 5-3-2 | 3-4-3 | 5-4-1 |
|---|---|---|---|---|---|---|---|
| 2016赛季 | 26 | 3 | 1 | | | | |
| 2017赛季 | 1 | 3 | 5 | 3 | 11 | 2 | 3 |

图：延边富德 2016 与 2017 赛季使用阵型情况对比

上赛季，朴太夏的 4-2-3-1 和 4-1-4-1 体系踢得风生水起，讲究长传、反击配合，一度踢出非常独特的气质。

然而，随着中后卫崔民转会，加上核心尹比加兰的离开，延边放弃上赛季的战术套路，5-3-2 成为他们新的选择。事实证明，没有强大中场保护，只靠堆积人数防守的策略不足以在中超立足，朴太夏今年尝试了多种阵型解决球队问题，直到下半赛季重拾 4 后卫体系成绩才有起色，但是为时已晚。

| 上海上港 | 4–2–3–1 | 4–3–3 | 3–4–3 |
|---|---|---|---|
| 2016赛季 | 30 | 0 | 0 |
| 2017赛季 | 21 | 5 | 4 |

图：上海上港 2016 与 2017 赛季使用阵型情况对比

上港上赛季在埃里克松的率领下，坚持使用 4–2–3–1 阵型，本赛季博阿斯结合奥斯卡、胡尔克、埃尔克森、艾哈迈多夫几大外援和武磊的特点，带来 4–3–3 和 3–4–3 的变阵。

## 不同球队对不同体系的使用情况：4 后卫依然是强队的第一选择

| 2017赛季 | 4后卫场次 | 胜 | 平 | 负 | 胜率 |
|---|---|---|---|---|---|
| 广州恒大淘宝 | 30 | 20 | 4 | 6 | 66.7% |
| 天津权健 | 30 | 15 | 9 | 6 | 50.0% |
| 河北华夏幸福 | 30 | 15 | 7 | 8 | 50.0% |
| 山东鲁能泰山 | 30 | 13 | 10 | 7 | 43.0% |

图：4 支强队四后卫场次胜率统计

在本赛季的中超，除了坚定使用 3 中卫的富力和偶尔使用 3 中卫的上港，积分榜前 6 名的其他球队都是 4 后卫体系的拥趸，恒大、权健、华夏和鲁能从未使用过 3 中卫首发。

这其中，恒大胜率最高，自从冲超以来，他们就很少使用 3 中卫。

| 2017赛季 | 4–2–3–1 | 4–3–3 | 4–4–2 | 4–3–1–2 | 4–1–4–1 |
|---|---|---|---|---|---|
| 河北华夏幸福 | 30 | | | | |
| 广州恒大淘宝 | 28 | 2 | | | |
| 天津权健 | 12 | 16 | | | 2 |
| 山东鲁能泰山 | 7 | 0 | 19 | 4 | |

图：4 支强队使用阵型次数统计

4 支强队对 4 后卫体系的偏爱有所不同，佩莱格里尼和斯科拉里坚定地使用 4–2–3–1，球队强大的阵容配置是主要原因，河北华夏和广州恒大既拥有强大的中场球员、又拥有众多边路好手，4–2–3–1 是比较理想的配置。

卡纳瓦罗的权健由于拥有维特塞尔、赵旭日、张修维等多名能够善守的中前卫球员，再根据对手的特点，切换 4–3–3 和 4–2–3–1 阵型。

而马加特则在本赛季着重使用 4–4–2，在前场外援的配置方面，当佩莱首发时，另一个首发的塔尔德利或者西塞，有时候位置会稍微回撤一点，变成 4–4–1–1，加强中场逼抢的力度；当塔尔德利和西塞同时出场时，则通常会是传统的 4–4–2。

在 3 中卫体系方面，建业、富力和苏宁是使用次数最多的球队，但是除了富力成绩比较理想，建业和苏宁使用 3 中卫体系时的胜率都比较低。

建业的中场球员能力不足，退守太深，他们面临的问题跟延边很相似，只是几场关键战役踢得比较出色，幸运保级；苏宁则是受到阵容不整的困扰，卡佩罗上任之后第一场使用的是 4 后卫，发现苏宁球员的防守能力存在问题，才不得不用回 3 中卫解决防守问题。

| 2017赛季 | 3中卫场次 | 胜 | 平 | 负 | 胜率 |
|---|---|---|---|---|---|
| 河南建业 | 30 | 7 | 9 | 14 | 23.3% |
| 广州富力 | 28 | 15 | 5 | 8 | 53.6% |
| 江苏苏宁易购 | 21 | 5 | 7 | 9 | 23.8% |

图：3 中卫体系使用次数最多球队统计

在 3 中卫体系的阵型选择上，富力偏爱 3-4-3，扎哈维、雷鸟和肖智三个人的站位比较灵活，有多种不同的跑位，可以随时切换。

| 2017赛季 | 3中卫场次 | 3-4-3 | 5-3-2 | 5-4-1 | 3-5-2 |
|---|---|---|---|---|---|
| 河南建业 | 30 | | 13 | 17 | |
| 广州富力 | 28 | 20 | 4 | 2 | 2 |
| 江苏苏宁易购 | 21 | | 9 | 4 | 8 |

图：3 支球队阵型统计

建业使用 5-4-1 更多，尤其在主教练贾秀全离开之后，原本踢前锋的胡靖航回撤幅度比较大，经常被放到边前卫或者中前卫位置上，踢得越来越保守。

苏宁由于中场防守上有拉米雷斯和吴曦的存在，在 3 中卫和 5 后卫之间切换比较自由，要根据对手不同来具体对待。

| 2017赛季 | 阵型 | 场次 | 胜 | 平 | 负 | 胜率 |
|---|---|---|---|---|---|---|
| 重庆当代力帆 | 3中卫体系 | 16 | 6 | 3 | 7 | 37.5% |
| | 4后卫体系 | 14 | 3 | 6 | 5 | 21.4% |
| 延边富德 | 3中卫体系 | 16 | 2 | 3 | 11 | 12.5% |
| | 4后卫体系 | 14 | 3 | 4 | 7 | 21.4% |

图：力帆、富德阵型使用统计

今年中超只有重庆力帆和延边富德两支球队，对 3 中卫和 4 后卫体系没有偏好，使用频率基本相同。

但是两队的状态截然相反，力帆由于郑又荣的能力比较全面，3 中卫 + 郑又荣的配置，反而让球队比较稳固，胜率更高；延边的 3 中卫体系就是 5 后卫，中场薄弱，即使使用双外援中卫也没法改善防线问题，反倒是减少一个后卫加强中场之后，效果更好。

# 2017 赛季中超传球数据研究

中超 2017 赛季传球的变化同样反映出今年联赛的一些特质。

## 四年对比：今年中超传球数下滑明显

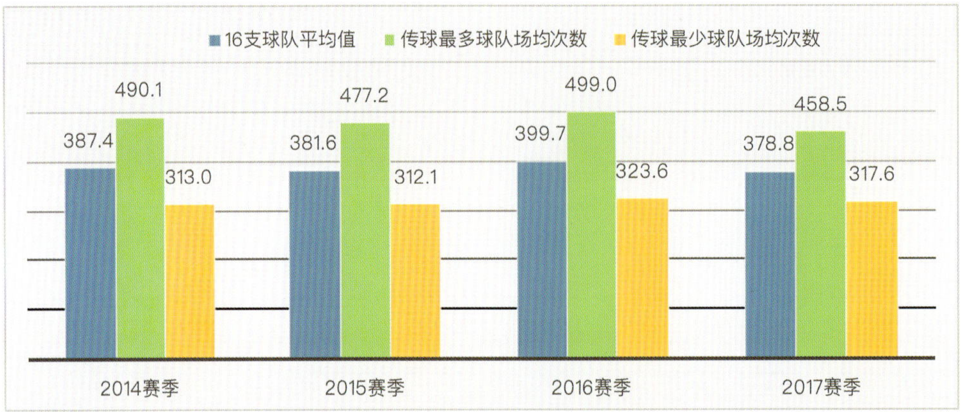


图： 近 4 个赛季中超场均传球次数对比

对比最近四个赛季中超的传球次数可以发现，本赛季 16 支球队的平均单场传球次数只有 378.8 次，是最近四年的最低值，比去年场均少了超过 20 次。

2016 赛季，在 3+1 外援政策和 80 亿中超元年的双重前提下，中超外援质量整体最高，多数球队的传控质量达到了历史巅峰状态，本赛季中超各队尤其强队有了不同的下滑。

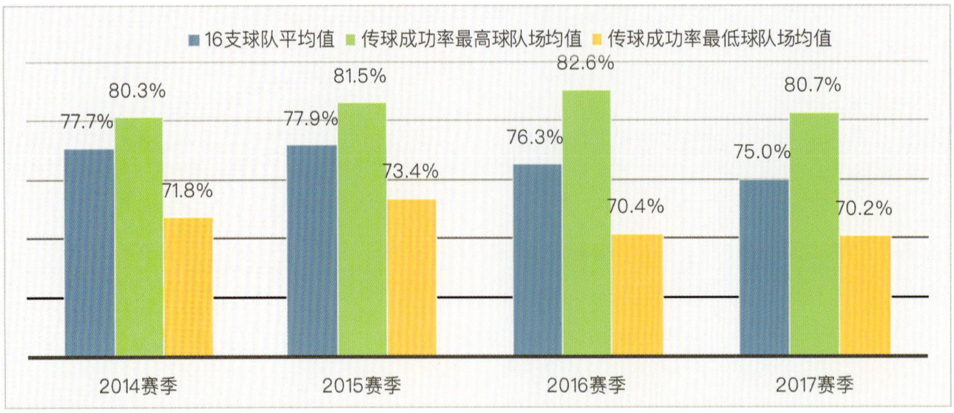


图：近 4 个赛季中超传球成功率对比

比如每赛季传球次数最多的球队，2014、2015 赛季的北京国安场均传球分别达到 490.1 次和 477.2 次，2016 赛季的广州恒大达到了 499.0 次，而本赛季的榜首广州富力只有 458.5 次，比起恒大和国安的巅峰值场均少了接近 10%；而恒大和国安本赛季的场均传球都已经下降到 420 次左右，比自己的巅峰值下降了接近 20%。

相比强队，坚持防守反击、放弃控球的球队的传球倒是比较稳定，传球数最少的几支球队每赛季都在 310–350 次之间。

传球次数下滑，传球成功率也同时下滑。

今年 16 支球队的平均传球成功率只有 75%，为四年来最低，排名第一的广州富力传球成功率只有 80.7%，是本赛季唯一一支成功率超过 80% 的球队，而排名第二的广州恒大的传球成功率只有 77.9%。恒大的这个数据放在 2016 赛季只能排名第六，放在 2015 赛季只能排名第八，由此可见，今年中超球队尤其强队的传球成功率的下滑，是有多明显。

而在传球成功率比较低的球队里，今年成功率在 75% 以下的球队共有 8 支，2016 赛季是 7 支，2014 和 2015 赛季都只有 3 支，也就是说，在中超资金大举涌入之后，强弱差距扩大的格局正在加剧，越来越多的中小球队选择了放弃控球，过多的解围和长传出现，导致了传球成功率的不断下降。

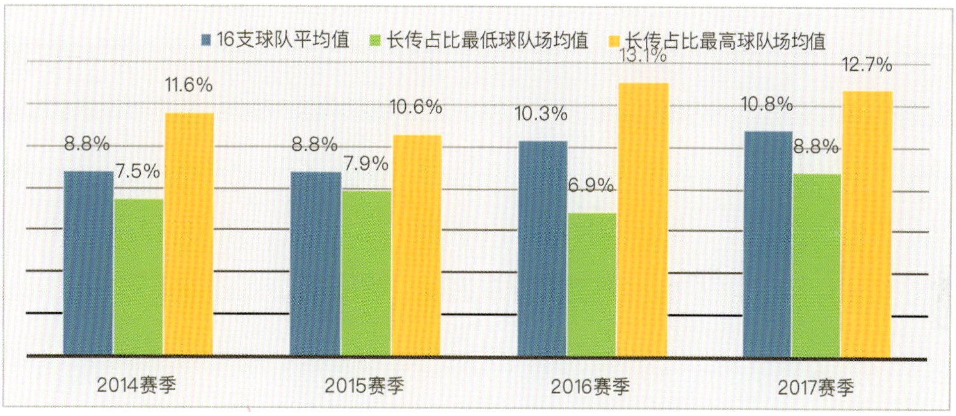


图：近 4 个赛季中超长传占比对比

2014–2015 两个赛季，中超球队的长传占比平均值只有 8.8%，最近两个赛季超过 10%，本赛季达到了 10.8% 的峰值，在传球数下降的同时长传球占比却在增加，说明各队对长传依赖越来越高。

2016 赛季，广州恒大场均 499.0 次传球，只有 34.2 次长传，长传占比只有 6.9%，球队的控制力可见一斑，短传渗透的配合能力甚至堪比欧洲豪门；但是到了 2017 赛季，恒大场均 422.5 次传球，场均下降了 76.5 次，场均长传却达到了 37 次，反而出现上升，球队的控制力下降、传球能力下滑，很多时候需要依靠长传解决问题。而传球次数排名榜首的广州富力，长传占比也接近 10%。

## 球队传球数据下滑：核心球员的变化成关键

| 联赛排名 | 2016 赛季 | 场均传球次数 |
|---|---|---|
| 1 | 广州恒大淘宝 | 499 |
| 2 | 江苏苏宁易购 | 427 |
| 3 | 上海上港 | 396.9 |
| 4 | 上海绿地申花 | 369.3 |
| 5 | 北京国安 | 448.8 |
| 6 | 广州富力 | 496.5 |
| 7 | 河北华夏幸福 | 431.2 |
| 8 | 重庆当代力帆 | 375.6 |
| 9 | 延边富德 | 425.5 |
| 10 | 辽宁宏运 | 352 |
| 11 | 天津泰达 | 362.6 |
| 12 | 长春亚泰 | 331.8 |
| 13 | 河南建业 | 323.6 |
| 14 | 山东鲁能泰山 | 444 |
| 15 | 杭州绿城 | 356 |
| 16 | 石家庄永昌 | 355.5 |

图：2016 赛季中超各队场均传球次数

在 2016 赛季中超白皮书中我们曾经提到过，去年中超球队的传球次数呈现出几个特征：

首先，场均 400 次是一个强弱分水岭，场均传球超过 400 次的球队除了山东鲁能成绩不佳，其他球队都是中上游球队。

其次，传球次数不多、靠高位逼抢和防守反击同样能取得好成绩，比如联赛第 3、4 名的上海双雄和排名第 8 的重庆力帆，场均传球都在 400 次以下。纸面实力类似的球队对比，传球次数多的球队成绩要好于传球次数少的球队。

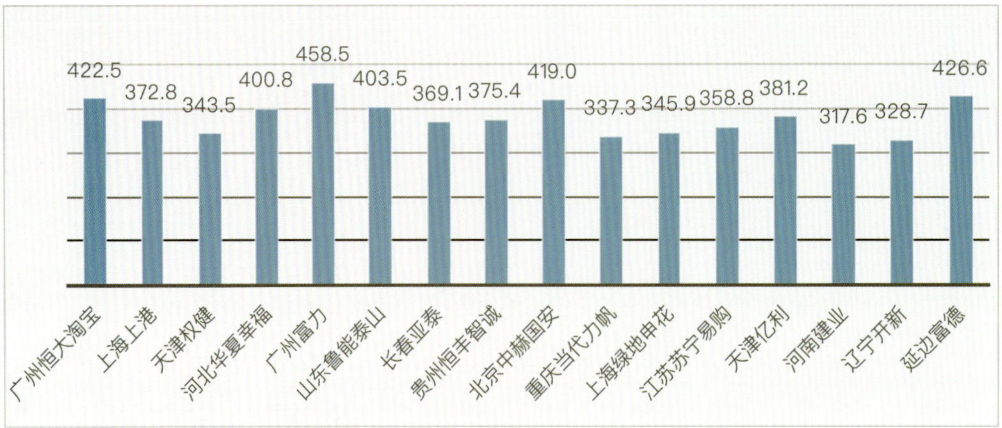


图：2017 赛季中超各队场均传球次数

但是到了 2017 赛季，格局发生了明显的改变。

传球排名第一的广州富力只排名联赛第 5；场均传球低于 400 次的上港、权健，联赛排名反而领先超过 400 次的华夏、富力和鲁能；场均传球低于 400 次的亚泰和贵州，联赛排名领先高于 400 次的国安；延边富德甚至以场均传球 426.6 次的成绩降级。因此传球次数的多少不能成为衡量一支球队强弱的绝对指标，还要结合传球所发生的区域，更多的详细分析请见下文的 2016-2017 赛季进攻 30 米区域传球对比部分。

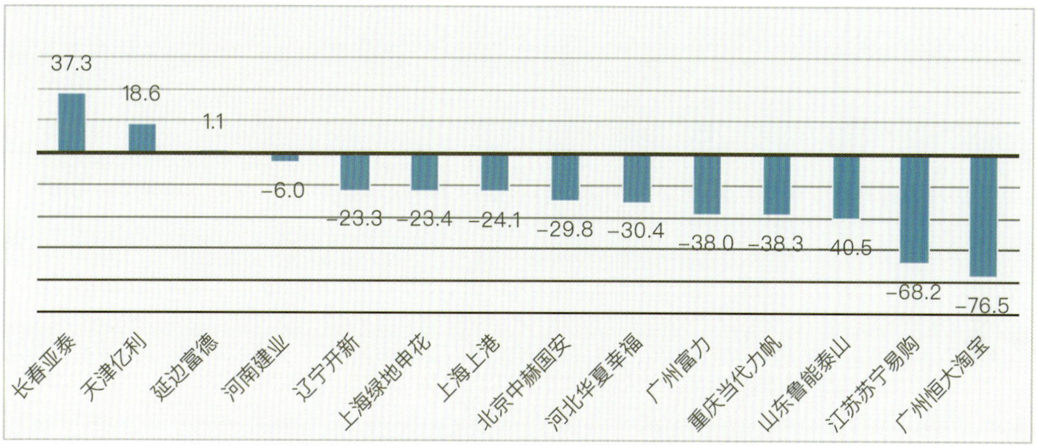


图：2016 和 2017 赛季中超 14 队的场均传球差值

格局的变化，源自中超球队的传球次数下滑已经是非常普遍的现象。

我们对比最近两个赛季都在中超的 14 支球队可以发现，2017 赛季场均传球比 2016 赛季进步的只有 3 支球队，其中亚泰进步最大，场均值多了 37.3 次，这完全得益于球队的大资金投入和主教练陈金刚对球队的战术和精神状态的改变。

在场均传球下滑的球队里，实力强大的球队普遍下降数字非常明显，恒大场均下降 76.5 次，苏宁 68.2 次，鲁能 40.5 次，富力、华夏和国安均下滑了场均 30 次左右。

这种现象与外援上场名额减少是否有直接关系，下文将展开分析。

| 场均传球 | 位置 | 2016赛季 | 2017赛季 |
|---|---|---|---|
| 郑智 | 防守后腰 | 56.9 | 52.4 |
| 保利尼奥 | 防守后腰 | 58.1 | 50.4 |
| 高拉特 | 前锋 | 58.4 | 48.1 |
| 冯潇霆 | 中后卫 | 50.4 | 46.8 |
| 黄博文 | 组织后腰 | 46.9 | 31.9 |
| 郜林 | 前锋 | 27.8 | 24.1 |

图：近 2 个赛季恒大部分球员的场均传球对比

以广州恒大为例，恒大去年有保利尼奥 + 高拉特 + 阿兰的外援铁三角，J 马和金英权也都获得了一些出场机会，球队结构相对完整。

今年保利尼奥缺席了三分之一赛季，金英权只踢了 4 场，穆里奇出场 8 次，场均时间只有 44.4 分钟，阿兰的出场时间也下降了 5 分钟，恒大的外援人数和出场时间都在萎缩，有些场次甚至只有高拉特一个人支撑局面，直接结果就是，球队各个位置上的核心球员的传球次数都在下滑，高拉特由于在前场缺少支援和配合，下滑幅度最大。

| 广州富力 | 球员 | 场均传球 | 球员 | 场均传球 |
|---|---|---|---|---|
| 防守后腰 | 斯文森 | 54.9 | 乌索 | 61.5 |
| 组织后腰 | 汪嵩 | 61.8 | 陈志钊 | 49.6 |
| 左中卫 | 张贤秀 | 58 | 弋腾 | 45.4 |
| 中卫 | 张耀坤 | 42.4 | 黄政宇 | 40.7 |
| 右中卫 | 于洋 | 46.7 | 姜积弘 | 39.7 |
| 前锋 | 扎哈维 | 38.1 | 扎哈维 | 34.3 |
| 前锋 | 雷纳尔迪尼奥 | 38.2 | 雷纳尔迪尼奥 | 35.6 |
| | **2016赛季** | | **2017赛季** | |

图：近 2 个赛季富力部分球员的场均传球对比

而广州富力则受到了张贤秀、斯文森等外援离队的影响，再加上汪嵩、于洋等国内球员的离开，球队的传控体系质量下降，新阵容重新磨合浪费了大量时间，扎哈维和雷纳尔迪尼奥虽然今年效率非常高，但是传接球次数下滑，明年能否有持续性，需要再观察。

| 上海上港 | 球员 | 场均传球 | 控球时间（秒） | 球员 | 场均传球 | 控球时间（秒） |
|---|---|---|---|---|---|---|
| 前锋 | 埃尔克森 | 33.5 | 2833 | 胡尔克 | 34.7 | 5614 |
| 前腰 | 孔卡 | 53.5 | 3891 | 奥斯卡 | 56.3 | 5350 |
| 组织后腰 | 于海 | 45 | 3889 | 艾哈迈多夫 | 57.9 | 4162 |
| 前锋 | 武磊 | 31.3 | 3419 | 武磊 | 23.7 | 2502 |
| | | **2016赛季** | | | **2017赛季** | |

图：近 2 个赛季上港部分球员的场均传球对比

相比之下，以上海上港为代表的球队，球队传球次数的下滑则是因为外援增强。

大牌外教加盟，大牌外援加盟，上场外援人数减少，导致教练更依赖外援，外援持球时间更长，球队整体的传接球频率因此下降。

上港去年的前锋埃尔克森与今年的胡尔克、前腰孔卡与奥斯卡，场均传球次数几乎相同，但是赛季场均控球时间差别巨大，胡尔克的控球时间几乎是去年埃神的两倍，大量独自持球严重降低了上港整体传球的次数。直接导致的后果是，同样在球队里地位很重要的武磊，今年传球次数、控球时间都大幅下降，变成了一个纯粹的抢点型球员。

## 传球与控球：特别的球队有特别的原因

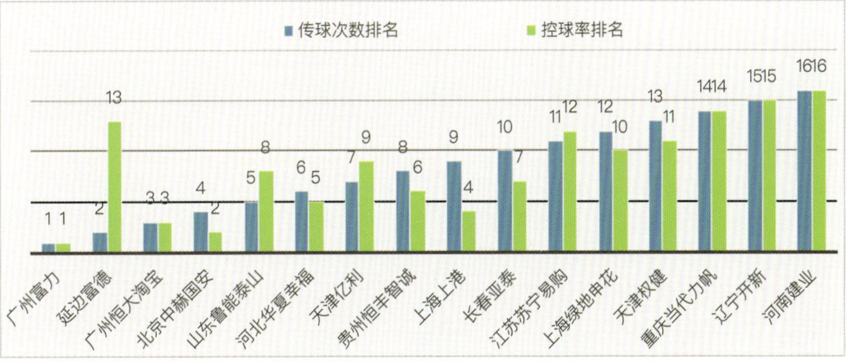


图：2017 赛季中超各队传球次数和控球率的联赛排名

对于大多数球队来说，传球次数与控球率是可以划等号的，控球率高意味着传球次数多，传球次数少是因为控球能力不行，但是本赛季也有几个特例。

延边富德传球次数排名联赛第 2，仅次于广州富力，但是控球率排名第 13，差异巨大；山东鲁能传球次数排名 5，控球率却排名第 8，控球能力不行反映了球队的问题；上海上港传球次数仅排名第 9，控球率却排名第 4，想必胡尔克的个人持球能力也对上港的控球率排名提升起了一定的帮助。

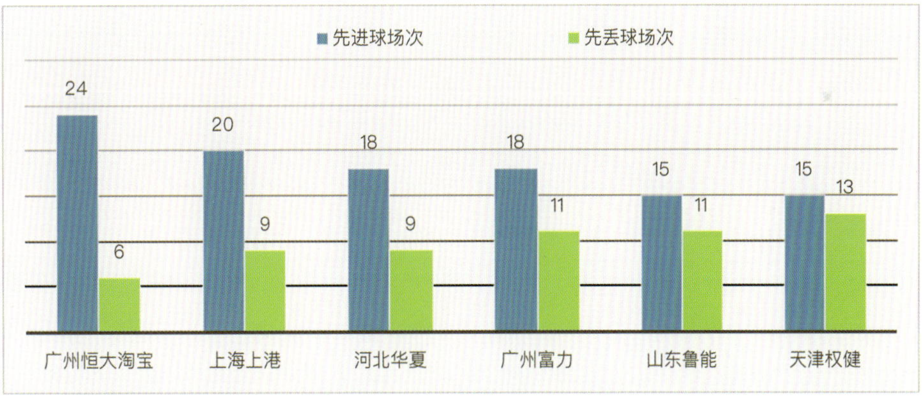


图：2017 赛季中超部分球队先进球与先丢球的场次分布

山东鲁能的差异来自于球队整体实力的问题。鲁能是本赛季先进球场次并列第 5 的球队，一共有 15 场比赛先进球，按理说，球队的攻击力并不差。

| 山东鲁能 | 场次 | 场均传球 | 场均控球率 |
|---|---|---|---|
| 赛季 | 30 | 403.5 | 51% |
| 先进球场次 | 15 | 387.7 | 50% |
| 其他比赛 | 15 | 419.3 | 52% |

图：2017 赛季山东鲁能场均传球和场均控球率

但是，主教练马加特一旦领先就会采用偏保守的战术，球队减少传球、放弃控球，导致球队在先进球的场次里反而缺少扩大比分的霸气，传球次数和控球率都比较低，影响了球队赛季控球率的平均值。这算是马加特对球队整体实力的一种不自信的表现。

| 上海上港 | 场次 | 场均传球 | 场均控球率 |
|---|---|---|---|
| 赛季 | 30 | 372.8 | 53% |
| 对阵前6名 | 10 | 328.9 | 50% |
| 对阵7-10名 | 8 | 360.5 | 52% |
| 对阵11-16名 | 12 | 417.6 | 55% |

图：2017 赛季上港面对不同对手的场均传球和控球率分布

上海上港的传球和控球排名的逆差，则来自于球队不稳定的表现。

上港赛季场均传球 372.8 次，但是对阵前 6 名的 10 场比赛只有场均 328.9 次，球队控球率并不算低，一遇到强队，主要靠胡尔克等外援单打独斗个人带球解决问题，是上港今年的最大问题，于是造成了这种奇怪的逆差。

## 进攻 30 米区域传球对比：球队进步是改变的源动力

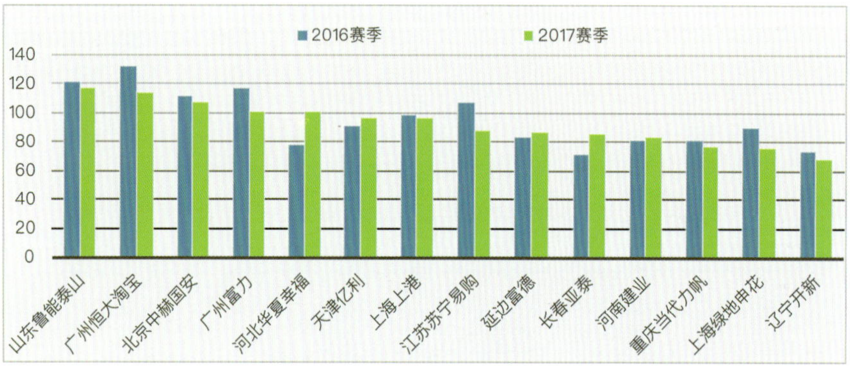


图：2016 与 2017 赛季中超的场均进攻 30 米区域传球对比

受到各队传球次数下滑的影响，2017 赛季中超各队在进攻 30 米区域的传球次数普遍下滑，2016-2017 赛季都在中超效力的 14 支球队里有 9 支本赛季出现了不同程度的下滑。

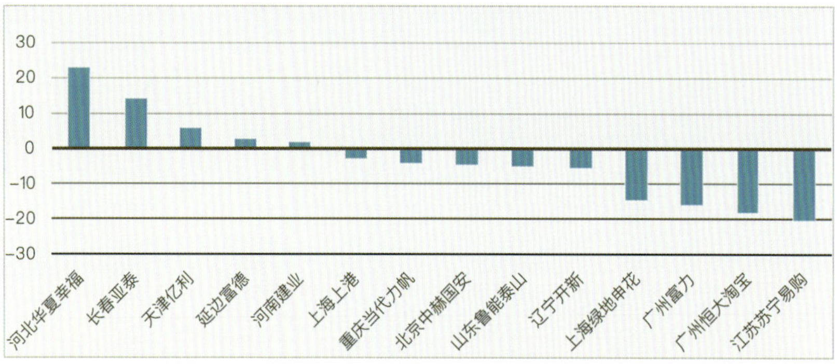


图：2016 和 2017 赛季中超 14 队进攻 30 米区域传球差值

富力、恒大、申花等众多球队在进攻 30 米区域的传球次数下降，原因各有不同，有些是球队整体实力下降造成，但同时，本赛季进球更容易也是一个重要原因。

防守质量下降，进攻效率更高，简单两三次传递就能制造进球的机会大大增加，导致一些球队不需要过多在进攻 30 米区域倒脚，申花、富力本赛季在进攻 30 米区域的传球次数下降、球队进球数反而增加，都是很好的证明。

| 上海上港 | 场次 | 场均传球 | 场均控球率 |
|---|---|---|---|
| 赛季 | 30 | 372.8 | 53% |
| 对阵前6名 | 10 | 328.9 | 50% |
| 对阵7–10名 | 8 | 360.5 | 52% |
| 对阵11–16名 | 12 | 417.6 | 55% |

图：2016 和 2017 赛季华夏幸福和亚泰控球率和进攻主导率对比

相比之下，进攻 30 米区域传球次数增加则跟球队实力的提升有直接关系。

河北华夏和长春亚泰作为 2017 赛季进步最大的两支球队，比 2016 赛季在进攻 30 米区域的传球次数增加最多，这两支球队的共同特征是，今年整体实力进步明显，控球率和进攻主导率都大幅上升。

**综上所述：**

受到三外援政策的影响，本赛季中超球队的传球次数普遍下滑，三外援政策并没有提升国内球员的整体地位，反而导致部分球队对外援的依赖度更高，放任超级外援靠个人能力左右球队体系和比赛走向，这甚至已经成为很多强队的共识。

无论三外援还是 3+1 外援政策，想要提高国内球员在球队进攻体系中的参与度，关键还是国内球员的整体能力和水平，能力不足，只靠减少外援数量无济于事，就算国内球员的传球次数增多，也是增加在中后场没有意义的倒脚，不能改变格局。

在这种情况下，如果刻意减少外援数量、降低外援水平，只会导致国内球员缺少学习的对象和进步的空间，反而得不偿失。任何进步都需要时间，不会有立竿见影的效果。近几年随着外援水平的不断提升，国内球员的整体实力正在进步，要看到这个发展趋势，用更多的耐心而不是政策干预，去等待收获的结果。

## 2017 赛季中超球员传球数据研究

在前文中我们已经探讨了，本赛季中超球队的传球次数普遍下滑。那么，除了三外援政策、超级外援持球时间增加等因素之外，本赛季球员传球数据还有哪些现象值得观察呢?

### 不同球员的传球次数：超级球员的数量整体下滑

图：2016 和 2017 赛季球员传球总次数的分布对比

对比 2016-2017 两个赛季可以发现，在不同传球次数的球员里，超级球员的数量下降，而一般水平以下的球员在增多。

2016 赛季，赛季传球超过 1000 次的球员有 49 人，到本赛季只有 38 人；2016 赛季传球在 750-1000 次的球员人数有 53 人，本赛季只有 45 人。而传球 750 次以下的球员人数则在增加，说明 2017 赛季球员传球次数的下降，不是单个球员或者部分球员的下滑，而是整体趋势。

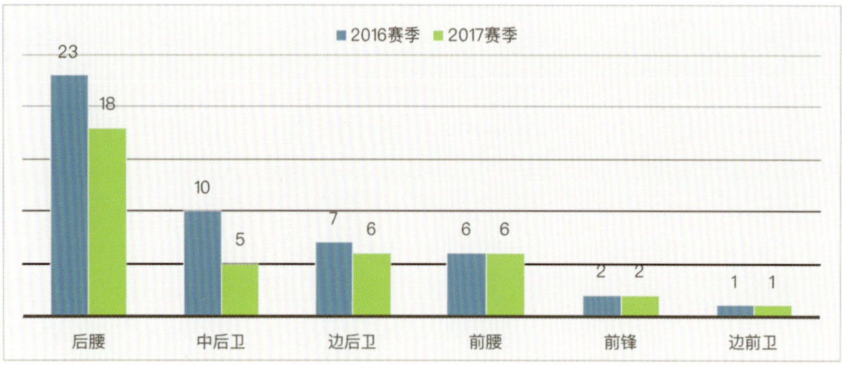


图：2016 和 2017 赛季传球超过 1000 次的不同位置球员分布

从位置上，2016 赛季传球次数超过 1000 次的球员主要来自后腰尤其是防守型后腰和中后卫，而这两个位置恰恰是亚洲外援出场最多的位置，本赛季的人数大幅减少正是由于三外援和 U23 新政的影响，在这两个位置上顶替亚洲外援出场的国内球员和 U23 小将，一方面传球能力有明显差距，另一方面，很多球员要和 U23 小将划分出场时间，出场时间减少，传球次数自然下降。

## 不同位置球员的传球次数改变：后卫受影响最大

| 2016赛季 | 位置 | 所属球队 | 赛季出场 | 场均传球 |
|---|---|---|---|---|
| 汪嵩 | 组织后腰 | 广州富力 | 30 | 61.8 |
| 高拉特 | 前锋 | 广州恒大淘宝 | 29 | 58.4 |
| 保利尼奥 | 防守后腰 | 广州恒大淘宝 | 30 | 58.1 |
| 张贤秀 | 中后卫 | 广州富力 | 24 | 58.0 |
| 郑智 | 防守后腰 | 广州恒大淘宝 | 26 | 56.9 |
| 尤西雷 | 中后卫 | 山东鲁能泰山 | 30 | 56.5 |
| 尹比加兰 | 组织后腰 | 延边富德 | 25 | 55.9 |
| 郑又荣 | 防守后腰 | 重庆当代力帆 | 30 | 55.9 |
| 姜至鹏 | 边后卫 | 广州富力 | 26 | 55.4 |
| 斯文森 | 防守后腰 | 广州富力 | 28 | 54.9 |

图：2016 赛季场均传球前 10 名的球员排行

在 2016 赛季球员传球的榜单上，呈现出“位置百花齐放、球队高度集中”的格局，主要来自恒大和富力两家，从高拉特这样的前锋到汪嵩、保利尼奥这样的后腰再到张贤秀、姜至鹏等后卫球员，都入围了场均传球前 10 名的榜单，恒大和富力去年整年在传控球方面的整体优势是非常明显的。

| 2017赛季 | 位置 | 所属球队 | 赛季出场 | 场均传球 |
|---|---|---|---|---|
| 池忠国 | 组织后腰 | 延边富德 | 29 | 62.2 |
| 奥古斯托 | 组织后腰 | 北京中赫国安 | 28 | 61.9 |
| 乌索 | 防守后腰 | 广州富力 | 18 | 61.5 |
| 苏亚雷斯 | 防守后腰 | 贵州恒丰智诚 | 12 | 58.6 |
| 艾哈迈多夫 | 组织后腰 | 上海上港 | 20 | 57.9 |
| 多奇卡尔 | 组织后腰 | 河南建业 | 23 | 56.4 |
| 奥斯卡 | 前腰 | 上海上港 | 22 | 56.3 |
| 蒿俊闵 | 组织后腰 | 山东鲁能泰山 | 29 | 54.8 |
| 米克尔 | 防守后腰 | 天津亿利 | 13 | 54.5 |
| 古德利 | 组织后腰 | 天津亿利 | 19 | 53.2 |

图：2017 赛季场均传球前 10 名的球员排行

但是到了 2017 赛季，格局恰恰相反，主力球员场均传球前 10 名的榜单上，位置高度集中，9 个后腰和 1 个前腰，唯一的前腰奥斯卡的位置也非常灵活，并不只局限在前场，而后卫和前锋球员全部消失；球队则非常分散，有 8 支球队的后腰球员同时入围。

| 2017赛季 | 位置 | 所属球队 | 赛季出场 | 场均传球 |
|---|---|---|---|---|
| 姜至鹏 | 边后卫 | 广州富力 | 28 | 47.0 |
| 冯潇霆 | 中后卫 | 广州恒大淘宝 | 24 | 46.8 |
| 王上源 | 边后卫 | 广州恒大淘宝 | 17 | 46.4 |
| 唐淼 | 边后卫 | 广州富力 | 30 | 45.4 |
| 弋腾 | 中后卫 | 广州富力 | 23 | 45.4 |
| 韩光徽 | 边后卫 | 延边富德 | 23 | 43.4 |
| 张琳芃 | 边后卫 | 广州恒大淘宝 | 22 | 43.2 |
| 李磊 | 边后卫 | 北京中赫国安 | 28 | 41.8 |
| 黄政宇 | 中后卫 | 广州富力 | 29 | 40.7 |
| 丁海峰 | 边后卫 | 河北华夏幸福 | 15 | 40.5 |

图：2017 赛季场均传球前 10 名的后卫球员排行

与后腰球员的强势形成鲜明反差的是，后卫球员本赛季传球次数普遍不高，场均传球最多的后卫姜至鹏在主力球员场均传球榜的排名只是第 21 位。不管是三中卫体系还是四后卫体系，尤其富力、恒大、国安这种有传控球传统、后卫传球能力较强的球队，都不如前几年。

究其原因，还是要归结到亚洲外援的消失上。后卫球员的主要传球路线是中后场球员之间的来回倒脚，在金英权、张贤秀等亚洲外援出场次数锐减之后，中后场传球能力普遍下降，导致国产后卫们的数据受到影响。

| 2016赛季 | 位置 | 所属球队 | 赛季出场 | 传球成功率 |
|---|---|---|---|---|
| 张耀坤 | 中后卫 | 广州富力 | 26 | 90.6% |
| 斯文森 | 防守后腰 | 广州富力 | 28 | 89.9% |
| 汪嵩 | 组织后腰 | 广州富力 | 30 | 88.6% |
| 金英权 | 中后卫 | 广州恒大淘宝 | 15 | 88.4% |
| 保利尼奥 | 防守后腰 | 广州恒大淘宝 | 30 | 87.9% |
| 张贤秀 | 中后卫 | 广州富力 | 24 | 87.7% |
| 梅方 | 中后卫 | 广州恒大淘宝 | 25 | 87.5% |
| 李超 | 中后卫 | 石家庄永昌 | 24 | 87.3% |
| 黄博文 | 组织后腰 | 广州恒大淘宝 | 28 | 87.2% |
| 于洋 | 中后卫 | 广州富力 | 25 | 86.5% |

图：2016 赛季传球成功率前 10 名的球员排行

传球成功率也能很好地反映这个事实。

2016 赛季，传球成功率排名前 10 的球员里有 6 名中后卫，其中 3 个来自富力、2 人来自恒大。并且，传球成功率超过 85% 的主力球员有 20 人。

| 2017赛季 | 位置 | 所属球队 | 赛季出场 | 传球成功率 |
|---|---|---|---|---|
| 乌索 | 防守后腰 | 广州富力 | 18 | 90.6% |
| 弋腾 | 中后卫 | 广州富力 | 23 | 87.0% |
| 艾哈迈多夫 | 组织后腰 | 上海上港 | 20 | 86.1% |
| 黄政宇 | 中后卫 | 广州富力 | 29 | 85.6% |
| 郑智 | 防守后腰 | 广州恒大淘宝 | 17 | 85.2% |
| 赵宇豪 | 防守后腰 | 河北华夏幸福 | 24 | 84.9% |
| 保利尼奥 | 防守后腰 | 广州恒大淘宝 | 20 | 84.7% |
| 维特塞尔 | 组织后腰 | 天津权健 | 27 | 84.7% |
| 米克尔 | 防守后腰 | 天津亿利 | 13 | 84.5% |
| 尹比加兰 | 组织后腰 | 延边富德 | 12 | 84.4% |

图：2017 赛季传球成功率前 10 名的球员排行

到了 2017 赛季，传球成功率超过 85% 的主力球员只有 5 个人，只有 2 名中后卫，其他全是后腰球员。

本赛季后卫球员传球次数、传球成功率同时下降，一方面因为富力和恒大两队出现的人员变动问题，另一方面，则是今年后卫整体水平下降、互相之间缺乏足够的保护和默契造成的。这一状态，可能需要两到三年，等到 U23 后卫们经过足够的时间成长，再观察是否会得到改善。

## 球员传球次数的变化

| 球员 | 位置 | 2016赛季效力 | 场均传球 | 2017赛季效力 | 场均传球 | 17-16赛季 差值 |
|---|---|---|---|---|---|---|
| 汪嵩 | 组织后腰 | 广州富力 | 61.8 | 江苏苏宁易购 | 34.1 | -27.7 |
| 蔡慧康 | 防守后腰 | 上海上港 | 45.8 | 上海上港 | 33.2 | -12.6 |
| 孙世林 | 防守后腰 | 辽宁宏运 | 47.6 | 上海申花 | 36.5 | -11.1 |
| 高拉特 | 前锋 | 广州恒大淘宝 | 58.4 | 广州恒大淘宝 | 48.1 | -10.3 |
| 姜至鹏 | 边后卫 | 广州富力 | 55.4 | 广州富力 | 47 | -8.4 |
| 保利尼奥 | 防守后腰 | 广州恒大淘宝 | 58.1 | 广州恒大淘宝 | 50.4 | -7.7 |
| 武磊 | 前锋 | 上海上港 | 31.3 | 上海上港 | 23.7 | -7.6 |
| 于洋 | 中后卫 | 广州富力 | 46.7 | 北京中赫国安 | 39.5 | -7.2 |
| 柏佳骏 | 边后卫 | 上海申花 | 38.5 | 上海申花 | 32.3 | -6.2 |
| 李昂 | 中后卫 | 江苏苏宁易购 | 39.3 | 江苏苏宁易购 | 33.4 | -5.9 |

图：2016 与 2017 赛季部分中超球队主力球员场均传球对比一

传球次数的下降，在一些两个赛季都是球队主力、出场时间都比较多的球员身上表现得最明显。

比如汪嵩、孙世林和于洋，这三人都在 2017 赛季冬季转会离开球队换了新环境，随之而来的就是，丢掉了在原球队的核心地位，需要重新适应和磨合，出场时间、传球次数都有下降，新的体系改变也影响到了他们的数据。

| 场均传球 | 位置 | 2016 赛季效力 | 场均传球 | 2017 赛季效力 | 场均传球 | 17-16 赛季 差值 |
|---|---|---|---|---|---|---|
| 姜积弘 | 中后卫 | 石家庄永昌 | 25.6 | 广州富力 | 39.7 | 14.1 |
| 孙捷 | 中后卫 | 长春亚泰 | 25.9 | 长春亚泰 | 35.8 | 9.9 |
| 奥古斯托 | 组织后腰 | 北京中赫国安 | 52.3 | 北京中赫国安 | 61.9 | 9.6 |
| 蒋哲 | 边后卫 | 长春亚泰 | 26.4 | 长春亚泰 | 34.8 | 8.4 |
| 塔尔德利 | 前锋 | 山东鲁能 | 35.6 | 山东鲁能 | 43.7 | 8.1 |
| 唐淼 | 边后卫 | 广州富力 | 37.4 | 广州富力 | 45.4 | 8 |
| 尹鸿博 | 前腰 | 河南建业 | 37.8 | 河北华夏幸福 | 45.7 | 7.9 |
| 池忠国 | 组织后腰 | 延边富德 | 54.5 | 延边富德 | 62.2 | 7.7 |
| 顾操 | 中后卫 | 河南建业 | 22.1 | 河南建业 | 28.2 | 6.1 |
| 赵宇豪 | 防守后腰 | 杭州绿城 | 32 | 河北华夏幸福 | 37.5 | 5.5 |

图：2016 与 2017 赛季部分中超球队主力球员场均传球对比二

上港的蔡慧康，在奥斯卡、艾哈迈多夫加盟之后，地位逐渐边缘化，传球次数下降非常多；高拉特、姜至鹏、武磊，都因为球队球员发生了很多改变，整体进攻的流畅性或者重心发生改变，而影响到了自己的数据，他们本赛季接球数更少，传球数自然下降。

保利尼奥、柏佳骏和李昂等人，则是由于各自的状态原因影响到了传球数据，同时也对球队的成绩产生了影响。

当然，也不是所有球员都在下降。

姜积弘、尹鸿博、赵宇豪在转会后得到了更强大的团队支持，场均传球数据和传球成功率有了明显上涨，这些球员能否真的适应强队的战术要求，还需要下赛季继续观察。

相比之下，孙捷、蒋哲、奥古斯托、塔尔德利等人，都是由于各自球队发生了变化，自己在球队地位提升之后，增加了传球次数。他们的表现，与球队的成绩相辅相成，是共同成长的典范。

富力的唐淼、延边的池忠国和建业的顾操，则是个人成长的案例。不管是唐淼这样的主动成长，还是池忠国等人这样的因为球队人员变化而被迫去承担更重要的责任，总之他们都在努力适应角色，完成改变。

## 关键传球的变化：前场进攻支点更加前提

| 2016 赛季 | 位置 | 所属球队 | 关键传球总数 |
|---|---|---|---|
| 伊沃 | 组织后腰 | 河南建业 | 74 |
| 蒙特罗 | 前腰 | 天津亿利 | 67 |
| 特谢拉 | 边锋 | 江苏苏宁易购 | 56 |
| 高拉特 | 前锋 | 广州恒大淘宝 | 56 |
| 王栋 | 前腰 | 重庆当代力帆 | 53 |
| 奥古斯托 | 组织后腰 | 北京中赫国安 | 51 |
| 张稀哲 | 前腰 | 北京中赫国安 | 51 |
| 蒿俊闵 | 组织后腰 | 山东鲁能泰山 | 50 |
| 蒙蒂略 | 前腰 | 山东鲁能泰山 | 49 |
| 瓜林 | 防守后腰 | 上海绿地申花 | 49 |

图：2016 赛季球员关键传球总数前 10 名排行

最后再来说说关键传球的变化规律。

2016 赛季，关键传球前 10 名的球员里只有高拉特 1 个前锋，特谢拉基本出现在边锋位置，前腰球员有 4 人，后腰也有 4 人。由于多数球队采用了前场三叉戟的外援配置，前腰主导进攻方向、前锋完成射门得分，成为主流模式。

2017 赛季则发生了很大的变化。

雷纳尔迪尼奥、胡尔克、佩莱、费尔南多 4 个前锋 / 边锋球员进入关键传球的前 10 名榜单，拉维奇虽然场上位置是前腰，但也经常突到前锋位置。前锋球员的排名大大提升。

| 2017赛季 | 位置 | 所属球队 | 关键传球总数 |
|---|---|---|---|
| 拉维奇 | 前腰 | 河北华夏幸福 | 72 |
| 蒿俊闵 | 组织后腰 | 山东鲁能泰山 | 62 |
| 奥斯卡 | 前腰 | 上海上港 | 60 |
| 多奇卡尔 | 前腰 | 河南建业 | 56 |
| 雷纳尔迪尼奥 | 前锋 | 广州富力 | 56 |
| 胡尔克 | 前锋 | 上海上港 | 54 |
| 奥古斯托 | 组织后腰 | 北京中赫国安 | 54 |
| 佩莱 | 前锋 | 山东鲁能泰山 | 53 |
| 费尔南多 | 前锋 | 重庆力帆 | 48 |
| 曹赟定 | 边前卫 | 上海申花 | 46 |

图：2017 赛季球员关键传球总数前 10 名排行

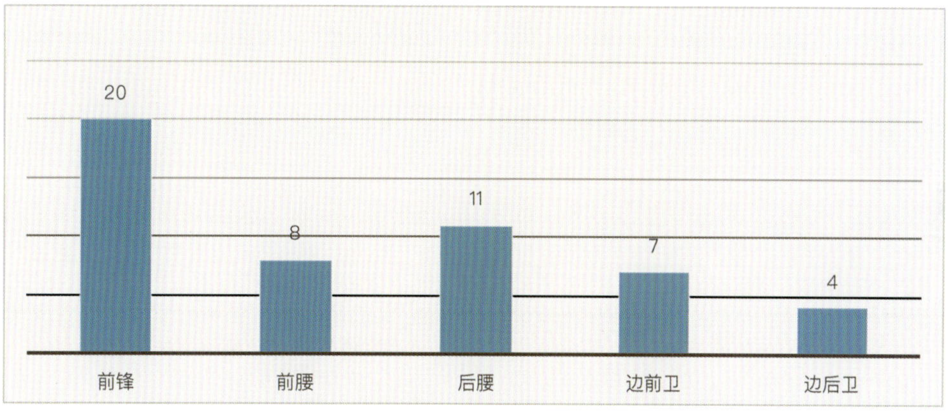


图：2017 赛季关键传球总数前 50 名不同位置的人员分布

在本赛季关键传球总数前 50 名球员的榜单上，前锋 / 边锋球员达到 20 人，占比最高。由于三外援政策的限制，很多中超球队启用“前锋 + 后腰 + 中后卫”或者“前锋 + 二前锋 + 后腰”的外援配置，取消前腰，进攻支点的位置更靠前。很多球队开始使用外援高中锋，频繁长传找高中锋，由中锋支点策动进攻，打法更简练。

**综上所述：**

本赛季受到各种政策影响，后卫球员由于受到的支援、保护都在减弱，在攻防两端的整体表现都在下滑。

为了应对三外援政策，很多球队都在采用新的策略，强力中场加强力支点型前锋的外援配置，让很多球队开始采用更简练有效的高位逼抢 + 长传快攻的策略，由此带来的影响就是，中超进球数增多，回合数变多，大比分比赛变多，但是传球次数、传球质量都在下降。

# 2017 赛季中超数据报表

- 2017 赛季中超各队进攻方
- 2017 赛季中超各队传球统计
- 2017 赛季中超各队对抗统计 争顶
- 2017 赛季中超各队对抗统计 过人
- 2017 赛季中超各队对抗统计 抢断
- 2017 赛季中超各队对抗统计 犯规

## 2017 赛季中超各队进攻方式

| 球队 | 场均进攻次数 | 阵地战 | 反击 | 角球 | 界外球进攻 | 任意球配合 | 任意球射门 | 点球 | 场均进球 |
|---|---|---|---|---|---|---|---|---|---|
| 北京中赫国安 | 67.4 | 53 | 4 | 5 | 0.5 | 4.6 | 0.7 | 0.3 | 1.4 |
| 山东鲁能泰山 | 67.2 | 52 | 5 | 6 | 0.2 | 3.5 | 0.4 | 0.1 | 1.6 |
| 广州恒大淘宝 | 66.9 | 53 | 5 | 5 | 1.1 | 3 | 0.4 | 0.2 | 2.3 |
| 天津亿利 | 65.5 | 48 | 4 | 5 | 0.5 | 5.8 | 1.3 | 0.1 | 1.0 |
| 上海上港 | 65.1 | 50 | 5 | 4 | 0.4 | 2.9 | 1.9 | 0.3 | 2.4 |
| 长春亚泰 | 64.2 | 46 | 5 | 6 | 0.6 | 5.9 | 1 | 0.3 | 1.5 |
| 河北华夏幸福 | 61.3 | 45 | 4 | 5 | 0.4 | 5.7 | 0.7 | 0.3 | 1.8 |
| 广州富力 | 60.2 | 47 | 4 | 5 | 0.4 | 2.9 | 1 | 0.1 | 2.0 |
| 贵州恒丰智诚 | 58.8 | 45 | 4 | 5 | 0.4 | 4.6 | 0.6 | 0.1 | 1.3 |
| 江苏苏宁易购 | 58.7 | 44 | 4 | 5 | 0.3 | 4.7 | 0.8 | 0.1 | 1.3 |
| 天津权健 | 57.9 | 43 | 5 | 4 | 0.6 | 4.4 | 1 | 0.2 | 1.5 |
| 延边富德 | 56.4 | 44 | 4 | 4 | 0.3 | 3.7 | 0.7 | 0.1 | 1.1 |
| 重庆当代力帆 | 56 | 42 | 4 | 5 | 0.2 | 4.1 | 1.4 | 0.1 | 1.2 |
| 河南建业 | 55.6 | 42 | 4 | 3 | 0.5 | 5.8 | 0.4 | 0.1 | 1.1 |
| 上海绿地申花 | 52.9 | 40 | 4 | 4 | 0.4 | 3.6 | 0.9 | 0.1 | 1.7 |
| 辽宁沈阳开新 | 48.7 | 36 | 3 | 4 | 0.4 | 5.1 | 0.7 | 0.2 | 1.0 |
| **备注** | | **场均运动战进攻次数** | | | **场均定位球进攻次数** | | | | |

## 2017 赛季中超各队传球统计

| 球队 | 场均传球 | 场均传球成功 | 传球成功率 | 场均进攻三区传球 | 场均进攻三区成功传球 | 进攻三区传球成功率 | 场均连续5脚传球 | 场均连续4脚传球 | 场均连续3脚传球 | 场均连续2脚传球 |
|---|---|---|---|---|---|---|---|---|---|---|
| 广州富力 | 458 | 373 | 81% | 101 | 74 | 73.0% | 24 | 10 | 14 | 23 |
| 延边富德 | 427 | 334 | 78% | 87 | 61 | 70.4% | 21 | 9 | 14 | 24 |
| 广州恒大淘宝 | 422 | 332 | 79% | 114 | 81 | 71.1% | 19 | 9 | 13 | 25 |
| 北京中赫国安 | 419 | 320 | 76% | 107 | 74 | 69.3% | 17 | 10 | 14 | 25 |
| 山东鲁能泰山 | 404 | 304 | 75% | 117 | 80 | 68.6% | 16 | 9 | 15 | 23 |
| 河北华夏幸福 | 401 | 306 | 76% | 101 | 70 | 70.0% | 18 | 7 | 12 | 24 |
| 天津亿利 | 381 | 287 | 75% | 97 | 67 | 69.5% | 16 | 8 | 13 | 23 |
| 贵州恒丰智诚 | 375 | 281 | 75% | 88 | 61 | 68.9% | 16 | 7 | 14 | 23 |
| 上海上港 | 373 | 288 | 77% | 96 | 69 | 71.5% | 15 | 7 | 13 | 23 |
| 长春亚泰 | 369 | 274 | 74% | 86 | 57 | 66.3% | 13 | 7 | 13 | 23 |
| 江苏苏宁易购 | 359 | 264 | 74% | 87 | 59 | 67.4% | 14 | 7 | 13 | 24 |
| 上海绿地申花 | 346 | 263 | 76% | 75 | 50 | 66.9% | 14 | 7 | 12 | 21 |
| 天津权健 | 343 | 252 | 73% | 84 | 55 | 65.8% | 11 | 8 | 12 | 23 |
| 重庆当代力帆 | 337 | 247 | 73% | 77 | 51 | 65.4% | 12 | 7 | 12 | 21 |
| 辽宁沈阳开新 | 329 | 243 | 74% | 68 | 44 | 64.6% | 12 | 7 | 12 | 20 |
| 河南建业 | 318 | 225 | 71% | 83 | 55 | 66.3% | 9 | 7 | 11 | 22 |

## 2017 赛季中超各队对抗统计 争顶

| 球队 | 争顶 | 争顶成功 | 争顶成功率 |
|---|---|---|---|
| 天津亿利 | 31.2 | 14.1 | 45.3% |
| 江苏苏宁易购 | 30.1 | 14.7 | 48.8% |
| 长春亚泰 | 29.8 | 15.4 | 51.7% |
| 山东鲁能泰山 | 28.9 | 16.5 | 57.0% |
| 贵州恒丰智诚 | 28.9 | 15.2 | 52.7% |
| 河南建业 | 28.8 | 13.4 | 46.6% |
| 重庆当代力帆 | 27.3 | 14.3 | 52.3% |
| 河北华夏幸福 | 26.1 | 13.6 | 52.2% |
| 上海上港 | 26.1 | 13.4 | 51.5% |
| 北京中赫国安 | 26.1 | 13 | 49.8% |
| 上海绿地申花 | 24.9 | 12.8 | 51.5% |
| 天津权健 | 24.8 | 12.8 | 51.7% |
| 广州富力 | 24.8 | 11.8 | 47.7% |
| 辽宁沈阳开新 | 24.3 | 11.9 | 49.0% |
| 广州恒大淘宝 | 23.2 | 12.1 | 52.1% |
| 延边富德 | 22.8 | 9 | 39.3% |

## 2017 赛季中超各队对抗统计 过人

| 球队 | 过人 | 过人成功 | 过人成功率 |
|---|---|---|---|
| 上海上港 | 21.9 | 11.5 | 52.5% |
| 河南建业 | 17.3 | 9.9 | 57.5% |
| 重庆当代力帆 | 17.1 | 9.5 | 55.9% |
| 长春亚泰 | 16.8 | 9 | 53.3% |
| 天津权健 | 16.7 | 8.8 | 53.0% |
| 广州富力 | 16.5 | 9.8 | 59.7% |
| 天津亿利 | 16.2 | 9.5 | 58.3% |
| 山东鲁能泰山 | 15.9 | 8.7 | 54.5% |
| 上海绿地申花 | 15.7 | 9.4 | 59.7% |
| 北京中赫国安 | 15.6 | 8.4 | 53.8% |
| 河北华夏幸福 | 15.2 | 8.4 | 55.4% |
| 延边富德 | 15.1 | 8.4 | 55.8% |
| 辽宁沈阳开新 | 15 | 8.8 | 58.8% |
| 江苏苏宁易购 | 14.1 | 7.3 | 51.9% |
| 贵州恒丰智诚 | 12.8 | 7.7 | 60.1% |
| 广州恒大淘宝 | 12.4 | 7.4 | 59.5% |

## 2017 赛季中超各队对抗统计 抢断

| 球队 | 抢断 | 抢断成功 | 抢断成功率 | 被抢断 |
|---|---|---|---|---|
| 山东鲁能泰山 | 38.6 | 19.2 | 49.7% | 15.87 |
| 广州恒大淘宝 | 38.1 | 18.1 | 47.6% | 17.07 |
| 长春亚泰 | 36.3 | 16.5 | 45.5% | 16.40 |
| 北京中赫国安 | 36.2 | 17.6 | 48.5% | 19.63 |
| 贵州恒丰智诚 | 36 | 16.5 | 45.8% | 17.03 |
| 上海上港 | 35.9 | 18 | 50.2% | 19.73 |
| 辽宁沈阳开新 | 35.2 | 16.8 | 47.7% | 17.90 |
| 河南建业 | 34.7 | 18.5 | 53.3% | 16.27 |
| 延边富德 | 34.7 | 17.7 | 51.1% | 15.67 |
| 天津权健 | 34.6 | 17.2 | 49.6% | 17.20 |
| 重庆当代力帆 | 33 | 17.3 | 52.4% | 18.43 |
| 上海绿地申花 | 32.8 | 15.2 | 46.4% | 15.20 |
| 广州富力 | 32.6 | 16.2 | 49.7% | 17.63 |
| 江苏苏宁易购 | 32.2 | 16.7 | 51.9% | 16.00 |
| 天津亿利 | 31.9 | 16.4 | 51.5% | 15.57 |
| 河北华夏幸福 | 31.9 | 15.1 | 47.4% | 17.50 |

## 2017 赛季中超各队对抗统计 犯规

| 球队 | 被犯规 | 犯规 |
|---|---|---|
| 山东鲁能泰山 | 10.3 | 18.8 |
| 辽宁沈阳开新 | 13.4 | 16.8 |
| 延边富德 | 14.3 | 13.3 |
| 贵州恒丰智诚 | 14.4 | 18 |
| 河南建业 | 14.4 | 15.4 |
| 广州恒大淘宝 | 14.4 | 16.4 |
| 上海上港 | 14.5 | 15.1 |
| 重庆当代力帆 | 14.8 | 13.8 |
| 广州富力 | 14.9 | 14.2 |
| 上海绿地申花 | 15.6 | 14 |
| 天津权健 | 15.8 | 16.2 |
| 江苏苏宁易购 | 16 | 16.9 |
| 河北华夏幸福 | 16.2 | 16.5 |
| 天津亿利 | 16.4 | 16.4 |
| 长春亚泰 | 16.7 | 18.7 |
| 北京中赫国安 | 17.1 | 17.3 |

# 2017 赛季中超 16 队一张图

- 广州恒大淘宝
- 北京国安
- 上海上港
- 重庆力帆
- 天津权健
- 上海绿地申花
- 河北华夏幸福
- 江苏苏宁
- 广州富力
- 天津亿利
- 山东鲁能
- 河南建业
- 长春亚泰
- 延边富德
- 贵州恒丰智诚
- 辽宁沈阳开新

## 主客场战绩

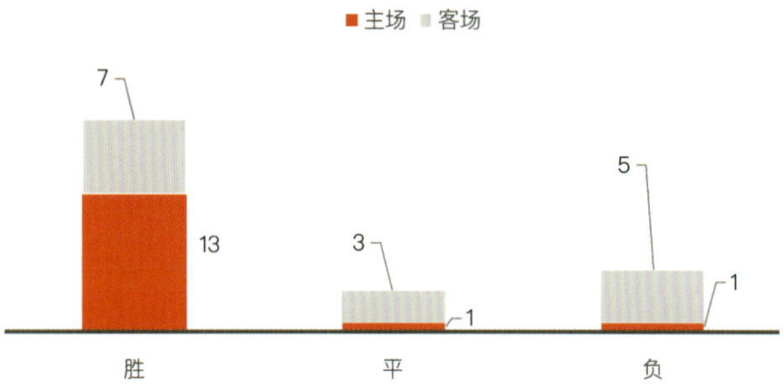


## 进失球战绩

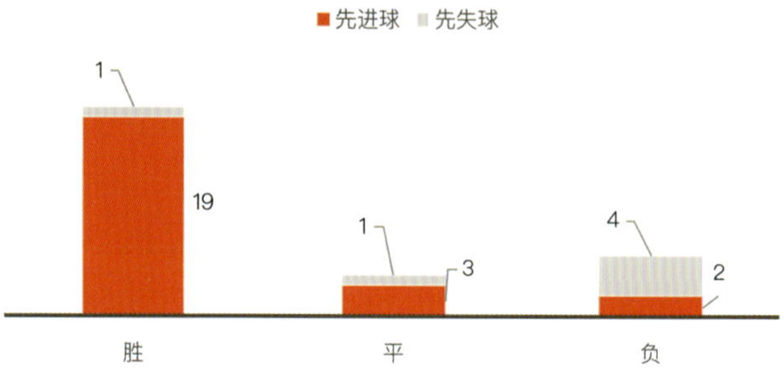

## 进球人数

15

## 平均年龄

28.7

## 运动战进失球

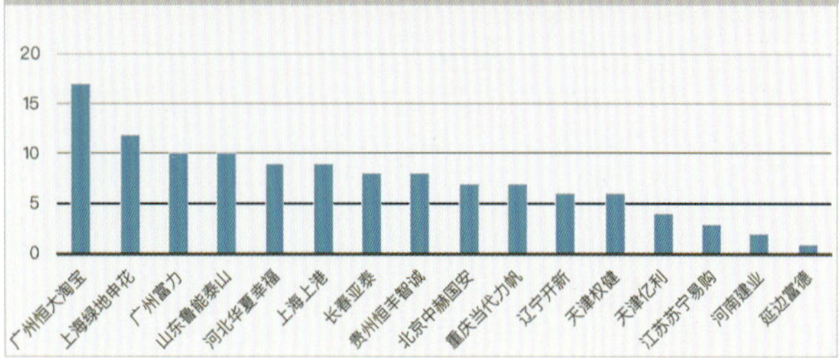


## 定位球进失球

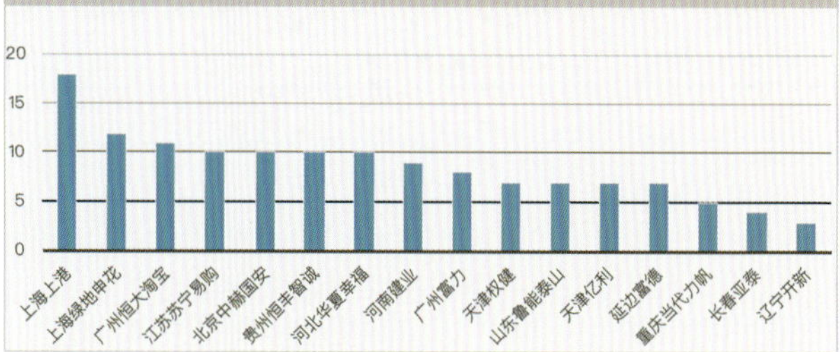


## 进失球时间段

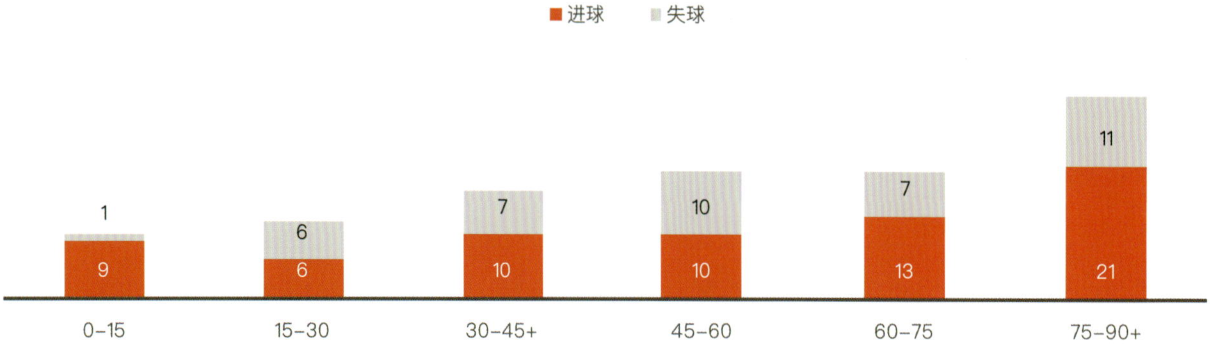

## 赛季最佳阵容

## 球员数据列表

| | 首发次数 | 替补次数 | 上场时间 | 传球成功率 | 助攻 | 突破 | 传中 | 进球 | 争顶 | 拦截 | 关键传球 | 抢断 | 评分 |
|---|---|---|---|---|---|---|---|---|---|---|---|---|---|
| 高拉特 | 29 | 0 | 2571 | 78% | 9 | 56 | 42 | 20 | 51 | 14 | 38 | 32 | 78.73 |
| 冯潇霆 | 24 | 0 | 2160 | 79% | 0 | 8 | 3 | 1 | 70 | 55 | 11 | 43 | 67.36 |
| 郜林 | 26 | 3 | 2145 | 68% | 5 | 32 | 46 | 9 | 128 | 11 | 23 | 20 | 65.31 |
| 张琳芃 | 22 | 0 | 1980 | 78% | 2 | 10 | 43 | 2 | 40 | 55 | 11 | 49 | 69.33 |
| 阿兰 | 20 | 7 | 1832 | 70% | 4 | 46 | 29 | 10 | 63 | 5 | 30 | 8 | 68.74 |
| 保利尼奥 | 20 | 0 | 1800 | 84% | 2 | 36 | 5 | 7 | 42 | 24 | 21 | 54 | 74.20 |
| 于汉超 | 11 | 19 | 1747 | 73% | 8 | 47 | 100 | 8 | 27 | 20 | 40 | 29 | 67.04 |
| 王上源 | 17 | 0 | 1460 | 76% | 0 | 6 | 43 | 0 | 29 | 32 | 9 | 31 | 63.02 |
| 李学鹏 | 16 | 1 | 1430 | 74% | 3 | 24 | 64 | 0 | 27 | 20 | 15 | 31 | 64.26 |
| 郑智 | 17 | 0 | 1397 | 85% | 5 | 14 | 2 | 0 | 21 | 45 | 13 | 32 | 66.72 |
| 黄博文 | 9 | 12 | 1119 | 86% | 3 | 8 | 44 | 1 | 28 | 18 | 15 | 37 | 63.18 |
| 刘健 | 12 | 5 | 1081 | 78% | 0 | 7 | 1 | 2 | 36 | 16 | 1 | 23 | 64.20 |
| 梅方 | 12 | 1 | 1048 | 80% | 0 | 2 | 2 | 0 | 28 | 21 | 2 | 22 | 64.99 |
| 邹正 | 12 | 3 | 1025 | 68% | 0 | 15 | 19 | 1 | 21 | 30 | 6 | 43 | 62.34 |
| 徐新 | 14 | 0 | 911 | 79% | 2 | 14 | 2 | 0 | 19 | 14 | 3 | 24 | 58.26 |
| 廖力生 | 9 | 7 | 891 | 74% | 1 | 3 | 35 | 0 | 17 | 13 | 16 | 26 | 60.37 |
| 郑龙 | 6 | 12 | 780 | 70% | 1 | 18 | 57 | 0 | 20 | 6 | 14 | 12 | 58.38 |
| 金英权 | 4 | 0 | 360 | 82% | 0 | 0 | 0 | 0 | 11 | 11 | 1 | 6 | 60.70 |
| 穆里奇 | 4 | 4 | 355 | 86% | 0 | 5 | 3 | 4 | 4 | 2 | 8 | 6 | 68.04 |
| 陈泽鹏 | 3 | 0 | 198 | 67% | 0 | 3 | 10 | 0 | 2 | 7 | 2 | 7 | 57.80 |
| 温家宝 | 8 | 0 | 164 | 58% | 0 | 5 | 3 | 0 | 2 | 1 | 2 | 3 | 55.65 |
| 荣昊 | 0 | 4 | 148 | 66% | 0 | 4 | 9 | 0 | 0 | 1 | 3 | 2 | 54.18 |
| 张成林 | 0 | 6 | 124 | 73% | 0 | 3 | 1 | 0 | 1 | 1 | 1 | 2 | 53.67 |
| 张文钊 | 0 | 4 | 105 | 81% | 2 | 5 | 6 | 1 | 2 | 0 | 3 | 0 | 66.11 |
| 王靖斌 | 4 | 0 | 100 | 79% | 0 | 1 | 0 | 0 | 6 | 0 | 0 | 1 | 59.03 |
| 冯博轩 | 1 | 0 | 21 | 78% | 0 | 1 | 0 | 0 | 0 | 0 | 0 | 0 | 56.51 |

| | 出场次数 | 球门球成功率 | 击出 | 脱手 | 失球 | 扑救 | 评分 |
|---|---|---|---|---|---|---|---|
| 曾诚 | 29 | 55% | 60 | 2 | 40 | 82 | 62.70 |
| 刘殿座 | 1 | 67% | 3 | 0 | 2 | 4 | 62.85 |

## 主客场战绩

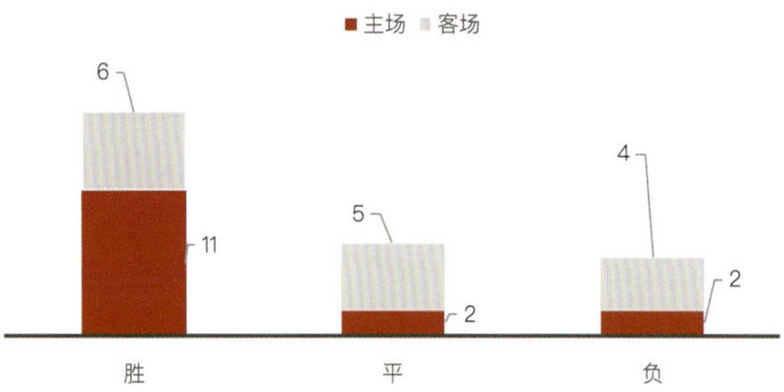


## 进失球战绩

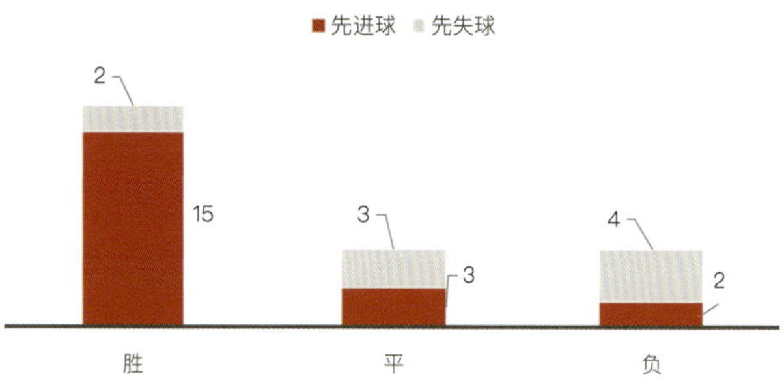

## 进球人数

**12**

## 平均年龄

**26.2**

## 运动战进失球

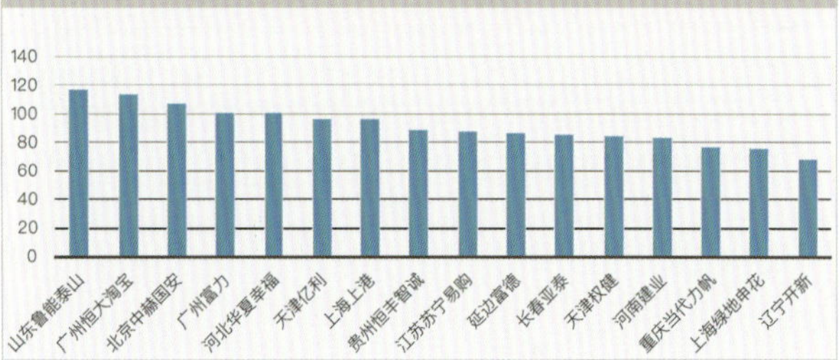


## 定位球进失球

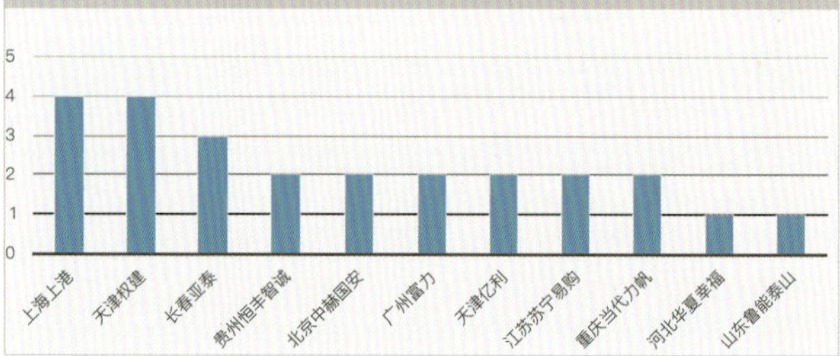


## 进失球时间段

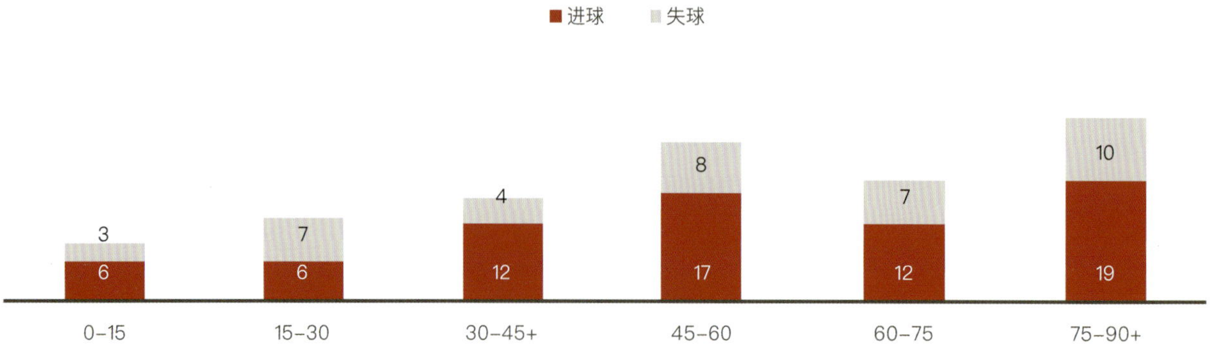

## 赛季最佳阵容

## 球员数据列表

| | 首发次数 | 替补次数 | 上场时间 | 传球成功率 | 助攻 | 突破 | 传中 | 进球 | 争顶 | 拦截 | 关键传球 | 抢断 | 评分 |
|---|---|---|---|---|---|---|---|---|---|---|---|---|---|
| 王燊超 | 29 | 0 | 2600 | 74% | 3 | 17 | 39 | 1 | 56 | 40 | 20 | 58 | 65.16 |
| 贺惯 | 28 | 1 | 2546 | 81% | 1 | 0 | 0 | 2 | 62 | 25 | 2 | 31 | 66.34 |
| 胡尔克 | 27 | 0 | 2397 | 68% | 12 | 268 | 140 | 17 | 82 | 3 | 54 | 24 | 81.06 |
| 武磊 | 27 | 1 | 2366 | 73% | 8 | 54 | 21 | 20 | 38 | 15 | 23 | 29 | 76.43 |
| 蔡慧康 | 20 | 8 | 2061 | 80% | 2 | 4 | 3 | 0 | 116 | 43 | 7 | 72 | 62.37 |
| 奥斯卡 | 22 | 0 | 1966 | 79% | 9 | 120 | 74 | 3 | 12 | 17 | 60 | 53 | 76.60 |
| 石柯 | 22 | 2 | 1898 | 77% | 0 | 3 | 7 | 0 | 30 | 33 | 2 | 21 | 66.23 |
| 艾哈迈多夫 | 20 | 0 | 1779 | 85% | 1 | 35 | 5 | 3 | 14 | 21 | 24 | 51 | 69.05 |
| 傅欢 | 19 | 0 | 1577 | 71% | 3 | 38 | 46 | 1 | 24 | 21 | 13 | 40 | 65.65 |
| 埃尔克森 | 15 | 2 | 1411 | 71% | 4 | 25 | 14 | 11 | 105 | 2 | 18 | 20 | 77.14 |
| 吕文君 | 11 | 14 | 1210 | 68% | 3 | 22 | 32 | 5 | 60 | 2 | 19 | 17 | 62.66 |
| 张卫 | 9 | 7 | 941 | 69% | 1 | 7 | 20 | 0 | 31 | 21 | 10 | 16 | 61.80 |
| 林创益 | 7 | 12 | 908 | 72% | 0 | 12 | 6 | 0 | 18 | 16 | 9 | 23 | 59.67 |
| 于海 | 5 | 15 | 847 | 65% | 0 | 21 | 19 | 1 | 46 | 5 | 6 | 20 | 60.03 |
| 韦世豪 | 8 | 6 | 590 | 67% | 3 | 20 | 7 | 3 | 21 | 2 | 7 | 12 | 63.74 |
| 张一 | 5 | 8 | 568 | 82% | 0 | 5 | 2 | 0 | 26 | 9 | 3 | 23 | 59.23 |
| 魏震 | 7 | 1 | 519 | 81% | 0 | 2 | 2 | 0 | 15 | 13 | 1 | 12 | 57.07 |
| 卡瓦略 | 4 | 0 | 360 | 83% | 1 | 0 | 0 | 0 | 13 | 6 | 0 | 9 | 71.87 |
| 张华晨 | 12 | 0 | 174 | 72% | 0 | 0 | 0 | 0 | 5 | 3 | 0 | 3 | 53.24 |
| 郑致云 | 2 | 3 | 99 | 63% | 0 | 1 | 1 | 0 | 2 | 3 | 1 | 3 | 55.31 |
| 李圣龙 | 0 | 6 | 60 | 70% | 0 | 2 | 1 | 2 | 3 | 3 | 0 | 1 | 57.52 |
| 高海生 | 1 | 0 | 45 | 74% | 0 | 0 | 2 | 0 | 0 | 0 | 0 | 2 | 60.53 |
| 汪佳捷 | 0 | 1 | 19 | 75% | 0 | 0 | 0 | 0 | 2 | 0 | 0 | 0 | 57.80 |
| 陈彬彬 | 0 | 1 | 14 | 67% | 0 | 1 | 0 | 0 | 1 | 0 | 0 | 1 | 55.20 |

| | 出场次数 | 球门球成功率 | 击出 | 脱手 | 失球 | 扑救 | 评分 |
|---|---|---|---|---|---|---|---|
| 颜骏凌 | 30 | 58% | 74 | 5 | 39 | 110 | 66.01 |

## 主客场战绩

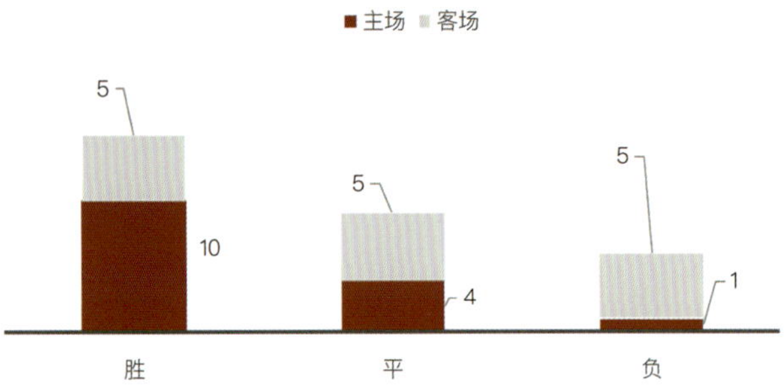


## 进失球战绩

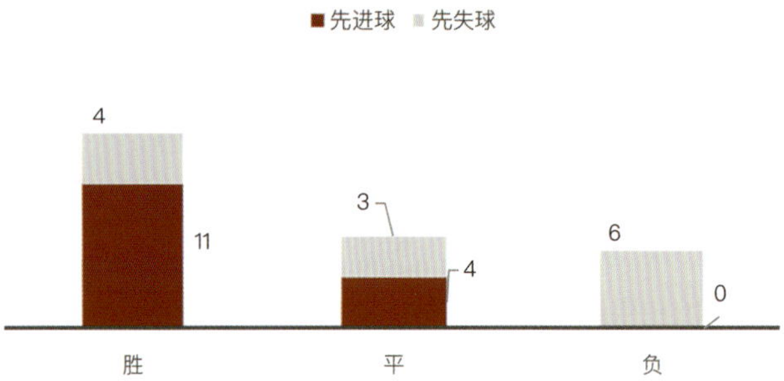

## 进球人数

# 12

## 平均年龄

# 27

## 运动战进失球

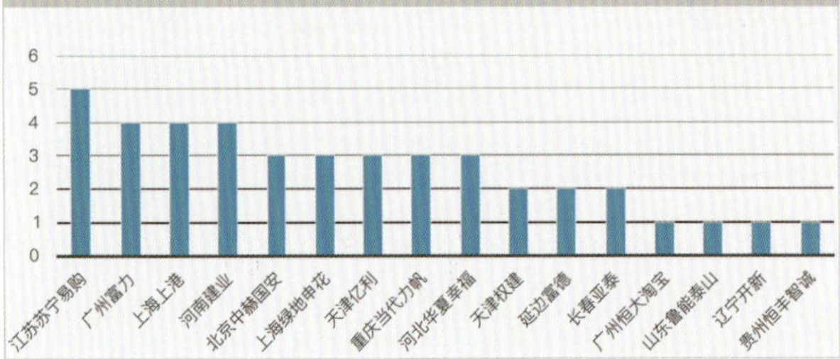


## 定位球进失球

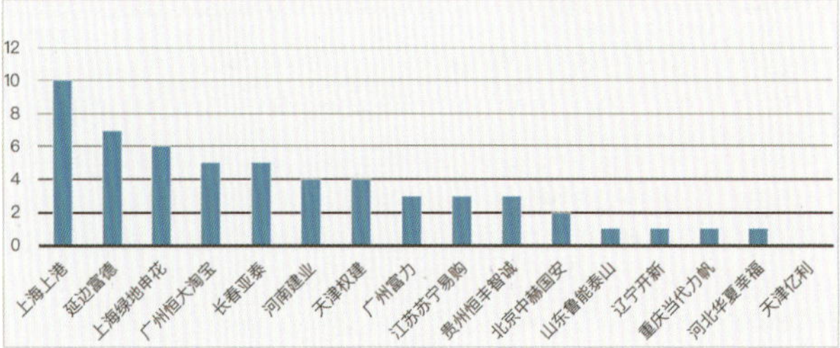


## 进失球时间段

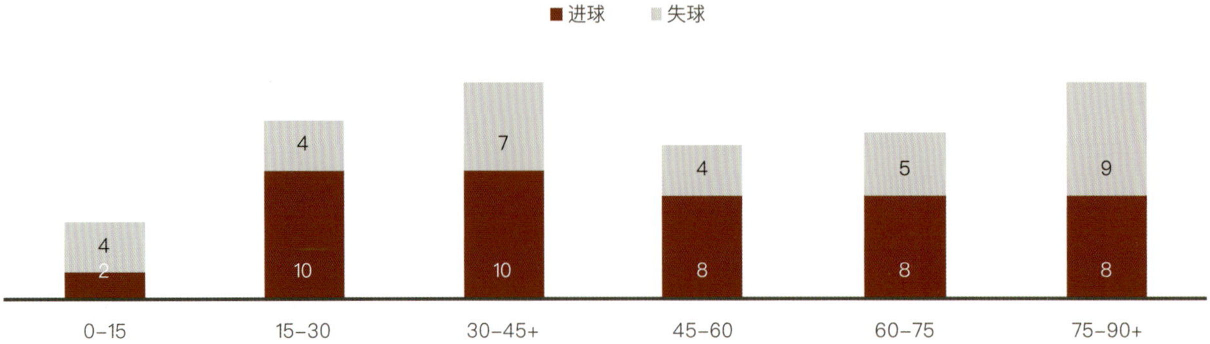

## 赛季最佳阵容

## 球员数据列表

| | 首发次数 | 替补次数 | 上场时间 | 传球成功率 | 助攻 | 突破 | 传中 | 进球 | 争顶 | 拦截 | 关键传球 | 抢断 | 评分 |
|---|---|---|---|---|---|---|---|---|---|---|---|---|---|
| 张诚 | 29 | 0 | 2592 | 62% | 3 | 12 | 73 | 0 | 65 | 52 | 12 | 52 | 64.60 |
| 刘奕鸣 | 28 | 0 | 2463 | 78% | 0 | 6 | 1 | 1 | 51 | 31 | 1 | 50 | 61.78 |
| 维特塞尔 | 27 | 0 | 2416 | 84% | 2 | 45 | 7 | 4 | 76 | 26 | 32 | 55 | 66.92 |
| 赵旭日 | 25 | 1 | 2167 | 73% | 2 | 43 | 11 | 3 | 49 | 43 | 14 | 54 | 62.39 |
| 帕托 | 24 | 0 | 2112 | 66% | 3 | 130 | 68 | 15 | 57 | 6 | 44 | 20 | 72.87 |
| 糜昊伦 | 24 | 1 | 2092 | 67% | 2 | 32 | 55 | 0 | 53 | 29 | 18 | 39 | 62.51 |
| 权敬源 | 21 | 0 | 1890 | 78% | 2 | 5 | 7 | 1 | 48 | 37 | 11 | 40 | 71.95 |
| 王永珀 | 21 | 2 | 1847 | 78% | 8 | 32 | 107 | 2 | 23 | 7 | 39 | 19 | 65.95 |
| 郑达伦 | 20 | 7 | 1838 | 72% | 1 | 38 | 32 | 6 | 59 | 21 | 11 | 33 | 62.74 |
| 孙可 | 14 | 12 | 1468 | 53% | 3 | 45 | 41 | 5 | 54 | 12 | 16 | 40 | 62.57 |
| 张修维 | 11 | 6 | 935 | 72% | 2 | 21 | 5 | 1 | 15 | 20 | 14 | 24 | 61.57 |
| 杨善平 | 11 | 3 | 880 | 54% | 0 | 0 | 0 | 0 | 52 | 11 | 0 | 12 | 56.50 |
| 李星灿 | 13 | 6 | 849 | 56% | 2 | 12 | 32 | 1 | 8 | 2 | 7 | 8 | 56.26 |
| 莫德斯特 | 8 | 0 | 683 | 58% | 3 | 5 | 1 | 7 | 53 | 0 | 4 | 4 | 79.59 |
| 王杰 | 5 | 11 | 581 | 57% | 0 | 3 | 0 | 0 | 32 | 10 | 2 | 14 | 55.87 |
| 裴帅 | 6 | 5 | 559 | 80% | 2 | 7 | 1 | 0 | 10 | 2 | 0 | 19 | 57.94 |
| 王晓龙 | 3 | 10 | 457 | 76% | 0 | 16 | 18 | 0 | 9 | 2 | 7 | 7 | 56.53 |
| 格乌瓦尼奥 | 5 | 0 | 443 | 76% | 0 | 28 | 11 | 0 | 15 | 2 | 4 | 9 | 63.70 |
| 摩拉斯 | 3 | 0 | 270 | 72% | 0 | 12 | 1 | 0 | 7 | 0 | 3 | 3 | 62.27 |
| 苏缘杰 | 1 | 9 | 187 | 63% | 0 | 4 | 2 | 0 | 4 | 0 | 2 | 3 | 53.67 |
| 张源 | 0 | 6 | 104 | 66% | 1 | 3 | 0 | 0 | 1 | 1 | 3 | 6 | 56.85 |
| 储今朝 | 1 | 2 | 96 | 54% | 0 | 0 | 2 | 0 | 3 | 4 | 1 | 2 | 58.03 |
| 钱宇淼 | 0 | 1 | 18 | 92% | 0 | 0 | 1 | 0 | 0 | 0 | 0 | 1 | 55.27 |
| 刘盛 | 0 | 1 | 1 | 0% | 0 | 0 | 0 | 0 | 0 | 0 | 0 | 0 | 53.50 |

| | 出场次数 | 球门球成功率 | 击出 | 脱手 | 失球 | 扑救 | 评分 |
|---|---|---|---|---|---|---|---|
| 张鹭 | 30 | 70% | 67 | 2 | 33 | 101 | 64.94 |

## 主客场战绩

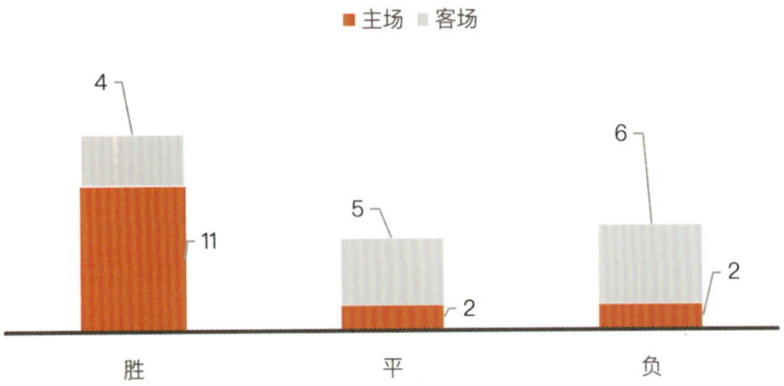


## 进失球战绩

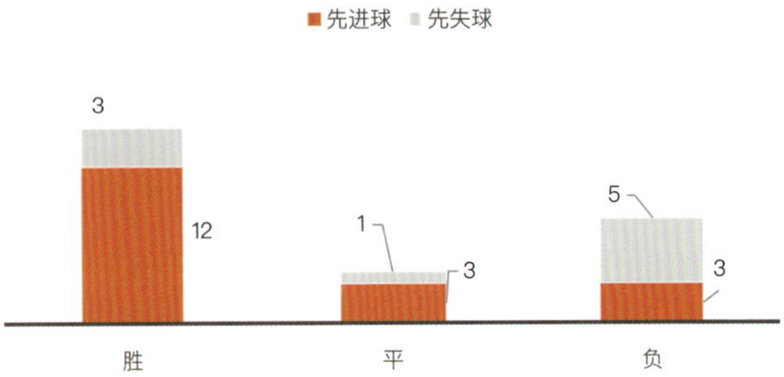

## 进球人数

15

## 平均年龄

27.7

## 运动战进失球

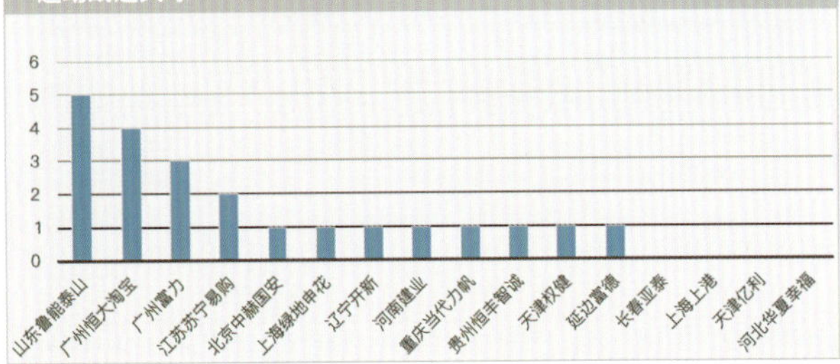


## 定位球进失球

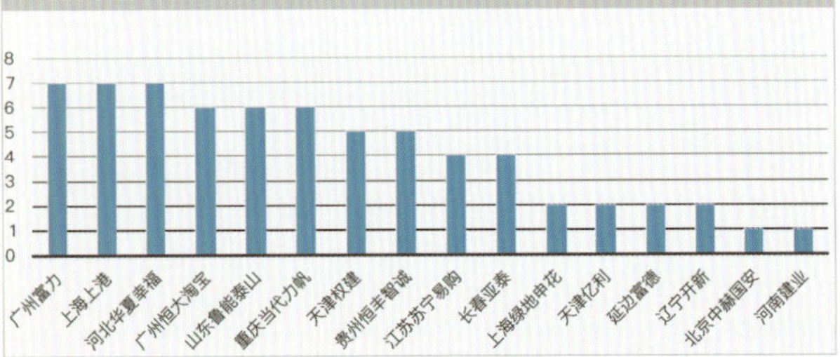


## 进失球时间段

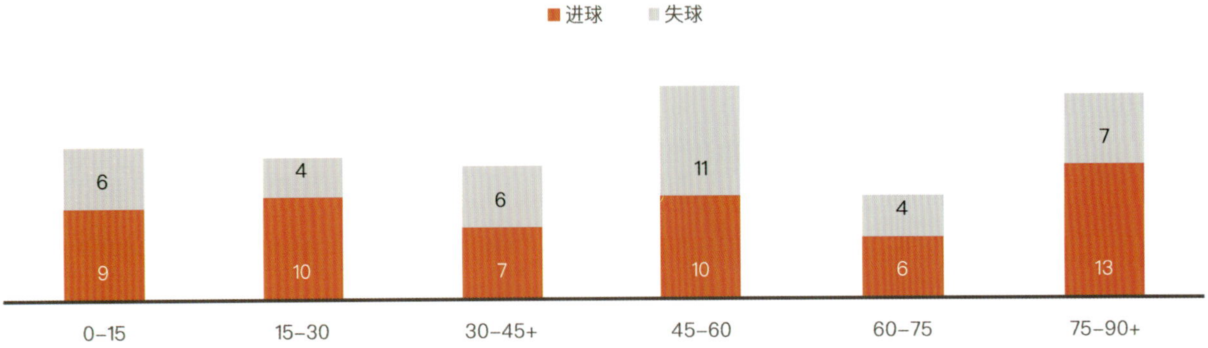

## 赛季最佳阵容

## 球员数据列表

| | 首发次数 | 替补次数 | 上场时间 | 传球成功率 | 助攻 | 突破 | 传中 | 进球 | 争顶 | 拦截 | 关键传球 | 抢断 | 评分 |
|---|---|---|---|---|---|---|---|---|---|---|---|---|---|
| 张呈栋 | 28 | 0 | 2520 | 70% | 4 | 25 | 44 | 3 | 94 | 22 | 20 | 56 | 65.39 |
| 拉维奇 | 27 | 0 | 2423 | 72% | 15 | 107 | 249 | 20 | 44 | 6 | 72 | 22 | 79.83 |
| 阿洛伊西奥 | 26 | 0 | 2278 | 72% | 1 | 75 | 25 | 14 | 83 | 16 | 32 | 39 | 73.78 |
| 尹鸿博 | 26 | 1 | 2209 | 81% | 5 | 21 | 28 | 1 | 41 | 22 | 28 | 32 | 65.93 |
| 赵明剑 | 23 | 3 | 2096 | 65% | 3 | 58 | 52 | 0 | 41 | 23 | 10 | 46 | 62.29 |
| 赵宇豪 | 24 | 0 | 2037 | 85% | 0 | 9 | 2 | 1 | 54 | 47 | 6 | 47 | 61.77 |
| 任航 | 23 | 0 | 1961 | 79% | 0 | 3 | 0 | 1 | 100 | 31 | 1 | 44 | 64.73 |
| 高准翼 | 18 | 1 | 1534 | 71% | 1 | 0 | 0 | 2 | 46 | 33 | 1 | 18 | 67.03 |
| 丁海峰 | 15 | 0 | 1341 | 72% | 3 | 14 | 23 | 0 | 28 | 31 | 8 | 20 | 65.12 |
| 姜文骏 | 14 | 2 | 1258 | 70% | 1 | 9 | 21 | 0 | 23 | 19 | 7 | 23 | 62.61 |
| 金周荣 | 14 | 0 | 1208 | 74% | 1 | 4 | 0 | 0 | 22 | 18 | 0 | 12 | 62.33 |
| 姆比亚 | 13 | 0 | 1159 | 82% | 0 | 15 | 2 | 3 | 53 | 13 | 8 | 19 | 67.96 |
| 罗森文 | 11 | 8 | 971 | 78% | 1 | 22 | 1 | 0 | 22 | 14 | 5 | 24 | 59.01 |
| 董学升 | 4 | 15 | 630 | 67% | 0 | 15 | 1 | 2 | 34 | 2 | 5 | 3 | 57.51 |
| 李行 | 2 | 18 | 560 | 80% | 0 | 6 | 2 | 2 | 13 | 10 | 4 | 13 | 58.94 |
| 金洋洋 | 5 | 7 | 540 | 58% | 0 | 0 | 0 | 0 | 19 | 9 | 1 | 5 | 56.82 |
| 埃尔纳内斯 | 6 | 0 | 516 | 84% | 0 | 20 | 10 | 1 | 22 | 10 | 8 | 5 | 67.81 |
| 桂宏 | 6 | 3 | 394 | 56% | 0 | 12 | 11 | 1 | 10 | 2 | 3 | 3 | 56.19 |
| 车世伟 | 6 | 2 | 373 | 70% | 0 | 9 | 1 | 1 | 3 | 1 | 2 | 7 | 58.90 |
| 张利峰 | 4 | 1 | 352 | 64% | 0 | 5 | 4 | 2 | 11 | 1 | 2 | 4 | 62.91 |
| 热尔维尼奥 | 3 | 1 | 256 | 73% | 1 | 15 | 0 | 1 | 1 | 1 | 4 | 4 | 63.07 |
| 朱海威 | 1 | 12 | 168 | 65% | 0 | 8 | 4 | 0 | 11 | 1 | 2 | 5 | 53.72 |
| 姜宁 | 1 | 3 | 105 | 84% | 0 | 2 | 1 | 0 | 1 | 1 | 0 | 2 | 54.07 |
| 杜威 | 0 | 1 | 45 | 76% | 0 | 0 | 0 | 0 | 4 | 3 | 0 | 0 | 58.94 |
| 芦洋 | 0 | 1 | 45 | 70% | 0 | 0 | 0 | 0 | 2 | 0 | 0 | 0 | 52.15 |
| 宋文杰 | 0 | 2 | 17 | 17% | 0 | 0 | 0 | 0 | 1 | 0 | 0 | 0 | 51.55 |
| 李皓然 | 0 | 1 | 1 | 0% | 0 | 0 | 0 | 0 | 0 | 0 | 0 | 0 | 50.00 |

| | 出场次数 | 球门球成功率 | 击出 | 脱手 | 失球 | 扑救 | 评分 |
|---|---|---|---|---|---|---|---|
| 杨程 | 30 | 50% | 62 | 2 | 38 | 82 | 62.91 |

## 主客场战绩

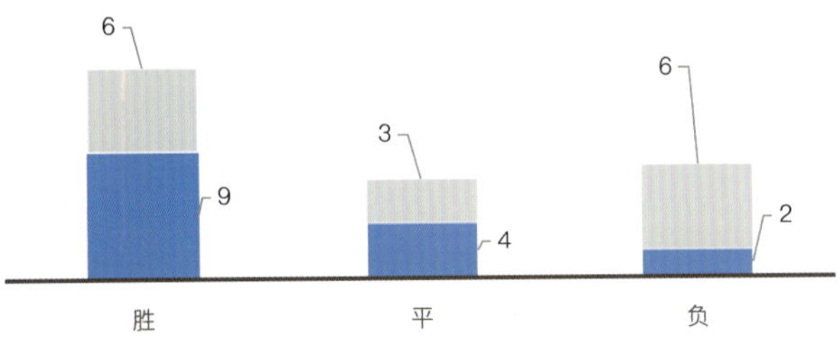


## 进失球战绩

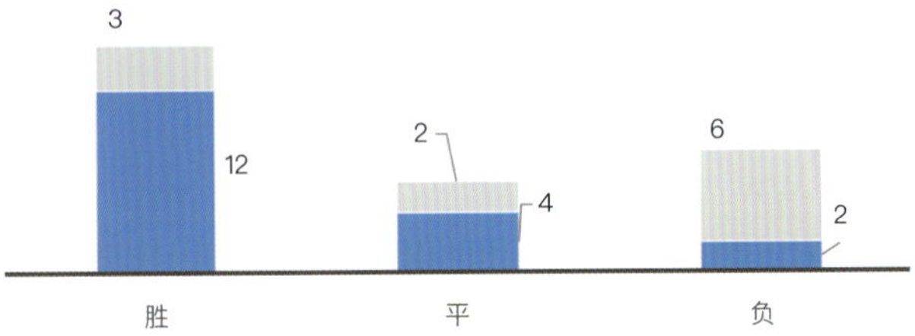

## 进球人数

**12**

## 平均年龄

**27.5**

## 运动战进失球

| 球队 | 所属球队 | 远射次数 | 远射进球 |
|---|---|---|---|
| 扎哈维 | 广州富力 | 67 | 6 |
| 胡尔克 | 上海上港 | 94 | 5 |
| 帕托 | 天津权健 | 45 | 4 |
| 费尔南多 | 重庆力帆 | 58 | 3 |
| 塔尔德利 | 山东鲁能 | 21 | 3 |

## 定位球进失球

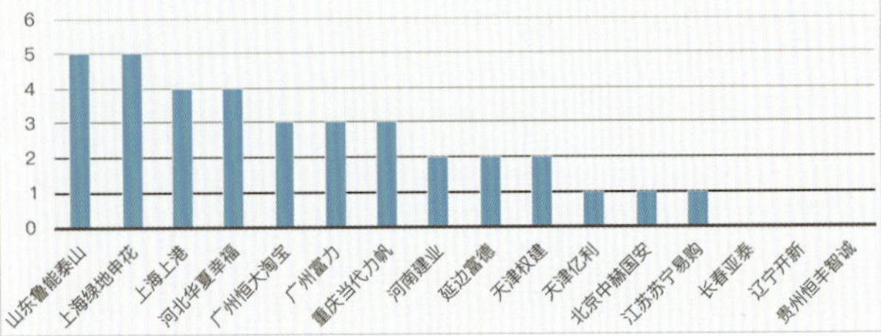


## 进失球时间段

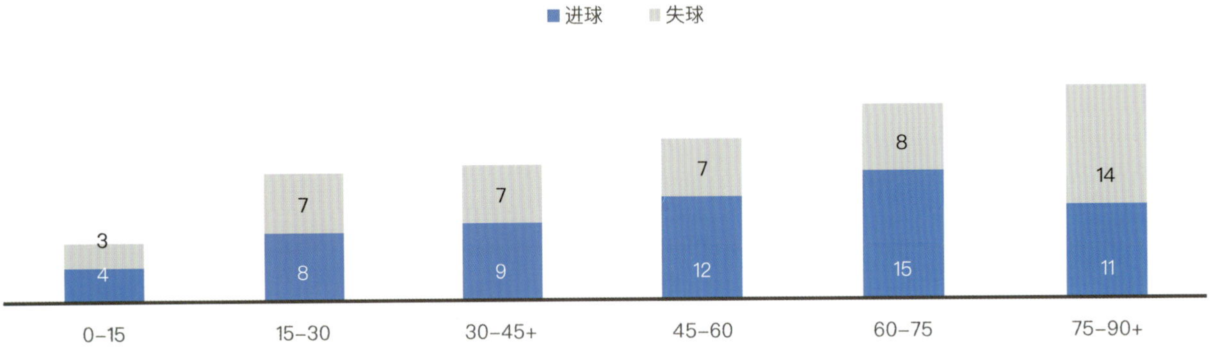

## 赛季最佳阵容

## 球员数据列表

| | 首发次数 | 替补次数 | 上场时间 | 传球成功率 | 助攻 | 突破 | 传中 | 进球 | 争顶 | 拦截 | 关键传球 | 抢断 | 评分 |
|---|---|---|---|---|---|---|---|---|---|---|---|---|---|
| 扎哈维 | 30 | 0 | 2698 | 79% | 7 | 79 | 4 | 27 | 38 | 7 | 28 | 16 | 79.12 |
| 唐淼 | 30 | 0 | 2659 | 81% | 8 | 36 | 127 | 2 | 35 | 47 | 37 | 78 | 69.14 |
| 黄政宇 | 29 | 0 | 2524 | 85% | 0 | 3 | 0 | 0 | 47 | 47 | 0 | 51 | 63.99 |
| 姜至鹏 | 26 | 2 | 2397 | 70% | 8 | 100 | 121 | 0 | 34 | 38 | 37 | 52 | 68.39 |
| 雷纳尔迪 | 25 | 1 | 2193 | 81% | 7 | 104 | 83 | 12 | 43 | 15 | 56 | 24 | 73.17 |
| 卢琳 | 23 | 6 | 2052 | 81% | 7 | 39 | 103 | 1 | 33 | 17 | 41 | 43 | 65.00 |
| 弋腾 | 23 | 0 | 2012 | 86% | 0 | 5 | 6 | 2 | 65 | 36 | 3 | 36 | 68.73 |
| 肖智 | 22 | 5 | 1966 | 67% | 3 | 12 | 10 | 7 | 218 | 4 | 15 | 17 | 65.88 |
| 姜积弘 | 19 | 4 | 1770 | 78% | 0 | 6 | 8 | 1 | 79 | 29 | 3 | 21 | 66.17 |
| 陈志钊 | 18 | 4 | 1575 | 81% | 2 | 50 | 23 | 1 | 13 | 19 | 26 | 28 | 64.37 |
| 乌索 | 18 | 0 | 1574 | 89% | 1 | 27 | 4 | 2 | 29 | 31 | 13 | 47 | 73.40 |
| 李提香 | 12 | 6 | 989 | 83% | 2 | 10 | 10 | 0 | 28 | 19 | 5 | 30 | 59.67 |
| 张功 | 4 | 9 | 413 | 79% | 0 | 2 | 0 | 0 | 7 | 5 | 2 | 12 | 57.40 |
| 吉安努 | 4 | 3 | 363 | 67% | 1 | 5 | 0 | 2 | 27 | 1 | 3 | 5 | 66.15 |
| 叶楚贵 | 3 | 13 | 351 | 64% | 0 | 8 | 3 | 1 | 7 | 2 | 4 | 11 | 54.95 |
| 张晨龙 | 4 | 3 | 350 | 78% | 0 | 3 | 3 | 0 | 9 | 4 | 0 | 4 | 56.91 |
| 奥特森 | 4 | 1 | 318 | 68% | 0 | 1 | 0 | 1 | 7 | 1 | 0 | 3 | 58.25 |
| 曾超 | 1 | 12 | 254 | 64% | 1 | 4 | 1 | 0 | 6 | 0 | 1 | 2 | 53.68 |
| 向柏旭 | 2 | 7 | 178 | 52% | 0 | 0 | 0 | 0 | 4 | 0 | 1 | 1 | 55.44 |
| 符云龙 | 2 | 0 | 143 | 91% | 0 | 0 | 0 | 0 | 8 | 2 | 0 | 5 | 66.72 |
| 张贤秀 | 1 | 0 | 90 | 95% | 0 | 0 | 0 | 0 | 6 | 1 | 0 | 1 | 52.86 |
| 麦嘉键 | 0 | 5 | 22 | 80% | 0 | 0 | 0 | 0 | 0 | 0 | 0 | 0 | 56.71 |
| 王嘉楠 | 0 | 1 | 11 | 100% | 0 | 0 | 0 | 0 | 0 | 1 | 0 | 0 | 51.90 |
| 马俊亮 | 0 | 1 | 1 | 100% | 0 | 0 | 0 | 0 | 0 | 0 | 0 | 0 | 54.10 |

| | 出场次数 | 球门球成功率 | 击出 | 脱手 | 失球 | 扑救 | 评分 |
|---|---|---|---|---|---|---|---|
| 程月磊 | 30 | 53% | 99 | 1 | 46 | 113 | 64.72 |

## 主客场战绩

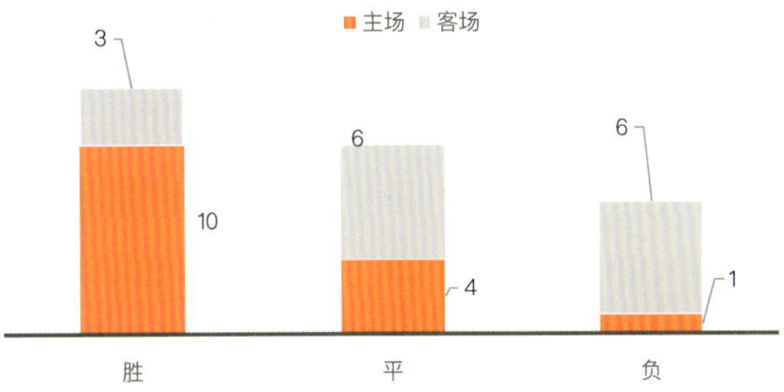


## 进失球战绩

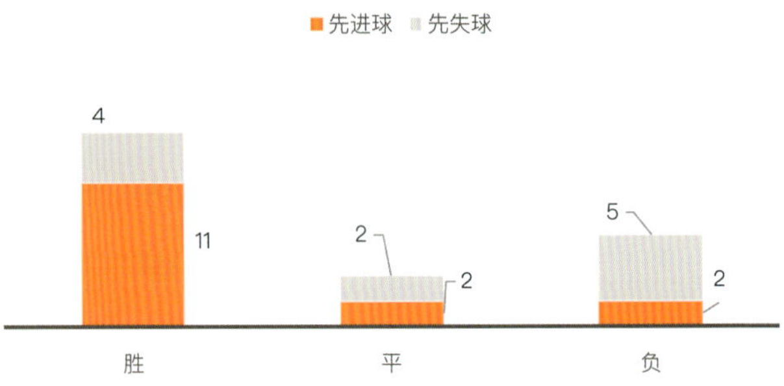

## 进球人数

10

## 平均年龄

27.5

## 运动战进失球

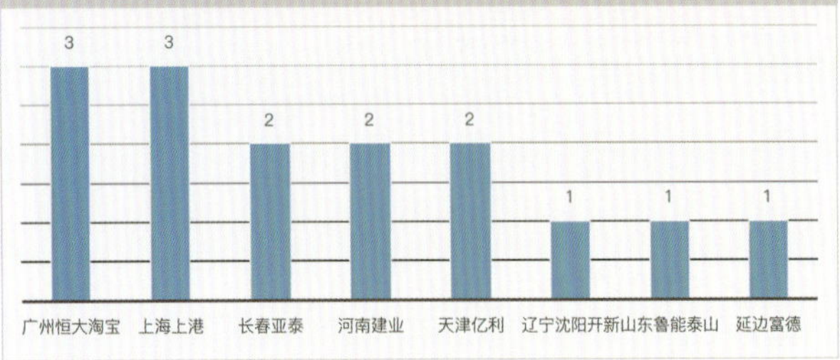


## 定位球进失球

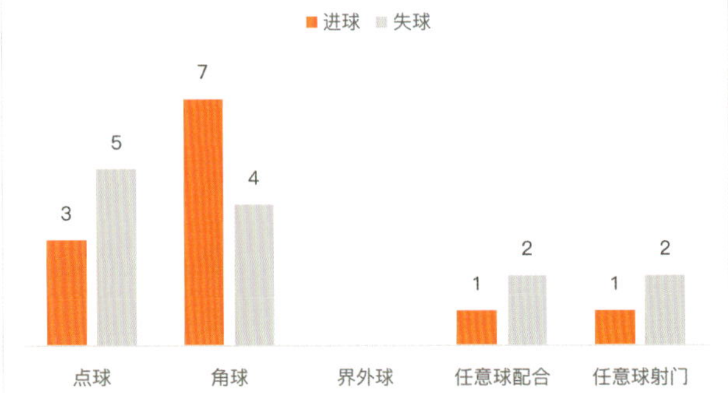


## 进失球时间段

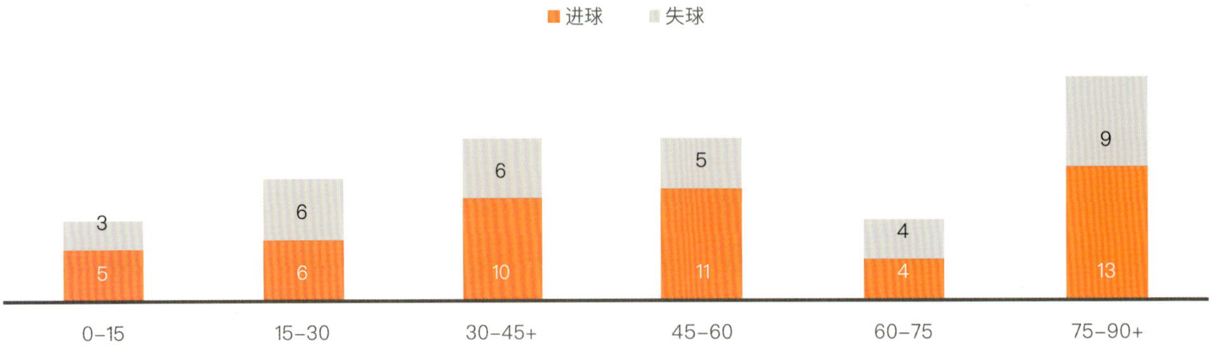

## 赛季最佳阵容

## 球员数据列表

| | 首发次数 | 替补次数 | 上场时间 | 传球成功率 | 助攻 | 突破 | 传中 | 进球 | 争顶 | 拦截 | 关键传球 | 抢断 | 评分 |
|---|---|---|---|---|---|---|---|---|---|---|---|---|---|
| 蒿俊闵 | 29 | 0 | 2610 | 80% | 5 | 53 | 172 | 1 | 73 | 45 | 62 | 71 | 69.21 |
| 吉尔 | 29 | 0 | 2610 | 82% | 0 | 3 | 3 | 3 | 66 | 60 | 5 | 49 | 68.33 |
| 戴琳 | 28 | 0 | 2520 | 69% | 2 | 9 | 5 | 0 | 86 | 60 | 6 | 64 | 70.53 |
| 王彤 | 26 | 0 | 2198 | 78% | 2 | 17 | 25 | 0 | 41 | 38 | 11 | 47 | 61.17 |
| 佩莱 | 24 | 0 | 2160 | 67% | 3 | 33 | 10 | 7 | 244 | 9 | 53 | 14 | 71.79 |
| 吴兴涵 | 19 | 9 | 1966 | 71% | 5 | 59 | 63 | 3 | 35 | 16 | 22 | 36 | 62.41 |
| 金敬道 | 21 | 3 | 1669 | 76% | 5 | 51 | 25 | 3 | 35 | 17 | 19 | 57 | 62.67 |
| 郑铮 | 17 | 2 | 1599 | 77% | 2 | 27 | 77 | 0 | 34 | 35 | 11 | 39 | 66.03 |
| 塔尔德利 | 18 | 0 | 1595 | 78% | 4 | 71 | 60 | 15 | 15 | 6 | 26 | 22 | 78.97 |
| 西塞 | 17 | 1 | 1567 | 73% | 0 | 41 | 10 | 11 | 82 | 2 | 10 | 16 | 74.30 |
| 李松益 | 11 | 6 | 1097 | 71% | 1 | 9 | 24 | 1 | 30 | 19 | 7 | 27 | 61.13 |
| 刘彬彬 | 5 | 20 | 996 | 74% | 3 | 35 | 60 | 1 | 14 | 3 | 27 | 14 | 59.24 |
| 张弛 | 10 | 9 | 835 | 70% | 1 | 25 | 38 | 3 | 17 | 19 | 7 | 27 | 60.69 |
| 宋龙 | 7 | 2 | 694 | 75% | 0 | 4 | 13 | 0 | 7 | 15 | 1 | 16 | 62.45 |
| 刘军帅 | 11 | 1 | 629 | 77% | 0 | 5 | 2 | 0 | 36 | 13 | 3 | 19 | 58.18 |
| 李海龙 | 9 | 0 | 603 | 73% | 0 | 10 | 17 | 0 | 15 | 12 | 2 | 12 | 60.71 |
| 齐天羽 | 3 | 3 | 382 | 70% | 1 | 7 | 28 | 0 | 10 | 8 | 6 | 15 | 67.48 |
| 刘洋 | 5 | 1 | 326 | 76% | 0 | 4 | 12 | 0 | 8 | 7 | 4 | 7 | 59.03 |
| 崔巍 | 6 | 1 | 300 | 68% | 0 | 4 | 6 | 0 | 4 | 1 | 5 | 7 | 56.81 |
| 姜嘉俊 | 3 | 0 | 237 | 62% | 0 | 3 | 0 | 0 | 6 | 2 | 1 | 4 | 54.85 |
| 周海滨 | 1 | 9 | 221 | 79% | 0 | 1 | 1 | 0 | 5 | 11 | 2 | 8 | 54.88 |
| 曹盛 | 1 | 4 | 91 | 51% | 0 | 1 | 1 | 0 | 0 | 0 | 1 | 3 | 54.50 |
| 李微 | 0 | 6 | 37 | 48% | 0 | 0 | 1 | 0 | 0 | 1 | 0 | 0 | 51.74 |
| 成源 | 0 | 5 | 28 | 80% | 0 | 4 | 0 | 0 | 1 | 1 | 1 | 1 | 53.18 |
| 郭田雨 | 0 | 2 | 6 | 0% | 0 | 0 | 0 | 0 | 1 | 0 | 0 | 0 | 51.50 |

| | 出场次数 | 球门球成功率 | 击出 | 脱手 | 失球 | 扑救 | 评分 |
|---|---|---|---|---|---|---|---|
| 王大雷 | 30 | 63% | 51 | 0 | 33 | 66 | 63.82 |

## 主客场战绩

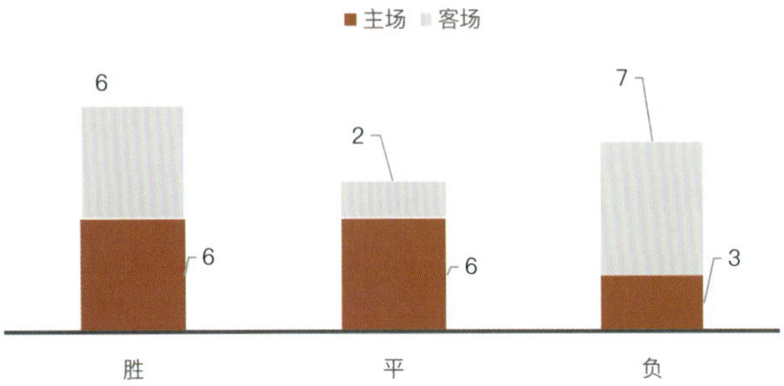


## 进失球战绩

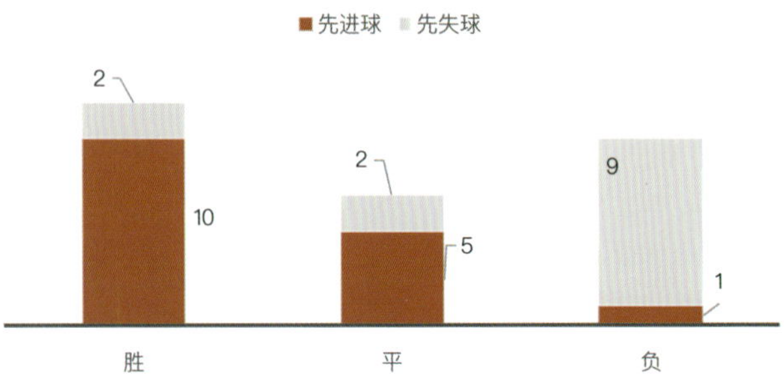

## 进球人数

**10**

## 平均年龄

**28.3**

## 运动战进失球

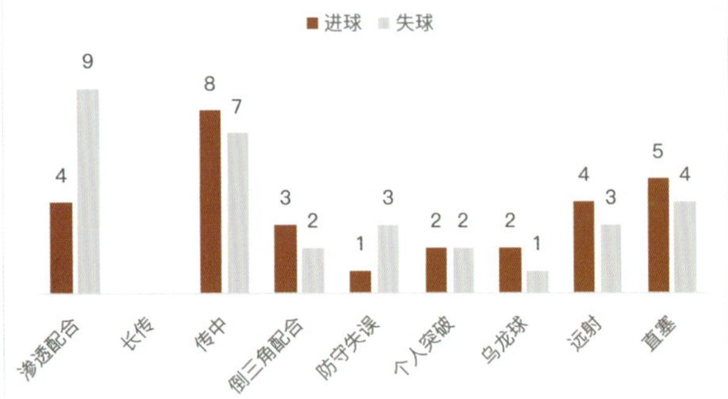


## 定位球进失球

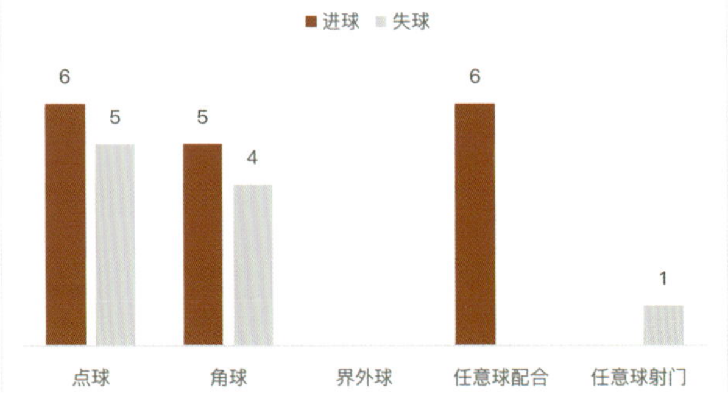


## 进失球时间段

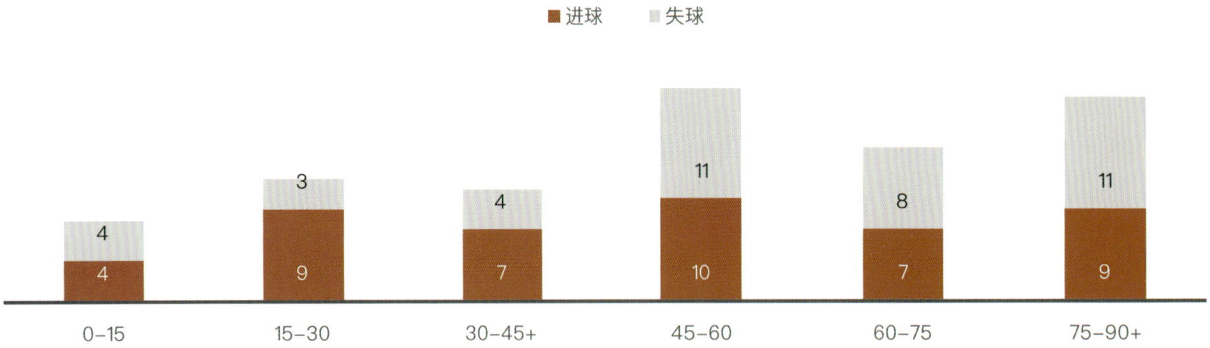

## 赛季最佳阵容

## 球员数据列表

| | 首发次数 | 替补次数 | 上场时间 | 传球成功率 | 助攻 | 突破 | 传中 | 进球 | 争顶 | 拦截 | 关键传球 | 抢断 | 评分 |
|---|---|---|---|---|---|---|---|---|---|---|---|---|---|
| 范晓冬 | 28 | 0 | 2450 | 70% | 2 | 41 | 44 | 4 | 50 | 15 | 17 | 37 | 62.61 |
| 伊哈洛 | 27 | 0 | 2411 | 72% | 4 | 91 | 4 | 14 | 98 | 1 | 30 | 5 | 70.31 |
| 张笑飞 | 25 | 2 | 2266 | 72% | 1 | 32 | 88 | 0 | 46 | 43 | 24 | 51 | 62.92 |
| 蒋哲 | 26 | 0 | 2236 | 78% | 1 | 38 | 36 | 1 | 48 | 40 | 22 | 60 | 65.04 |
| 孙捷 | 23 | 1 | 2127 | 74% | 1 | 4 | 3 | 1 | 85 | 30 | 3 | 25 | 66.95 |
| 谭龙 | 22 | 7 | 2080 | 64% | 5 | 47 | 48 | 8 | 132 | 11 | 27 | 39 | 66.61 |
| 伊斯梅洛夫 | 22 | 2 | 2022 | 76% | 0 | 1 | 3 | 3 | 148 | 44 | 2 | 35 | 71.96 |
| 何超 | 24 | 0 | 1869 | 78% | 0 | 14 | 4 | 0 | 38 | 47 | 14 | 44 | 61.00 |
| 张力 | 18 | 7 | 1633 | 81% | 1 | 17 | 9 | 0 | 32 | 33 | 11 | 46 | 59.99 |
| 胡斯蒂 | 16 | 0 | 1436 | 73% | 4 | 46 | 146 | 4 | 28 | 14 | 41 | 25 | 67.66 |
| 马里尼奥 | 16 | 1 | 1428 | 68% | 2 | 109 | 70 | 3 | 40 | 5 | 25 | 25 | 67.32 |
| 于睿 | 9 | 9 | 917 | 69% | 2 | 3 | 8 | 3 | 60 | 26 | 4 | 16 | 64.12 |
| 杜震宇 | 3 | 18 | 782 | 69% | 6 | 17 | 83 | 3 | 8 | 5 | 22 | 12 | 61.24 |
| 周大地 | 12 | 6 | 682 | 62% | 1 | 15 | 16 | 0 | 20 | 6 | 6 | 11 | 57.31 |
| 裴帅 | 8 | 1 | 538 | 68% | 0 | 10 | 9 | 0 | 10 | 6 | 6 | 13 | 57.48 |
| 李光 | 6 | 8 | 526 | 87% | 2 | 5 | 2 | 0 | 7 | 14 | 4 | 13 | 56.50 |
| 阎世鹏 | 4 | 0 | 323 | 73% | 0 | 0 | 1 | 0 | 7 | 12 | 0 | 6 | 55.02 |
| 郭亮 | 3 | 2 | 321 | 67% | 0 | 3 | 4 | 0 | 4 | 4 | 1 | 4 | 54.73 |
| 殷亚吉 | 4 | 2 | 306 | 50% | 0 | 1 | 0 | 0 | 9 | 7 | 0 | 7 | 52.94 |
| 积施利 | 3 | 0 | 239 | 76% | 0 | 4 | 3 | 0 | 5 | 5 | 0 | 12 | 58.04 |
| 阎峰 | 1 | 6 | 197 | 80% | 0 | 1 | 0 | 0 | 7 | 0 | 3 | 5 | 54.50 |
| 韩德明 | 0 | 2 | 50 | 88% | 0 | 1 | 1 | 0 | 2 | 0 | 1 | 2 | 56.29 |
| 程长城 | 0 | 5 | 46 | 22% | 0 | 4 | 0 | 0 | 4 | 0 | 0 | 0 | 54.59 |
| 李尚 | 0 | 2 | 33 | 61% | 0 | 0 | 0 | 0 | 1 | 0 | 0 | 2 | 53.62 |
| 布鲁诺 | 0 | 1 | 17 | 67% | 0 | 1 | 0 | 0 | 0 | 0 | 0 | 0 | |
| 赵鸣宇 | 0 | 2 | 8 | 63% | 0 | 0 | 0 | 0 | 1 | 0 | 0 | 1 | 55.50 |

| | 出场次数 | 球门球成功率 | 击出 | 脱手 | 失球 | 扑救 | 评分 |
|---|---|---|---|---|---|---|---|
| 吴亚轲 | 24 | 55% | 60 | 3 | 33 | 65 | 62.31 |
| 祎凡 | 7 | 43% | 7 | 2 | 10 | 15 | 57.61 |

## 主客场战绩

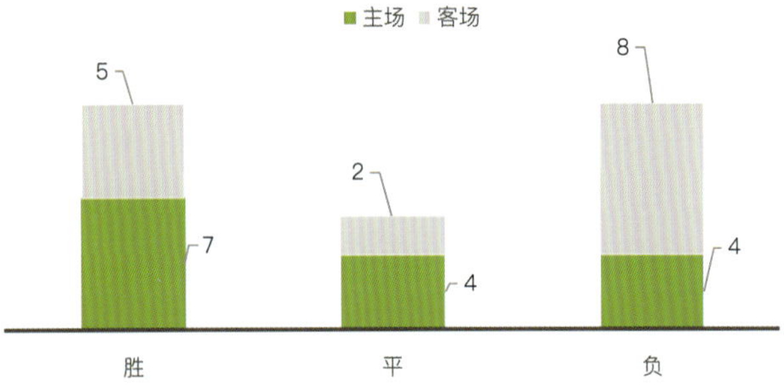


## 进失球战绩

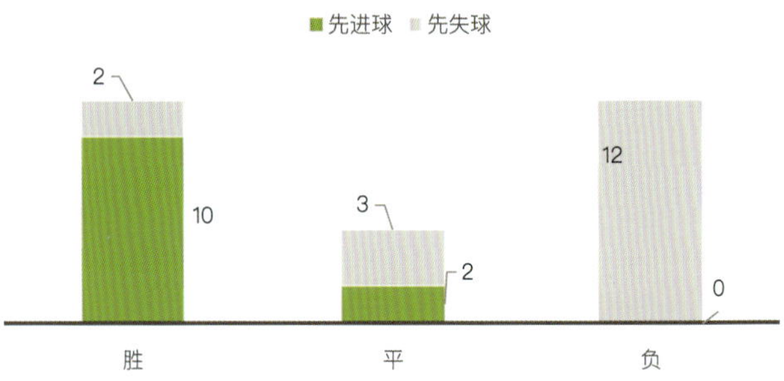

## 进球人数

**11**

## 平均年龄

**28.1**

## 运动战进失球

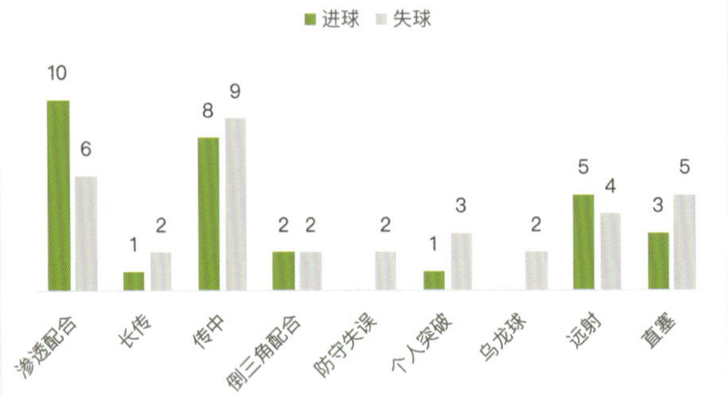


## 定位球进失球

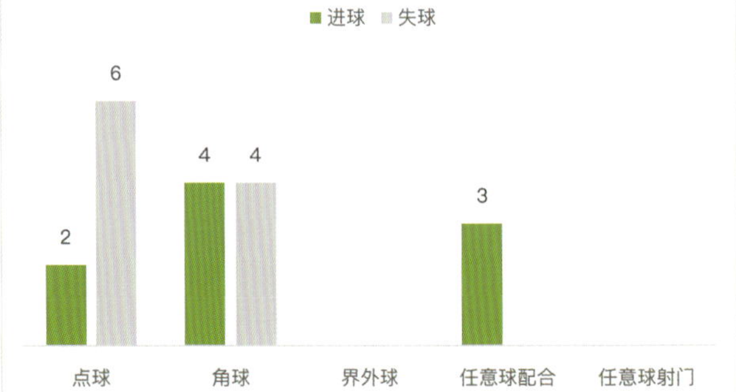


## 进失球时间段

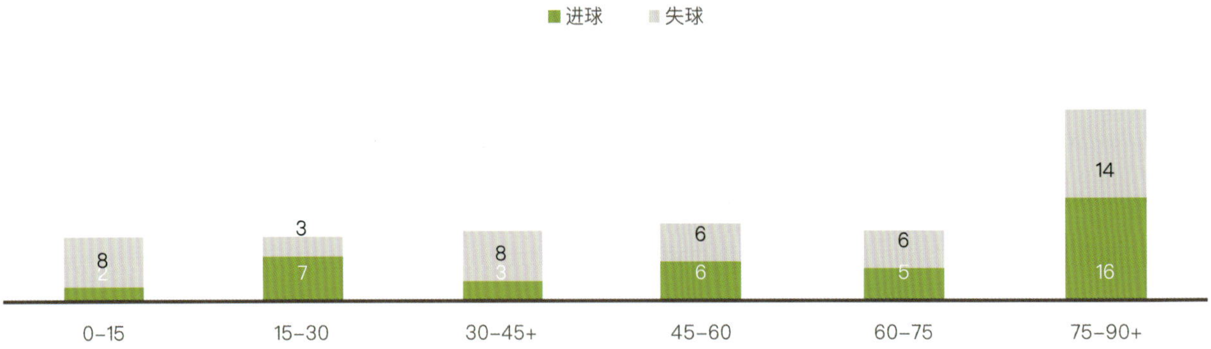

## 赛季最佳阵容

## 球员数据列表

| | 首发次数 | 替补次数 | 上场时间 | 传球成功率 | 助攻 | 突破 | 传中 | 进球 | 争顶 | 拦截 | 关键传球 | 抢断 | 评分 |
|---|---|---|---|---|---|---|---|---|---|---|---|---|---|
| 闵俊麟 | 27 | 2 | 2372 | 80% | 1 | 20 | 12 | 3 | 48 | 21 | 18 | 76 | 63.24 |
| 耶拉维奇 | 26 | 0 | 2332 | 64% | 4 | 27 | 12 | 15 | 286 | 5 | 24 | 5 | 74.13 |
| 法图斯 | 23 | 0 | 1973 | 76% | 0 | 12 | 2 | 3 | 65 | 39 | 9 | 20 | 63.80 |
| 唐鑫 | 22 | 0 | 1934 | 73% | 1 | 9 | 39 | 0 | 52 | 35 | 9 | 80 | 63.07 |
| 蒋亮 | 19 | 1 | 1691 | 74% | 0 | 8 | 33 | 0 | 48 | 30 | 8 | 46 | 60.31 |
| 切里 | 18 | 0 | 1619 | 79% | 5 | 34 | 139 | 0 | 16 | 4 | 36 | 13 | 65.67 |
| 范云龙 | 20 | 3 | 1615 | 67% | 1 | 35 | 80 | 1 | 30 | 22 | 30 | 27 | 61.03 |
| 伊力哈木江 | 19 | 6 | 1476 | 75% | 2 | 39 | 64 | 0 | 18 | 11 | 30 | 41 | 58.96 |
| 韩鹏飞 | 16 | 2 | 1416 | 65% | 0 | 5 | 0 | 1 | 49 | 23 | 2 | 11 | 64.49 |
| 杨挺 | 14 | 1 | 1280 | 75% | 1 | 6 | 21 | 0 | 26 | 15 | 5 | 29 | 61.17 |
| 王帆 | 12 | 12 | 1235 | 65% | 5 | 41 | 36 | 3 | 25 | 23 | 9 | 31 | 60.65 |
| 麦克格文 | 12 | 0 | 1077 | 74% | 0 | 3 | 0 | 0 | 37 | 24 | 2 | 16 | 64.73 |
| 卡斯特罗 | 12 | 0 | 1076 | 79% | 1 | 26 | 13 | 7 | 5 | 3 | 24 | 2 | 75.09 |
| 马里奥 苏 | 12 | 0 | 1025 | 81% | 3 | 29 | 5 | 0 | 29 | 8 | 8 | 26 | 68.46 |
| 杜威 | 12 | 0 | 1000 | 78% | 0 | 2 | 1 | 1 | 24 | 24 | 1 | 10 | 65.00 |
| 常飞亚 | 11 | 10 | 995 | 80% | 0 | 50 | 15 | 1 | 16 | 6 | 19 | 14 | 58.01 |
| 奥伦加 | 8 | 1 | 765 | 73% | 0 | 12 | 5 | 2 | 43 | 0 | 14 | 9 | 66.95 |
| 梁学铭 | 4 | 17 | 565 | 74% | 2 | 17 | 7 | 2 | 8 | 5 | 8 | 17 | 57.75 |
| 林隆昌 | 3 | 4 | 368 | 50% | 0 | 1 | 0 | 0 | 12 | 1 | 0 | 7 | 56.59 |
| 王军 | 3 | 4 | 270 | 67% | 0 | 3 | 4 | 0 | 4 | 1 | 4 | 0 | 55.23 |
| 张萌祺 | 2 | 8 | 260 | 69% | 0 | 1 | 0 | 0 | 4 | 1 | 2 | 6 | 54.88 |
| 李营健 | 2 | 3 | 200 | 88% | 0 | 1 | 0 | 0 | 5 | 0 | 2 | 3 | 57.35 |
| 逄志泉 | 2 | 6 | 172 | 42% | 0 | 0 | 1 | 0 | 13 | 2 | 2 | 2 | 53.38 |
| 刘浩 | 1 | 1 | 102 | 72% | 1 | 1 | 7 | 0 | 2 | 1 | 3 | 2 | 62.24 |
| 张智 | 0 | 2 | 16 | 47% | 0 | 0 | 0 | 0 | 0 | 0 | 1 | 1 | 54.63 |

| | 出场次数 | 球门球成功率 | 击出 | 脱手 | 失球 | 扑救 | 评分 |
|---|---|---|---|---|---|---|---|
| 苏渤洋 | 26 | 58% | 47 | 1 | 38 | 60 | 60.86 |
| 王卓 | 4 | 47% | 7 | 2 | 7 | 10 | 61.88 |

## 主客场战绩

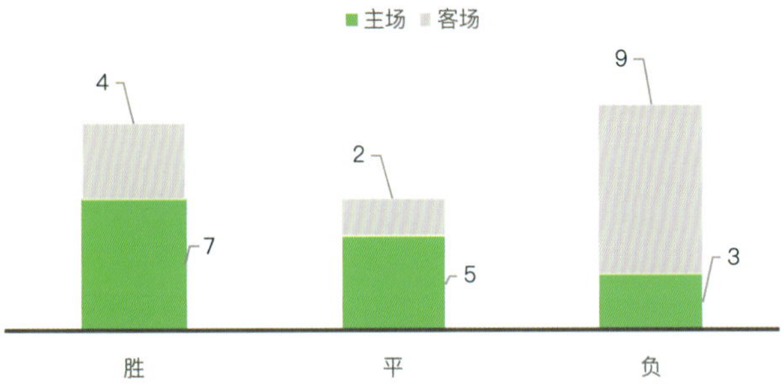


## 进失球战绩

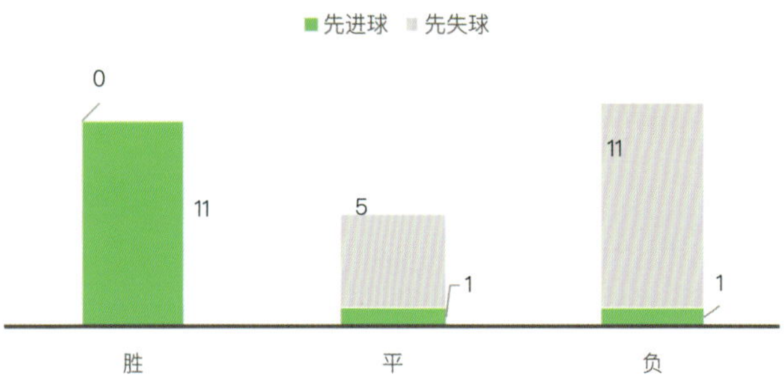

## 进球人数

10

## 平均年龄

28.2

## 运动战进失球

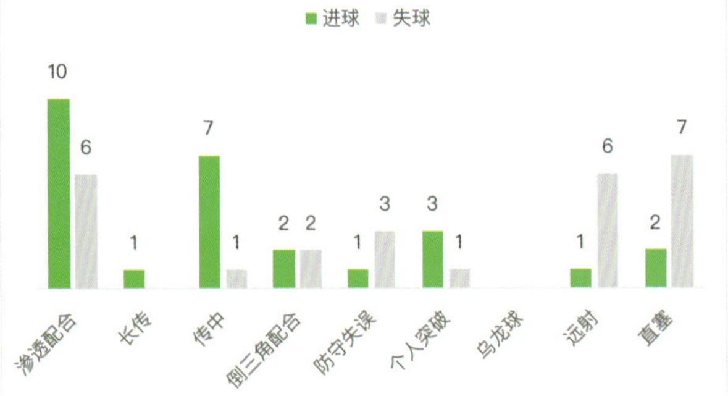


## 定位球进失球

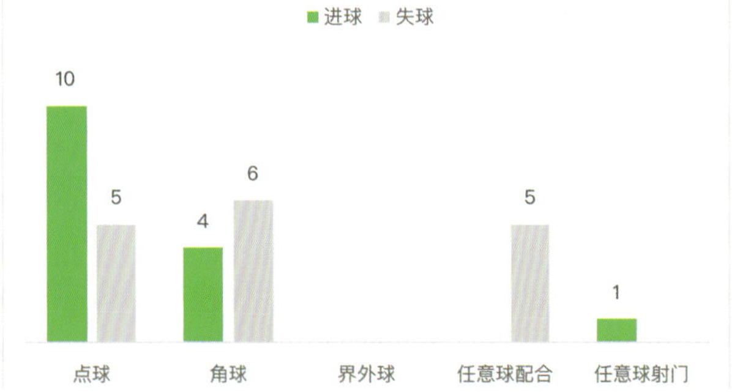


## 进失球时间段

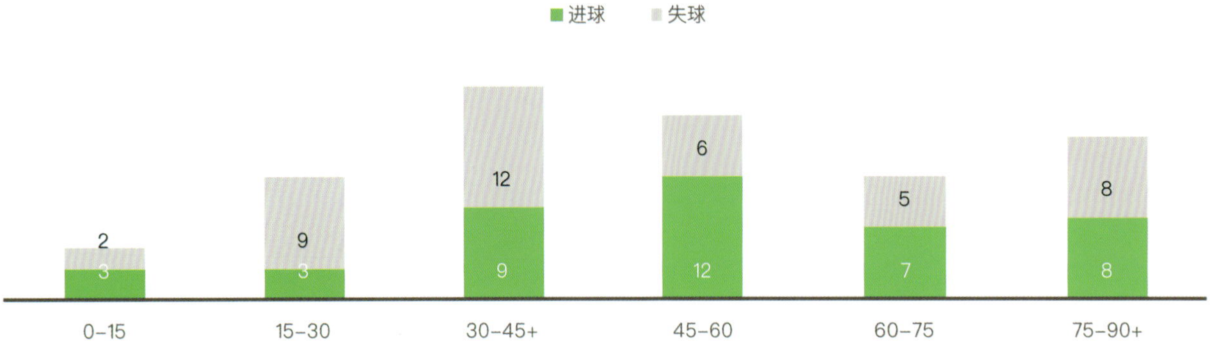

CHAMPION
创冰科技

## 赛季最佳阵容

## 球员数据列表

| | 首发次数 | 替补次数 | 上场时间 | 传球成功率 | 助攻 | 突破 | 传中 | 进球 | 争顶 | 拦截 | 关键传球 | 抢断 | 评分 |
|---|---|---|---|---|---|---|---|---|---|---|---|---|---|
| 于洋 | 29 | 0 | 2606 | 77% | 0 | 2 | 2 | 3 | 138 | 45 | 5 | 49 | 65.59 |
| 奥古斯托 | 28 | 0 | 2447 | 80% | 4 | 109 | 141 | 4 | 35 | 22 | 54 | 47 | 73.68 |
| 拉尔夫 | 27 | 0 | 2430 | 82% | 1 | 23 | 7 | 0 | 57 | 67 | 11 | 74 | 66.89 |
| 李磊 | 28 | 0 | 2402 | 73% | 3 | 37 | 68 | 2 | 59 | 50 | 27 | 69 | 64.34 |
| 张稀哲 | 24 | 1 | 2133 | 78% | 6 | 58 | 76 | 3 | 23 | 22 | 36 | 27 | 66.04 |
| 雷腾龙 | 21 | 2 | 1856 | 67% | 0 | 2 | 1 | 0 | 57 | 36 | 2 | 19 | 59.24 |
| 索里亚诺 | 19 | 0 | 1630 | 76% | 2 | 31 | 14 | 16 | 37 | 3 | 29 | 17 | 76.17 |
| 姜涛 | 16 | 5 | 1443 | 75% | 1 | 17 | 36 | 0 | 43 | 22 | 12 | 34 | 58.67 |
| 巴顿 | 17 | 0 | 1238 | 70% | 1 | 25 | 18 | 1 | 35 | 3 | 8 | 17 | 58.18 |
| 晋鹏翔 | 14 | 0 | 1194 | 63% | 0 | 10 | 23 | 0 | 76 | 20 | 11 | 23 | 60.45 |
| 伊尔马兹 | 11 | 0 | 990 | 72% | 0 | 18 | 0 | 8 | 44 | 2 | 4 | 4 | 66.43 |
| 金泰延 | 8 | 11 | 975 | 73% | 0 | 11 | 33 | 0 | 9 | 8 | 24 | 22 | 57.91 |
| 赵和靖 | 10 | 4 | 945 | 65% | 0 | 9 | 15 | 0 | 21 | 19 | 8 | 33 | 58.47 |
| 张池明 | 7 | 13 | 900 | 70% | 2 | 41 | 40 | 3 | 37 | 8 | 11 | 15 | 60.01 |
| 宋博轩 | 6 | 15 | 739 | 73% | 1 | 34 | 34 | 1 | 21 | 4 | 5 | 16 | 56.06 |
| 朴成 | 6 | 7 | 630 | 85% | 0 | 12 | 3 | 0 | 12 | 6 | 17 | 17 | 58.60 |
| 唐诗 | 12 | 2 | 569 | 58% | 0 | 11 | 31 | 0 | 11 | 6 | 6 | 4 | 53.28 |
| 于大宝 | 4 | 8 | 556 | 80% | 3 | 13 | 2 | 1 | 25 | 4 | 7 | 7 | 59.59 |
| 克里梅茨 | 5 | 0 | 417 | 78% | 0 | 0 | 0 | 0 | 20 | 15 | 1 | 6 | 56.16 |
| 张晓彬 | 3 | 0 | 270 | 84% | 0 | 1 | 0 | 0 | 4 | 8 | 5 | 13 | 67.32 |
| 吕鹏 | 1 | 9 | 242 | 65% | 1 | 1 | 1 | 0 | 8 | 4 | 0 | 11 | 54.42 |
| 朱朝庆 | 2 | 3 | 151 | 57% | 0 | 2 | 1 | 0 | 3 | 1 | 0 | 0 | 50.51 |
| 李翰博 | 1 | 1 | 110 | 69% | 0 | 1 | 7 | 0 | 3 | 6 | 1 | 1 | 51.69 |
| 杜明洋 | 1 | 1 | 47 | 90% | 0 | 0 | 5 | 0 | 2 | 0 | 1 | 0 | 51.91 |
| 张辛昕 | 0 | 2 | 19 | 54% | 0 | 0 | 3 | 0 | 0 | 0 | 0 | 0 | 48.90 |
| 宁伟辰 | 0 | 1 | 3 | 100% | 0 | 0 | 0 | 0 | 1 | 0 | 0 | 1 | 51.60 |

| | 出场次数 | 球门球成功率 | 击出 | 脱手 | 失球 | 扑救 | 评分 |
|---|---|---|---|---|---|---|---|
| 杨智 | 28 | 49% | 41 | 2 | 41 | 58 | 59.29 |
| 侯森 | 2 | 80% | 0 | 0 | 1 | 2 | 60.31 |

## 主客场战绩

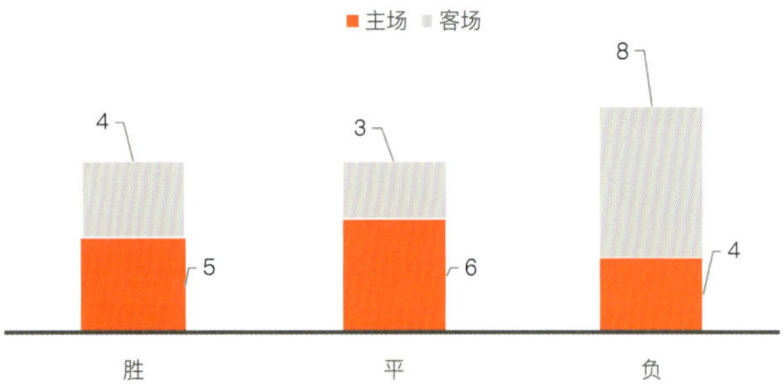


## 进失球战绩

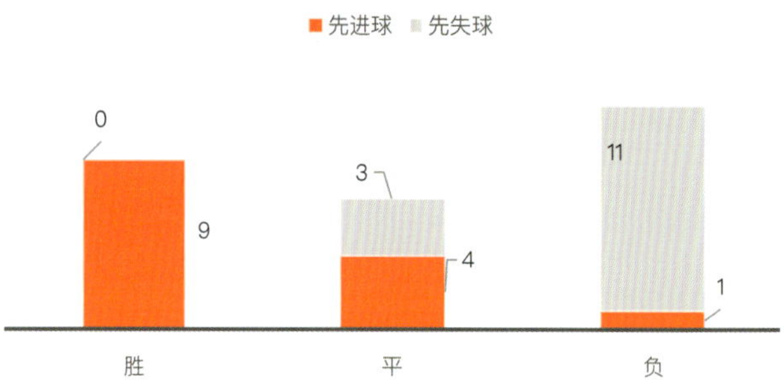

## 进球人数

**11**

## 平均年龄

**29**

## 运动战进失球

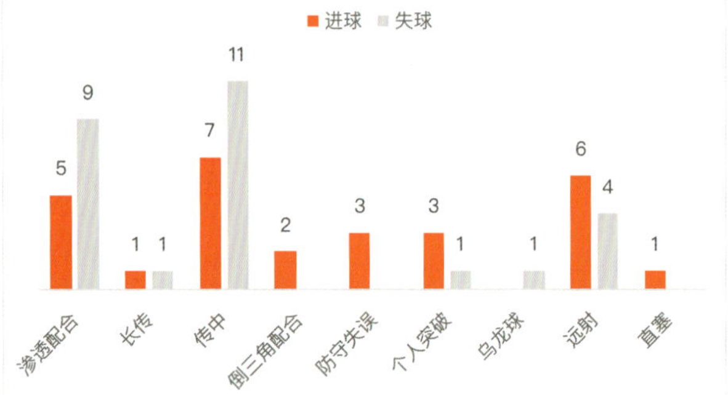


## 定位球进失球

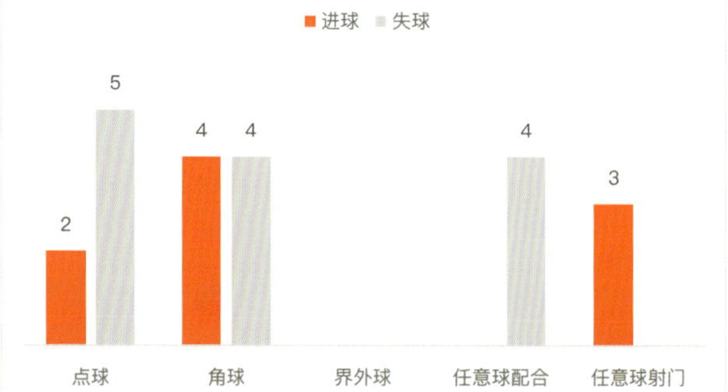


## 进失球时间段

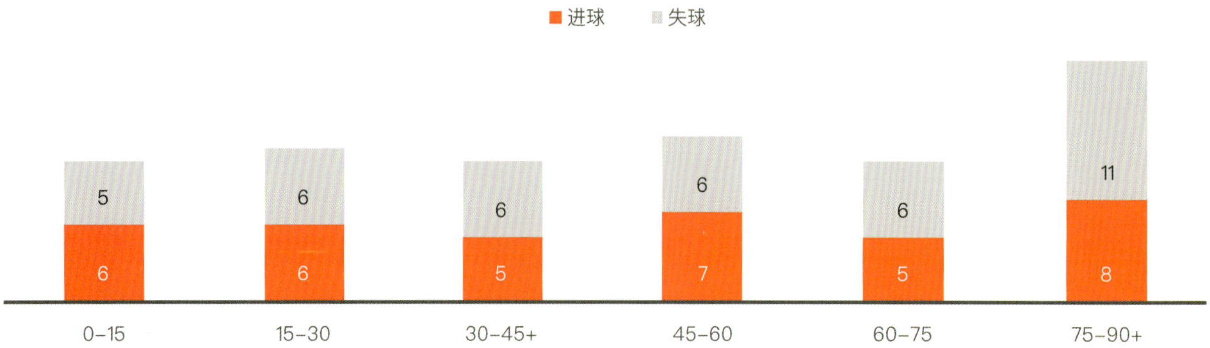

## 赛季最佳阵容

## 球员数据列表

| | 首发次数 | 替补次数 | 上场时间 | 传球成功率 | 助攻 | 突破 | 传中 | 进球 | 争顶 | 拦截 | 关键传球 | 抢断 | 评分 |
|---|---|---|---|---|---|---|---|---|---|---|---|---|---|
| 刘欢 | 30 | 0 | 2700 | 69% | 1 | 34 | 45 | 2 | 73 | 64 | 12 | 70 | 63.68 |
| 刘宇 | 29 | 1 | 2637 | 77% | 3 | 9 | 5 | 0 | 87 | 38 | 7 | 27 | 62.99 |
| 卡尔德克 | 27 | 0 | 2430 | 63% | 2 | 40 | 4 | 10 | 245 | 5 | 21 | 7 | 69.95 |
| 费尔南多 | 27 | 0 | 2381 | 70% | 8 | 223 | 117 | 7 | 27 | 6 | 48 | 30 | 71.26 |
| 吴庆 | 29 | 0 | 2379 | 67% | 3 | 39 | 46 | 5 | 26 | 17 | 16 | 42 | 61.41 |
| 陈雷 | 26 | 0 | 2287 | 63% | 0 | 5 | 90 | 0 | 47 | 40 | 28 | 32 | 62.84 |
| 彭欣力 | 27 | 0 | 2281 | 80% | 2 | 49 | 17 | 2 | 39 | 47 | 21 | 77 | 63.48 |
| 郑文荣 | 21 | 0 | 1873 | 82% | 1 | 10 | 117 | 2 | 40 | 31 | 36 | 64 | 70.03 |
| 南松 | 27 | 0 | 1826 | 73% | 2 | 35 | 11 | 3 | 24 | 26 | 11 | 47 | 57.92 |
| 隋东陆 | 18 | 3 | 1632 | 69% | 0 | 3 | 1 | 0 | 43 | 21 | 2 | 15 | 64.39 |
| 米洛维奇 | 13 | 0 | 1170 | 72% | 0 | 1 | 1 | 1 | 76 | 27 | 2 | 14 | 70.50 |
| 丁捷 | 11 | 6 | 1120 | 77% | 1 | 8 | 9 | 3 | 28 | 13 | 9 | 33 | 64.74 |
| 王维成 | 2 | 15 | 596 | 57% | 1 | 7 | 18 | 0 | 13 | 3 | 6 | 14 | 54.86 |
| 冯劲 | 3 | 12 | 548 | 69% | 1 | 33 | 9 | 1 | 11 | 4 | 9 | 14 | 55.40 |
| 徐洋 | 1 | 18 | 295 | 77% | 0 | 7 | 7 | 0 | 4 | 1 | 2 | 9 | 53.22 |
| 崔永哲 | 2 | 11 | 263 | 49% | 1 | 1 | 1 | 0 | 11 | 8 | 2 | 11 | 55.20 |
| 郑涛 | 2 | 3 | 234 | 47% | 0 | 0 | 12 | 0 | 8 | 3 | 0 | 4 | 53.01 |
| 尤里 | 2 | 0 | 161 | 75% | 0 | 7 | 0 | 1 | 10 | 2 | 1 | 4 | 71.20 |
| 元敏诚 | 3 | 0 | 148 | 86% | 0 | 1 | 0 | 0 | 2 | 4 | 0 | 4 | 54.06 |
| 刘卫东 | 0 | 2 | 31 | 75% | 0 | 0 | 0 | 0 | 3 | 0 | 1 | 0 | 50.55 |

| | 出场次数 | 球门球成功率 | 击出 | 脱手 | 失球 | 扑救 | 评分 |
|---|---|---|---|---|---|---|---|
| 郑小飞 | 28 | 49% | 65 | 6 | 35 | 78 | 60.13 |
| 隋维杰 | 3 | 63% | 5 | 2 | 6 | 10 | 56.32 |

## 主客场战绩

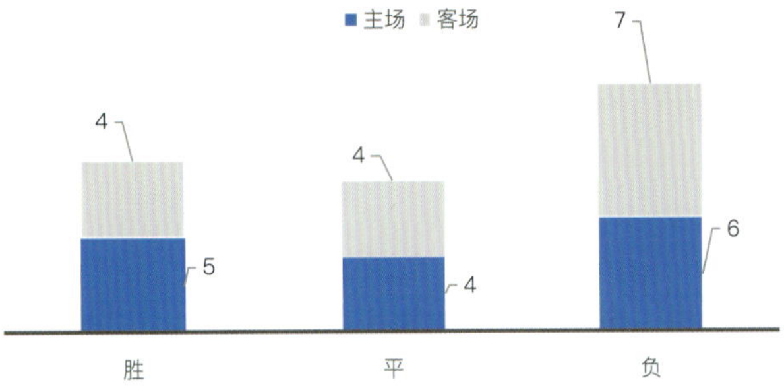


## 进失球战绩

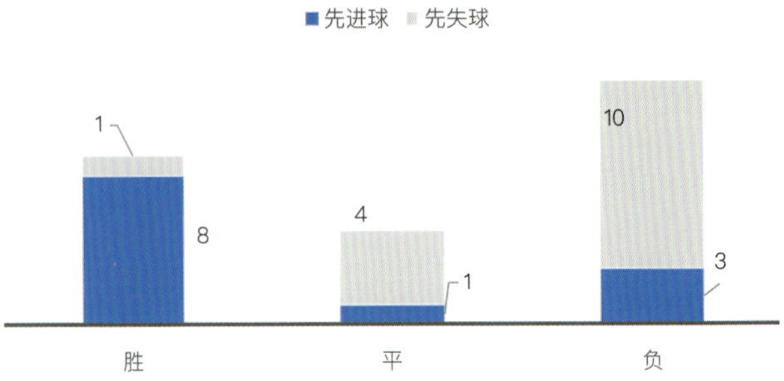

## 进球人数

**11**

## 平均年龄

**29.4**

## 运动战进失球

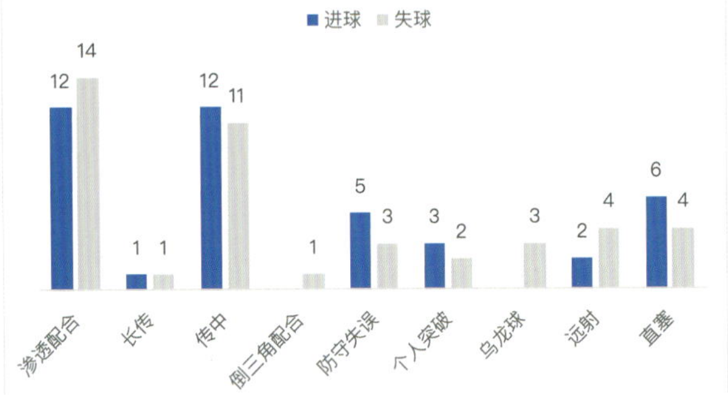


## 定位球进失球

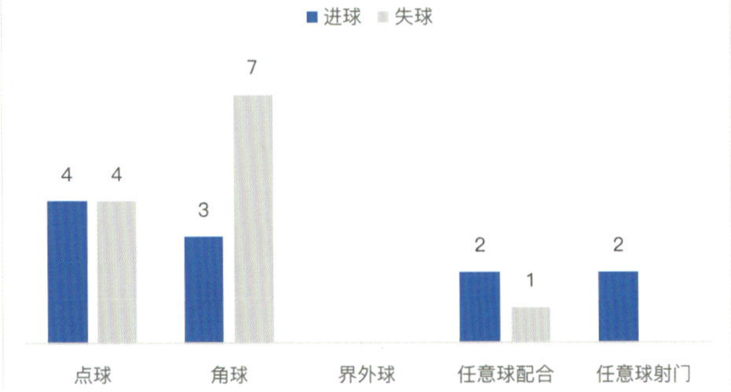


## 进失球时间段

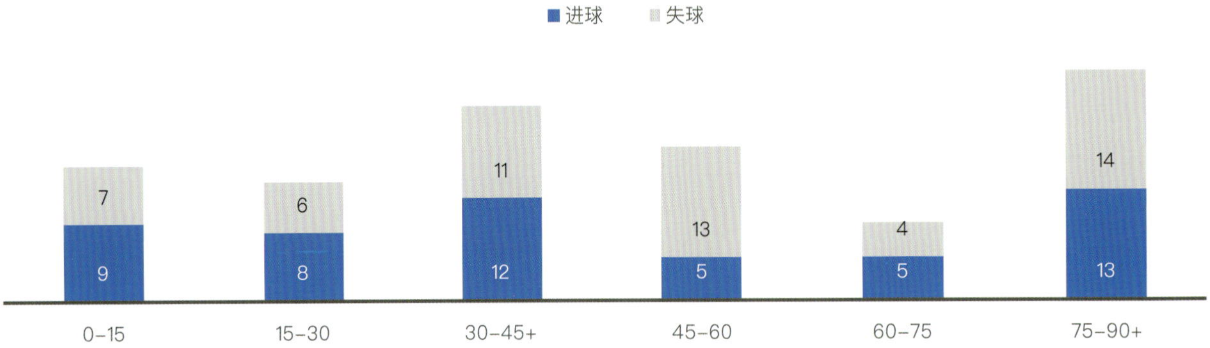

## 赛季最佳阵容

## 球员数据列表

| | 首发次数 | 替补次数 | 上场时间 | 传球成功率 | 助攻 | 突破 | 传中 | 进球 | 争顶 | 拦截 | 关键传球 | 抢断 | 评分 |
|---|---|---|---|---|---|---|---|---|---|---|---|---|---|
| 莫雷诺 | 24 | 2 | 2147 | 73% | 4 | 83 | 7 | 15 | 125 | 20 | 27 | 35 | 78.26 |
| 王林 | 22 | 2 | 2041 | 75% | 1 | 19 | 23 | 0 | 21 | 23 | 5 | 38 | 58.20 |
| 曹赟定 | 20 | 6 | 1956 | 73% | 10 | 84 | 117 | 6 | 7 | 8 | 46 | 25 | 66.50 |
| 孙世林 | 19 | 5 | 1893 | 83% | 1 | 18 | 4 | 0 | 40 | 33 | 16 | 39 | 60.88 |
| 李运秋 | 18 | 3 | 1655 | 75% | 0 | 14 | 30 | 0 | 16 | 31 | 11 | 53 | 58.93 |
| 陶金 | 17 | 3 | 1600 | 77% | 0 | 3 | 0 | 0 | 63 | 22 | 1 | 18 | 62.70 |
| 毕津浩 | 16 | 2 | 1491 | 81% | 0 | 4 | 0 | 0 | 45 | 29 | 2 | 21 | 62.83 |
| 瓜林 | 17 | 1 | 1468 | 76% | 4 | 55 | 40 | 10 | 30 | 19 | 26 | 40 | 76.76 |
| 毛剑卿 | 10 | 17 | 1439 | 61% | 2 | 45 | 50 | 3 | 51 | 5 | 8 | 15 | 57.93 |
| 王寿挺 | 13 | 9 | 1351 | 81% | 1 | 6 | 3 | 1 | 46 | 33 | 8 | 31 | 58.80 |
| 柏佳骏 | 15 | 0 | 1309 | 71% | 1 | 12 | 25 | 1 | 17 | 20 | 6 | 27 | 64.40 |
| 金基熙 | 15 | 0 | 1307 | 77% | 0 | 5 | 3 | 1 | 51 | 25 | 4 | 19 | 64.25 |
| 特维斯 | 14 | 2 | 1298 | 76% | 5 | 35 | 76 | 4 | 28 | 4 | 33 | 10 | 69.07 |
| 马丁斯 | 13 | 0 | 1156 | 70% | 4 | 31 | 5 | 7 | 60 | 1 | 8 | 7 | 68.80 |
| 李建滨 | 9 | 1 | 727 | 81% | 0 | 3 | 0 | 0 | 17 | 6 | 0 | 12 | 61.66 |
| 栗鹏 | 8 | 1 | 674 | 72% | 1 | 1 | 0 | 0 | 21 | 9 | 1 | 13 | 59.07 |
| 徐骏敏 | 14 | 1 | 569 | 77% | 1 | 14 | 7 | 0 | 13 | 1 | 7 | 11 | 55.26 |
| 丛震 | 9 | 0 | 473 | 74% | 0 | 5 | 1 | 0 | 16 | 6 | 0 | 2 | 52.29 |
| 张璐 | 3 | 8 | 463 | 73% | 1 | 5 | 6 | 1 | 10 | 7 | 1 | 7 | 57.46 |
| 朱建荣 | 6 | 5 | 457 | 67% | 1 | 4 | 4 | 3 | 29 | 1 | 3 | 1 | 60.60 |
| 吕征 | 3 | 6 | 410 | 72% | 0 | 6 | 11 | 0 | 16 | 3 | 3 | 5 | 55.31 |
| 秦升 | 5 | 0 | 338 | 78% | 0 | 5 | 2 | 0 | 15 | 7 | 4 | 8 | 59.89 |
| 熊飞 | 3 | 1 | 261 | 75% | 0 | 3 | 0 | 0 | 7 | 3 | 1 | 10 | 54.65 |
| 吕品 | 5 | 0 | 202 | 69% | 1 | 6 | 1 | 0 | 0 | 1 | 1 | 1 | 55.46 |
| 王赟 | 0 | 4 | 99 | 82% | 0 | 1 | 1 | 0 | 1 | 1 | 2 | 5 | 54.55 |
| 刘若钒 | 2 | 1 | 85 | 59% | 0 | 4 | 2 | 0 | 1 | 0 | 1 | 2 | 58.70 |
| 陈涛 | 0 | 1 | 18 | 100% | 0 | 0 | 0 | 0 | 0 | 1 | 1 | 0 | 50.51 |
| 刘嘉伟 | 0 | 1 | 7 | 100% | 0 | 0 | 0 | 0 | 1 | 0 | 0 | 1 | 59.90 |

| | 出场次数 | 球门球成功率 | 击出 | 脱手 | 失球 | 扑救 | 评分 |
|---|---|---|---|---|---|---|---|
| 李帅 | 27 | 48% | 75 | 2 | 47 | 91 | 60.11 |
| 邱盛炯 | 3 | 47% | 5 | 0 | 8 | 7 | 51.05 |

## 主客场战绩

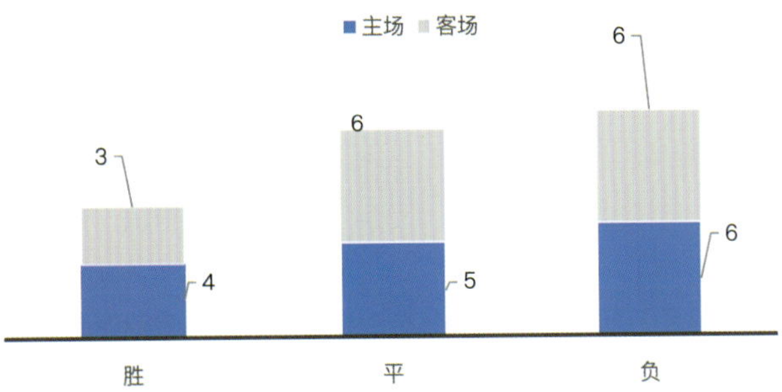


## 进失球战绩

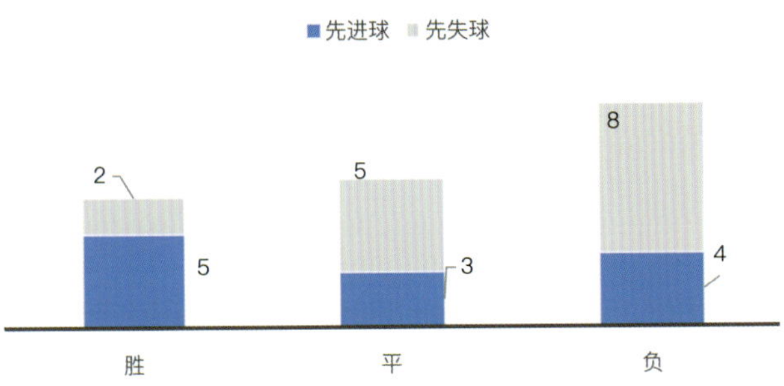

## 进球人数

**12**

## 平均年龄

**26.5**

## 运动战进失球

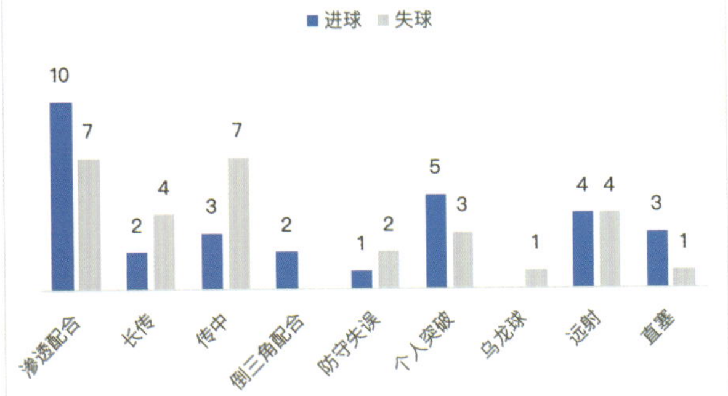


## 定位球进失球

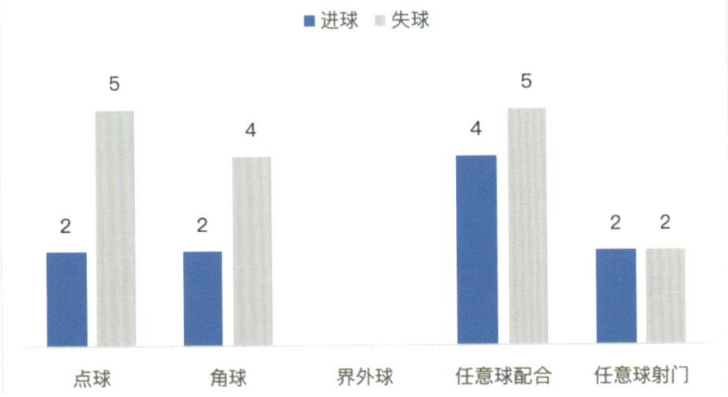


## 进失球时间段

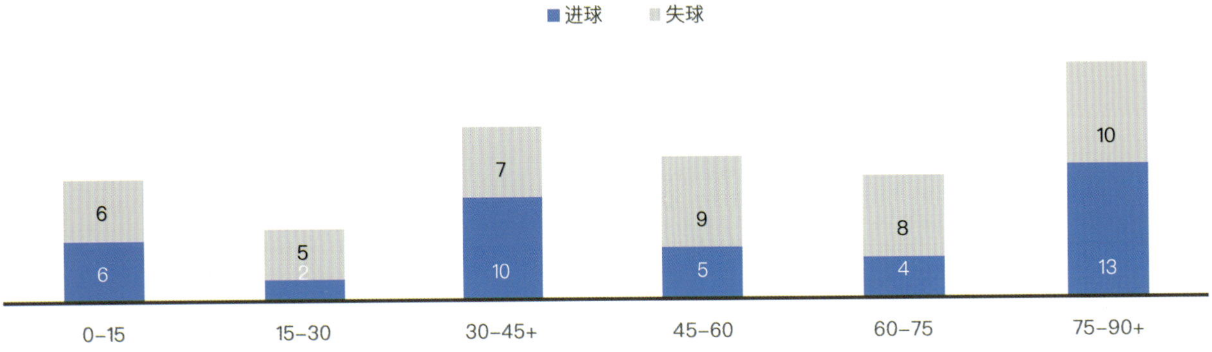

CHAMPION Sports Information Technology 创冰科技

## 赛季最佳阵容

## 球员数据列表

| | 首发次数 | 替补次数 | 上场时间 | 传球成功率 | 助攻 | 突破 | 传中 | 进球 | 争顶 | 拦截 | 关键传球 | 抢断 | 评分 |
|---|---|---|---|---|---|---|---|---|---|---|---|---|---|
| 周云 | 28 | 1 | 2557 | 75% | 0 | 12 | 18 | 0 | 75 | 39 | 6 | 55 | 60.90 |
| 拉米雷斯 | 23 | 0 | 2041 | 78% | 3 | 39 | 5 | 7 | 79 | 37 | 19 | 80 | 71.76 |
| 杨笑天 | 21 | 0 | 1872 | 73% | 0 | 28 | 44 | 1 | 55 | 30 | 9 | 35 | 63.70 |
| 吉翔 | 16 | 10 | 1750 | 66% | 2 | 25 | 25 | 2 | 116 | 12 | 14 | 47 | 60.34 |
| 张晓彬 | 19 | 3 | 1689 | 72% | 1 | 14 | 12 | 0 | 18 | 25 | 4 | 24 | 59.40 |
| 特谢拉 | 18 | 1 | 1631 | 79% | 2 | 69 | 93 | 8 | 44 | 5 | 40 | 14 | 67.16 |
| 李昂 | 17 | 1 | 1542 | 76% | 1 | 5 | 14 | 1 | 39 | 35 | 6 | 31 | 62.65 |
| 罗杰 马丁内斯 | 17 | 1 | 1503 | 68% | 2 | 78 | 8 | 7 | 72 | 1 | 20 | 13 | 65.51 |
| 陶源 | 16 | 7 | 1486 | 63% | 0 | 41 | 55 | 0 | 31 | 25 | 14 | 41 | 58.63 |
| 汪嵩 | 17 | 2 | 1428 | 79% | 5 | 10 | 79 | 3 | 25 | 19 | 11 | 17 | 64.14 |
| 吴曦 | 14 | 4 | 1302 | 74% | 1 | 23 | 1 | 1 | 32 | 18 | 11 | 24 | 64.50 |
| 杨博宇 | 14 | 2 | 1301 | 73% | 0 | 0 | 1 | 1 | 39 | 17 | 2 | 15 | 60.69 |
| 刘建业 | 7 | 10 | 1050 | 77% | 0 | 1 | 9 | 0 | 28 | 19 | 5 | 18 | 57.05 |
| 洪正好 | 12 | 0 | 1035 | 78% | 1 | 2 | 0 | 1 | 56 | 20 | 2 | 14 | 64.68 |
| 高天意 | 20 | 0 | 993 | 69% | 1 | 23 | 12 | 0 | 41 | 3 | 9 | 21 | 55.69 |
| 谢鹏飞 | 6 | 14 | 957 | 69% | 2 | 11 | 52 | 1 | 27 | 10 | 24 | 20 | 58.63 |
| 穆坎乔 | 10 | 0 | 879 | 73% | 3 | 17 | 10 | 7 | 34 | 2 | 7 | 5 | 73.77 |
| 曹海清 | 7 | 6 | 650 | 52% | 2 | 22 | 17 | 0 | 12 | 13 | 6 | 13 | 56.08 |
| 塞恩斯伯里 | 5 | 0 | 450 | 70% | 0 | 1 | 0 | 0 | 6 | 13 | 2 | 7 | 66.29 |
| 高迪 | 2 | 11 | 392 | 54% | 1 | 0 | 4 | 0 | 26 | 1 | 3 | 4 | 53.53 |
| 陈吉 | 9 | 0 | 162 | 85% | 0 | 0 | 3 | 0 | 2 | 0 | 2 | 0 | 53.50 |
| 戈伟 | 0 | 8 | 124 | 61% | 0 | 0 | 0 | 0 | 44 | 0 | 5 | 1 | 56.07 |
| 杨家威 | 1 | 1 | 63 | 96% | 0 | 0 | 1 | 0 | 2 | 0 | 3 | 0 | 57.25 |
| 黄嘉俊 | 1 | 0 | 55 | 65% | 0 | 1 | 0 | 0 | 0 | 0 | 0 | 2 | 48.49 |

| | 出场次数 | 球门球成功率 | 击出 | 脱手 | 失球 | 扑救 | 评分 |
|---|---|---|---|---|---|---|---|
| 顾超 | 20 | 46% | 41 | 4 | 29 | 60 | 60.78 |
| 张思鹏 | 10 | 34% | 13 | 2 | 16 | 21 | 58.05 |

## 主客场战绩

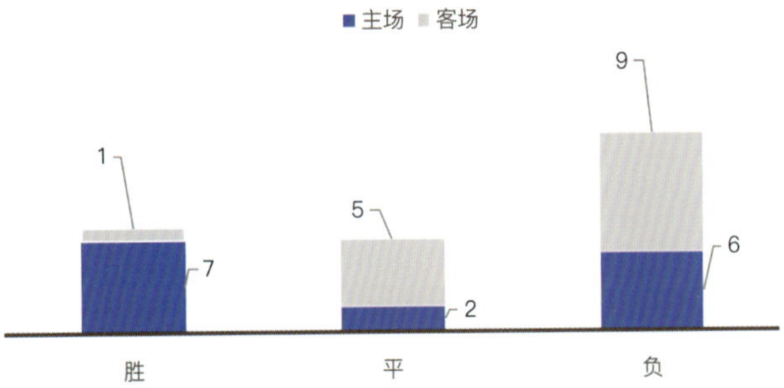


## 进失球战绩

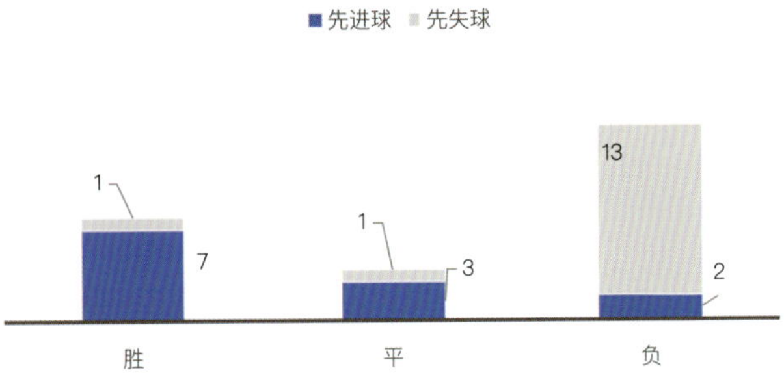

## 进球人数

**11**

## 平均年龄

**27**

## 运动战进失球

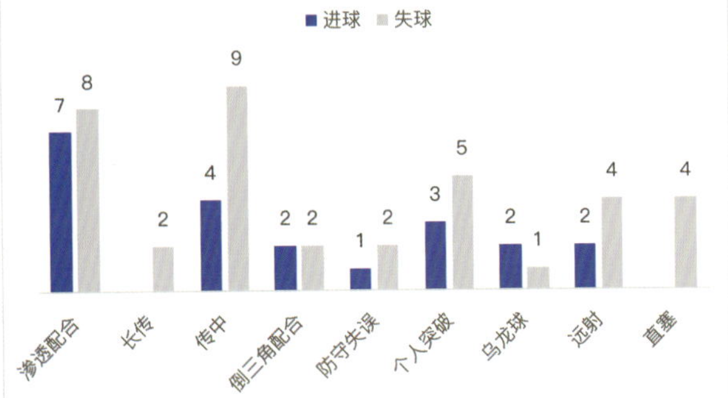


## 定位球进失球

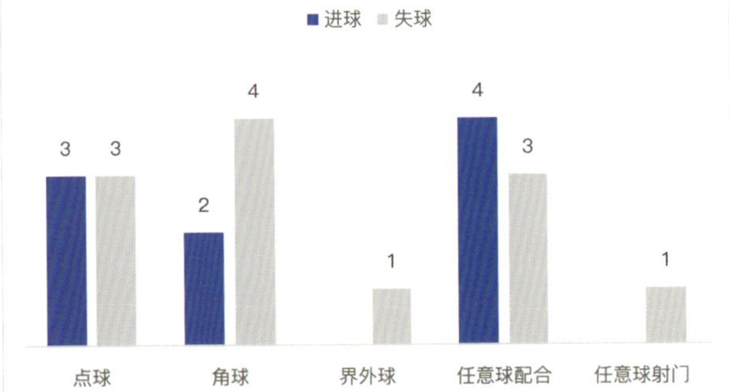


## 进失球时间段

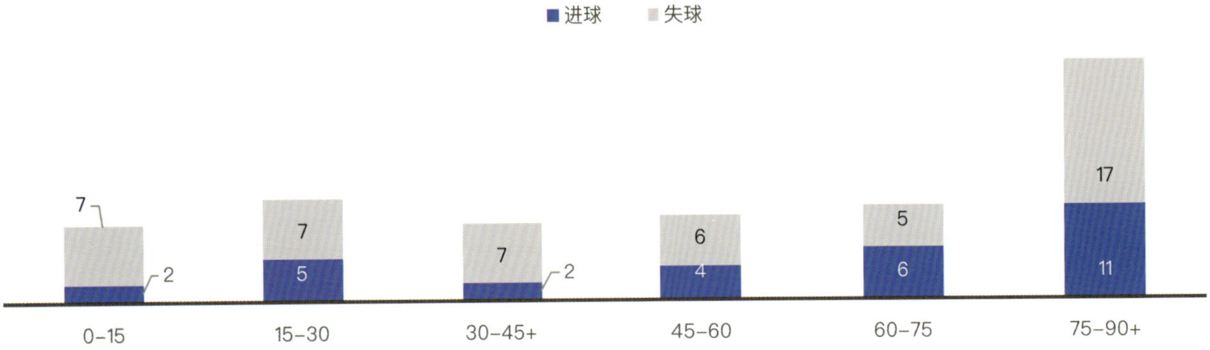

## 赛季最佳阵容

## 球员数据列表

| | 首发次数 | 替补次数 | 上场时间 | 传球成功率 | 助攻 | 突破 | 传中 | 进球 | 争顶 | 拦截 | 关键传球 | 抢断 | 评分 |
|---|---|---|---|---|---|---|---|---|---|---|---|---|---|
| 买提江 | 24 | 2 | 2105 | 72% | 1 | 37 | 187 | 0 | 34 | 22 | 42 | 38 | 61.97 |
| 白岳峰 | 23 | 2 | 1988 | 65% | 1 | 17 | 49 | 0 | 41 | 26 | 13 | 39 | 59.94 |
| 惠家康 | 15 | 10 | 1697 | 74% | 4 | 72 | 60 | 0 | 28 | 14 | 18 | 28 | 61.42 |
| 古德利 | 19 | 0 | 1696 | 81% | 5 | 30 | 53 | 1 | 50 | 19 | 26 | 57 | 71.96 |
| 赵宏略 | 18 | 1 | 1568 | 68% | 0 | 31 | 56 | 0 | 37 | 39 | 9 | 36 | 60.22 |
| 潘喜明 | 17 | 2 | 1532 | 65% | 0 | 7 | 0 | 1 | 55 | 33 | 2 | 21 | 58.28 |
| 迪亚涅 | 14 | 3 | 1375 | 61% | 1 | 43 | 4 | 6 | 168 | 5 | 16 | 4 | 65.56 |
| 曹阳 | 15 | 1 | 1359 | 79% | 0 | 1 | 0 | 2 | 48 | 23 | 1 | 29 | 66.95 |
| 黄锡镐 | 15 | 0 | 1350 | 79% | 0 | 6 | 6 | 0 | 33 | 33 | 4 | 26 | 62.09 |
| 胡人天 | 11 | 9 | 1282 | 77% | 0 | 26 | 20 | 2 | 35 | 16 | 17 | 20 | 59.51 |
| 郭皓 | 14 | 3 | 1227 | 80% | 0 | 7 | 2 | 0 | 28 | 13 | 10 | 16 | 57.94 |
| 李源一 | 6 | 19 | 1184 | 76% | 1 | 21 | 24 | 4 | 32 | 11 | 18 | 14 | 60.07 |
| 米克尔 | 13 | 0 | 1170 | 85% | 1 | 18 | 5 | 1 | 38 | 17 | 7 | 26 | 66.86 |
| 杨立瑜 | 26 | 0 | 1151 | 68% | 2 | 26 | 24 | 2 | 53 | 10 | 12 | 34 | 59.23 |
| 布朗 艾德耶 | 13 | 1 | 1105 | 73% | 0 | 18 | 2 | 4 | 82 | 2 | 11 | 4 | 62.80 |
| 邱添一 | 12 | 1 | 1085 | 69% | 0 | 2 | 0 | 1 | 52 | 16 | 3 | 6 | 64.60 |
| 阿奇姆彭 | 12 | 0 | 1064 | 74% | 0 | 81 | 31 | 4 | 32 | 2 | 18 | 15 | 68.41 |
| 王栋 | 11 | 4 | 964 | 79% | 0 | 21 | 47 | 0 | 25 | 12 | 9 | 27 | 60.82 |
| 谭望嵩 | 8 | 1 | 715 | 66% | 0 | 3 | 9 | 0 | 17 | 10 | 2 | 18 | 58.54 |
| 赵英杰 | 4 | 4 | 320 | 64% | 1 | 4 | 13 | 0 | 9 | 3 | 5 | 11 | 59.27 |
| 雷永驰 | 1 | 14 | 288 | 66% | 1 | 7 | 18 | 0 | 11 | 3 | 6 | 5 | 53.19 |
| 王秋明 | 2 | 9 | 285 | 57% | 0 | 3 | 0 | 0 | 10 | 1 | 5 | 6 | 52.96 |
| 聊博超 | 2 | 0 | 158 | 81% | 0 | 0 | 0 | 0 | 0 | 0 | 0 | 4 | 55.64 |
| 聂涛 | 1 | 3 | 158 | 71% | 0 | 6 | 2 | 0 | 10 | 0 | 0 | 6 | 53.92 |
| 周其明 | 3 | 0 | 61 | 54% | 0 | 0 | 4 | 0 | 1 | 1 | 0 | 3 | 54.02 |
| 高嘉润 | 1 | 0 | 16 | 85% | 0 | 0 | 0 | 0 | 1 | 1 | 0 | 0 | 54.12 |

| | 出场次数 | 球门球成功率 | 击出 | 脱手 | 失球 | 扑救 | 评分 |
|---|---|---|---|---|---|---|---|
| 杜佳 | 19 | 43% | 29 | 1 | 32 | 45 | 58.82 |
| 杨启鹏 | 11 | 46% | 15 | 1 | 17 | 30 | 59.25 |

## 主客场战绩

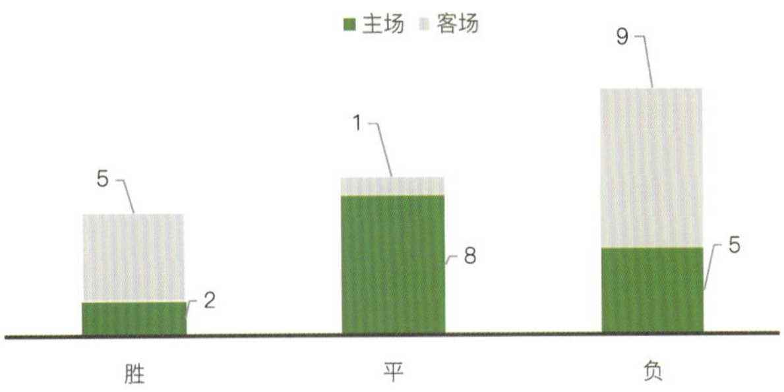


## 进失球战绩

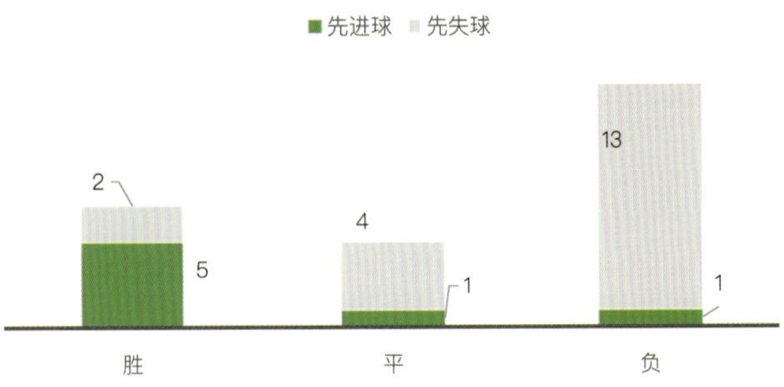

## 进球人数

**10**

## 平均年龄

**25.5**

## 运动战进失球

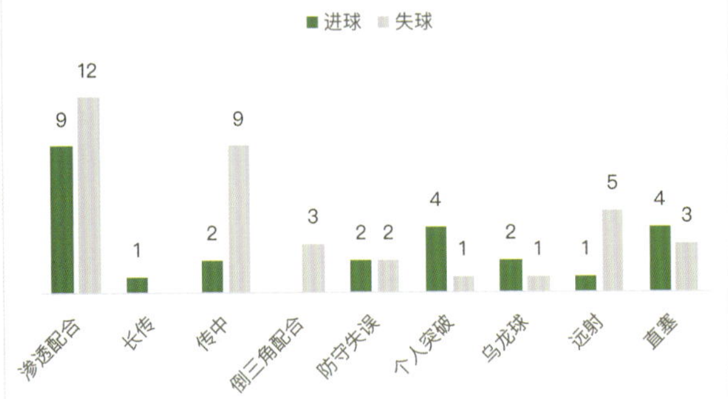


## 定位球进失球

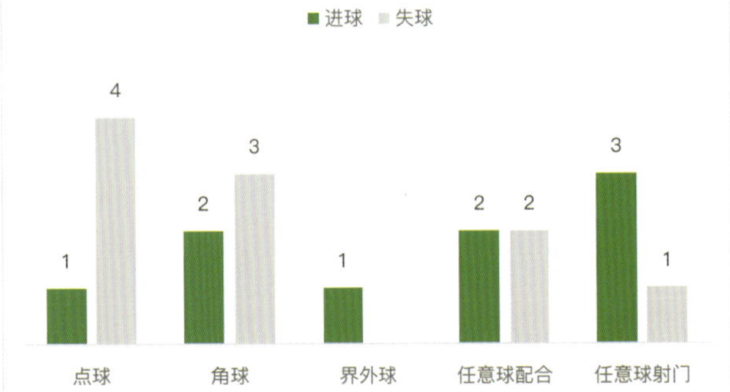


## 进失球时间段

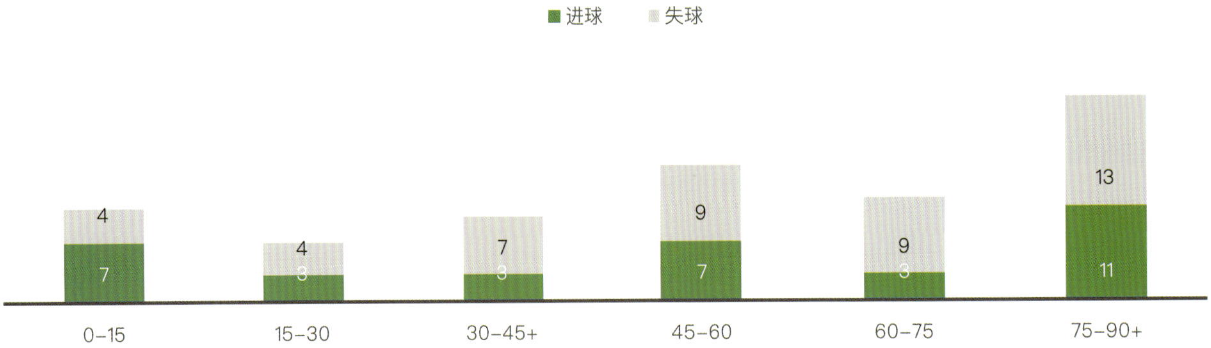

## 赛季最佳阵容

## 球员数据列表

| | 首发次数 | 替补次数 | 上场时间 | 传球成功率 | 助攻 | 突破 | 传中 | 进球 | 争顶 | 拦截 | 关键传球 | 抢断 | 评分 |
|---|---|---|---|---|---|---|---|---|---|---|---|---|---|
| 顾操 | 27 | 0 | 2391 | 69% | 1 | 10 | 4 | 0 | 80 | 64 | 4 | 67 | 63.04 |
| 龙成 | 25 | 2 | 2224 | 72% | 0 | 7 | 4 | 0 | 61 | 40 | 4 | 46 | 59.67 |
| 巴索戈 | 24 | 0 | 2137 | 71% | 7 | 209 | 74 | 10 | 44 | 11 | 42 | 26 | 72.25 |
| 多奇卡尔 | 23 | 0 | 2069 | 73% | 4 | 35 | 148 | 4 | 60 | 14 | 56 | 47 | 72.05 |
| 胡靖航 | 25 | 2 | 2022 | 67% | 4 | 35 | 19 | 3 | 94 | 11 | 24 | 24 | 59.95 |
| 冯卓毅 | 23 | 1 | 1985 | 80% | 4 | 21 | 5 | 1 | 24 | 26 | 21 | 67 | 63.70 |
| 戈麦斯 | 22 | 0 | 1980 | 73% | 0 | 14 | 9 | 2 | 69 | 33 | 3 | 45 | 64.42 |
| 柯钊 | 22 | 5 | 1970 | 64% | 0 | 26 | 53 | 1 | 43 | 27 | 6 | 35 | 56.63 |
| 杨阔 | 21 | 1 | 1780 | 64% | 0 | 44 | 48 | 0 | 28 | 22 | 16 | 34 | 57.53 |
| 钟晋宝 | 20 | 5 | 1741 | 76% | 0 | 33 | 11 | 3 | 51 | 15 | 13 | 45 | 60.32 |
| 外力 | 15 | 3 | 1234 | 71% | 0 | 8 | 24 | 0 | 18 | 22 | 9 | 29 | 60.63 |
| 冯刚 | 13 | 1 | 1014 | 68% | 1 | 14 | 13 | 0 | 8 | 19 | 7 | 9 | 57.05 |
| 刘恒 | 7 | 9 | 748 | 60% | 1 | 13 | 7 | 0 | 19 | 14 | 1 | 21 | 55.86 |
| 陈灏 | 7 | 0 | 585 | 69% | 0 | 2 | 0 | 0 | 32 | 16 | 1 | 9 | 59.96 |
| 萨利赫 | 6 | 0 | 480 | 66% | 0 | 0 | 3 | 1 | 28 | 20 | 3 | 11 | 69.90 |
| 瓦斯特 | 5 | 0 | 449 | 65% | 0 | 1 | 2 | 5 | 68 | 0 | 5 | 0 | 77.43 |
| 帕蒂诺 | 5 | 0 | 402 | 71% | 0 | 3 | 0 | 2 | 37 | 1 | 1 | 8 | 68.63 |
| 路尧 | 3 | 2 | 375 | 64% | 0 | 1 | 0 | 0 | 11 | 7 | 1 | 6 | 56.74 |
| 王飞 | 4 | 2 | 348 | 53% | 0 | 7 | 5 | 0 | 6 | 6 | 4 | 13 | 57.22 |
| 杜长杰 | 0 | 19 | 313 | 51% | 0 | 29 | 8 | 0 | 17 | 1 | 6 | 4 | 53.94 |
| 陈子介 | 0 | 17 | 286 | 69% | 1 | 5 | 2 | 0 | 21 | 0 | 3 | 3 | 53.67 |
| 罗恒 | 3 | 3 | 282 | 51% | 0 | 0 | 0 | 0 | 6 | 7 | 0 | 3 | 52.61 |
| 杨昌鹏 | 0 | 8 | 112 | 47% | 0 | 0 | 0 | 0 | 35 | 0 | 1 | 1 | 52.70 |
| 张仔儒 | 0 | 1 | 26 | 60% | 0 | 0 | 0 | 0 | 3 | 0 | 1 | 0 | 54.90 |
| 龙威 | 0 | 2 | 7 | 38% | 0 | 1 | 0 | 0 | 0 | 0 | 0 | 0 | 51.65 |

| | 出场次数 | 球门球成功率 | 击出 | 脱手 | 失球 | 扑救 | 评分 |
|---|---|---|---|---|---|---|---|
| 吴龑 | 30 | 42% | 56 | 1 | 46 | 86 | 58.31 |

## 主客场战绩

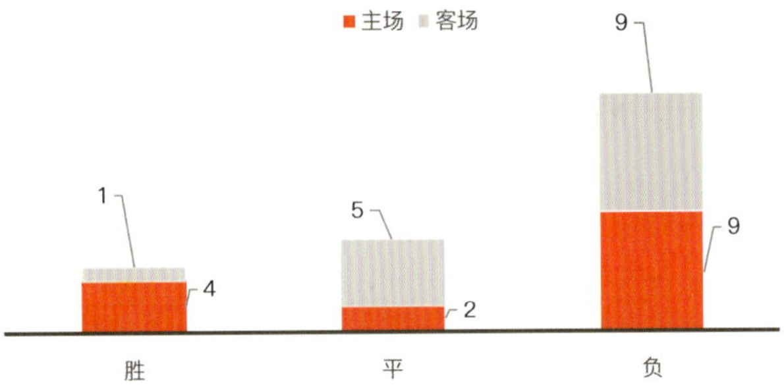


## 进失球战绩

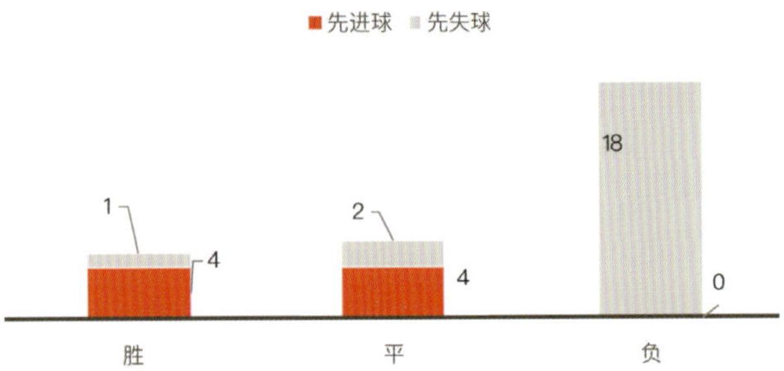

## 进球人数

10

## 平均年龄

26.4

## 运动战进失球

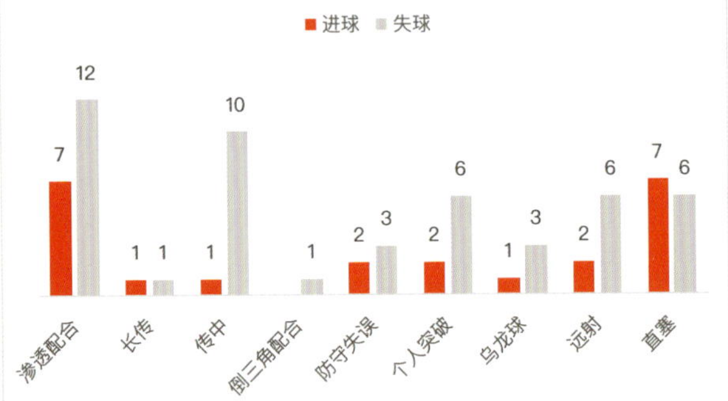


## 定位球进失球

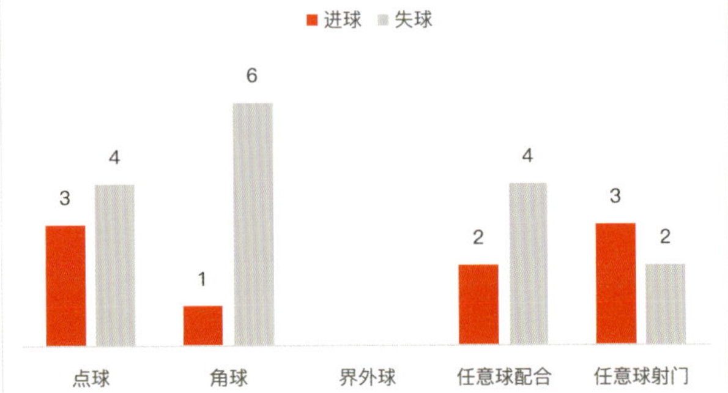


## 进失球时间段

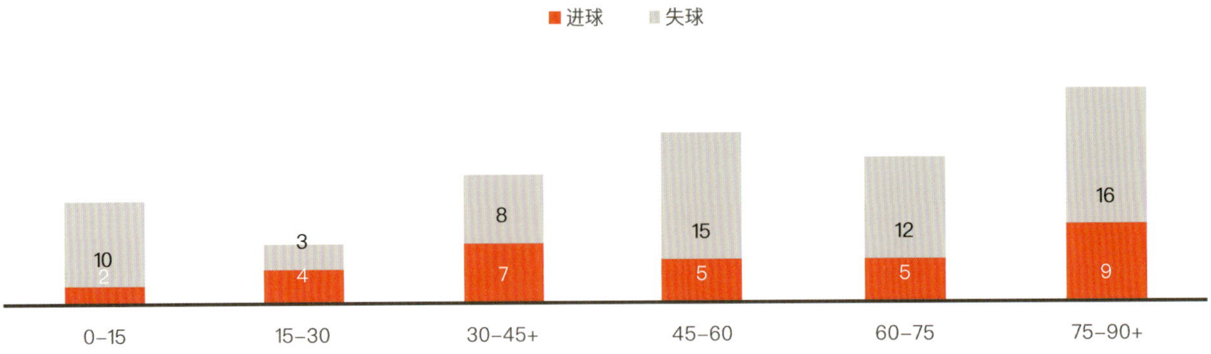

## 赛季最佳阵容

## 球员数据列表

| | 首发次数 | 替补次数 | 上场时间 | 传球成功率 | 助攻 | 突破 | 传中 | 进球 | 争顶 | 拦截 | 关键传球 | 抢断 | 评分 |
|---|---|---|---|---|---|---|---|---|---|---|---|---|---|
| 池忠国 | 29 | 0 | 2610 | 83% | 3 | 44 | 27 | 1 | 36 | 26 | 20 | 99 | 67.00 |
| 斯蒂夫 | 28 | 0 | 2425 | 75% | 2 | 106 | 12 | 18 | 91 | 6 | 29 | 7 | 70.46 |
| 朴世豪 | 25 | 0 | 2243 | 75% | 3 | 25 | 41 | 0 | 36 | 31 | 14 | 75 | 61.19 |
| 田依浓 | 24 | 3 | 2165 | 81% | 1 | 23 | 8 | 1 | 67 | 42 | 19 | 52 | 63.63 |
| 姜卫鹏 | 24 | 1 | 2152 | 77% | 1 | 5 | 0 | 0 | 74 | 41 | 3 | 26 | 64.33 |
| 韩光徽 | 22 | 1 | 1987 | 70% | 5 | 22 | 142 | 0 | 30 | 21 | 21 | 34 | 60.95 |
| 古兹米什 | 19 | 0 | 1589 | 73% | 0 | 4 | 2 | 1 | 46 | 29 | 1 | 39 | 64.45 |
| 吴永春 | 18 | 1 | 1364 | 80% | 0 | 6 | 1 | 0 | 18 | 28 | 3 | 32 | 61.39 |
| 金波 | 1 | 21 | 1356 | 77% | 2 | 57 | 21 | 2 | 41 | 8 | 15 | 22 | 58.30 |
| 裴育文 | 14 | 0 | 1260 | 72% | 1 | 11 | 31 | 0 | 38 | 30 | 8 | 24 | 63.27 |
| 尹比加兰 | 12 | 0 | 1069 | 84% | 2 | 17 | 47 | 3 | 21 | 9 | 31 | 20 | 71.20 |
| 孙君 | 7 | 8 | 1063 | 83% | 0 | 30 | 9 | 1 | 17 | 9 | 12 | 15 | 60.22 |
| 佩特科维奇 | 8 | 1 | 749 | 65% | 0 | 8 | 9 | 0 | 18 | 11 | 5 | 12 | 64.15 |
| 崔仁 | 2 | 18 | 650 | 78% | 1 | 11 | 10 | 2 | 33 | 3 | 7 | 4 | 57.33 |
| 李浩杰 | 6 | 10 | 630 | 83% | 0 | 1 | 1 | 0 | 7 | 16 | 4 | 13 | 52.65 |
| 黄一琇 | 7 | 1 | 622 | 75% | 1 | 27 | 12 | 1 | 29 | 0 | 17 | 13 | 65.69 |
| 韩青松 | 7 | 0 | 585 | 71% | 0 | 0 | 1 | 0 | 18 | 7 | 2 | 14 | 63.04 |
| 李龙 | 20 | 1 | 528 | 83% | 0 | 5 | 0 | 0 | 5 | 6 | 6 | 3 | 54.45 |
| 金承大 | 4 | 2 | 523 | 71% | 0 | 8 | 18 | 1 | 26 | 0 | 6 | 1 | 61.06 |
| 拉马 | 5 | 2 | 463 | 77% | 0 | 31 | 6 | 0 | 7 | 2 | 4 | 6 | 63.81 |
| 姜洪权 | 5 | 2 | 429 | 73% | 0 | 5 | 8 | 0 | 4 | 4 | 2 | 13 | 55.35 |
| 金弘宇 | 2 | 1 | 169 | 50% | 0 | 1 | 0 | 0 | 8 | 0 | 0 | 4 | 55.55 |
| 李浩 | 1 | 5 | 154 | 91% | 0 | 5 | 2 | 0 | 2 | 1 | 0 | 1 | 53.61 |
| 金成俊 | 5 | 0 | 72 | 82% | 0 | 0 | 0 | 0 | 11 | 0 | 1 | 0 | 50.11 |
| 尹昌吉 | 4 | 1 | 56 | 63% | 0 | 0 | 0 | 0 | 1 | 1 | 1 | 1 | 51.49 |
| 金贤 | 0 | 2 | 40 | 71% | 0 | 1 | 0 | 0 | 0 | 1 | 0 | 1 | 49.06 |
| 艾合买江 | 0 | 2 | 31 | 100% | 0 | 0 | 0 | 0 | 1 | 0 | 0 | 0 | 51.50 |
| 杨艾龙 | 1 | 0 | 16 | 71% | 0 | 0 | 0 | 0 | 0 | 0 | 0 | 0 | 50.12 |

| | 出场次数 | 球门球成功率 | 击出 | 脱手 | 失球 | 扑救 | 评分 |
|---|---|---|---|---|---|---|---|
| 池文一 | 28 | 39% | 64 | 5 | 59 | 105 | 59.00 |
| 董佳林 | 2 | 22% | 6 | 0 | 5 | 7 | 49.35 |

## 主客场战绩

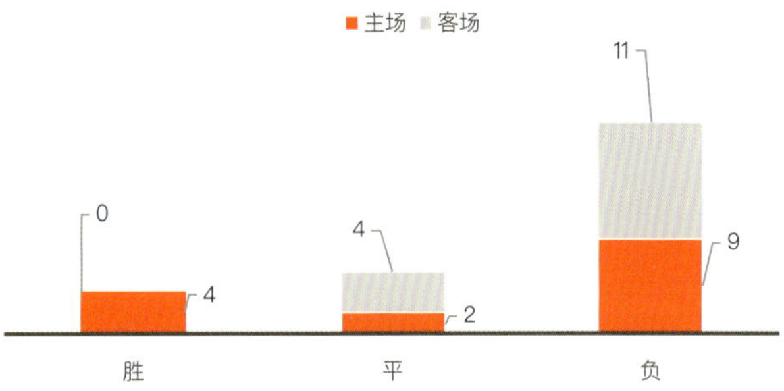


## 进失球战绩

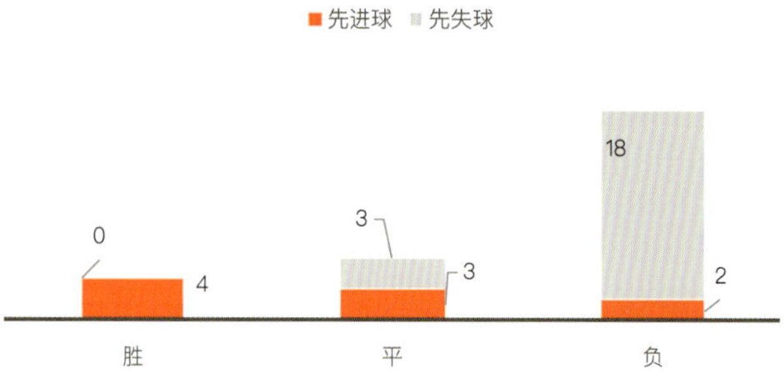

## 进球人数

**10**

## 平均年龄

**27.5**

## 运动战进失球

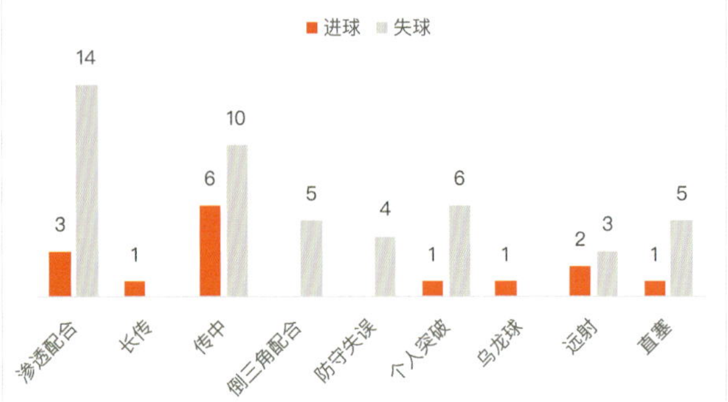


## 定位球进失球

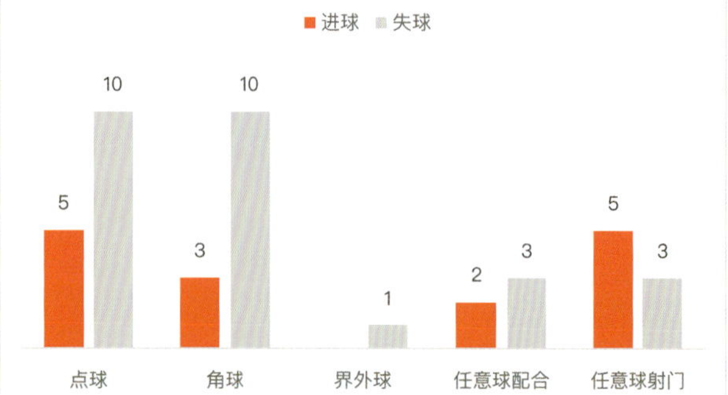


## 进失球时间段

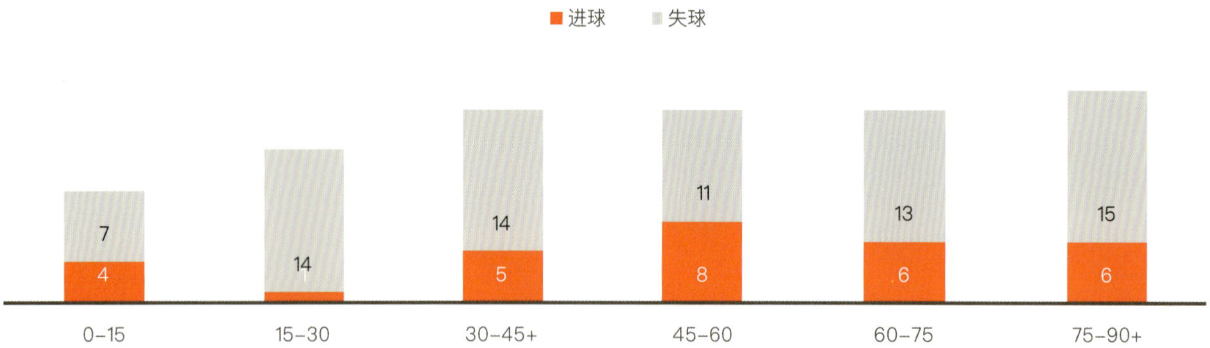

## 赛季最佳阵容

## 球员数据列表

| | 首发次数 | 替补次数 | 上场时间 | 传球成功率 | 助攻 | 突破 | 传中 | 进球 | 争顶 | 拦截 | 关键传球 | 抢断 | 评分 |
|---|---|---|---|---|---|---|---|---|---|---|---|---|---|
| 阿萨尼 | 28 | 0 | 2520 | 76% | 2 | 34 | 9 | 6 | 56 | 50 | 14 | 62 | 66.55 |
| 刘尚坤 | 26 | 0 | 2302 | 73% | 0 | 39 | 21 | 0 | 42 | 37 | 10 | 52 | 57.47 |
| 杨宇 | 23 | 6 | 2138 | 79% | 1 | 30 | 30 | 3 | 35 | 59 | 20 | 63 | 61.21 |
| 乌贾 | 23 | 1 | 2069 | 64% | 3 | 26 | 9 | 5 | 164 | 8 | 19 | 13 | 66.99 |
| 桑一非 | 17 | 5 | 1801 | 73% | 3 | 63 | 80 | 0 | 23 | 15 | 23 | 32 | 60.25 |
| 郎征 | 18 | 1 | 1583 | 83% | 0 | 2 | 5 | 0 | 50 | 21 | 2 | 19 | 59.11 |
| 张野 | 16 | 9 | 1564 | 75% | 3 | 9 | 15 | 1 | 13 | 7 | 20 | 12 | 57.28 |
| 吕伟 | 15 | 3 | 1417 | 72% | 0 | 12 | 11 | 0 | 29 | 14 | 5 | 25 | 58.63 |
| 胡延强 | 4 | 17 | 1216 | 64% | 0 | 32 | 24 | 2 | 25 | 10 | 7 | 28 | 55.41 |
| 张延军 | 13 | 3 | 1203 | 74% | 0 | 24 | 18 | 1 | 24 | 18 | 2 | 16 | 55.31 |
| 詹姆斯 | 14 | 0 | 1196 | 69% | 1 | 52 | 11 | 5 | 32 | 13 | 20 | 28 | 68.31 |
| 王亮 | 11 | 6 | 1114 | 67% | 0 | 17 | 16 | 0 | 12 | 15 | 5 | 20 | 54.96 |
| 王皓 | 11 | 6 | 1072 | 71% | 0 | 9 | 3 | 2 | 43 | 23 | 3 | 33 | 58.54 |
| 鲍马尔 | 11 | 0 | 937 | 77% | 1 | 32 | 63 | 2 | 19 | 5 | 15 | 12 | 64.77 |
| 倪玉崧 | 10 | 4 | 706 | 73% | 0 | 12 | 4 | 0 | 9 | 4 | 1 | 12 | 54.15 |
| 杨旭 | 9 | 0 | 687 | 65% | 1 | 7 | 6 | 0 | 51 | 3 | 9 | 6 | 61.46 |
| 贝卡曼加 | 8 | 0 | 659 | 66% | 0 | 7 | 3 | 2 | 60 | 2 | 6 | 8 | 63.36 |
| 杨帅 | 8 | 0 | 632 | 75% | 0 | 1 | 0 | 0 | 5 | 12 | 0 | 16 | 59.03 |
| 李家赫 | 3 | 11 | 624 | 65% | 1 | 13 | 14 | 0 | 10 | 7 | 5 | 13 | 55.65 |
| 克鲁泽 | 4 | 0 | 360 | 65% | 0 | 15 | 34 | 0 | 3 | 7 | 10 | 5 | 61.58 |
| 孙兆靓 | 15 | 0 | 337 | 65% | 0 | 7 | 3 | 0 | 6 | 1 | 5 | 4 | 53.18 |
| 宋琛 | 3 | 2 | 274 | 73% | 0 | 3 | 1 | 0 | 7 | 4 | 0 | 11 | 53.66 |
| 王峤 | 6 | 0 | 245 | 67% | 0 | 3 | 4 | 0 | 4 | 7 | 1 | 9 | 55.91 |
| 李成林 | 1 | 2 | 108 | 76% | 0 | 0 | 1 | 0 | 2 | 1 | 0 | 3 | 52.79 |
| 霍兰德 | 1 | 0 | 90 | 69% | 0 | 1 | 0 | 0 | 1 | 3 | 1 | 0 | 60.32 |
| 冯伯元 | 1 | 3 | 66 | 86% | 0 | 1 | 0 | 0 | 3 | 0 | 0 | 1 | 53.76 |
| 熊振峰 | 1 | 2 | 29 | 31% | 0 | 0 | 0 | 0 | 0 | 0 | 0 | 0 | 51.98 |
| 吴高俊 | 0 | 1 | 2 | 0% | 0 | 0 | 0 | 0 | 0 | 0 | 0 | 0 | 50.00 |

| | 出场次数 | 球门球成功率 | 击出 | 脱手 | 失球 | 扑救 | 评分 |
|---|---|---|---|---|---|---|---|
| 石笑天 | 25 | 56% | 70 | 7 | 59 | 100 | 58.13 |
| 张振强 | 6 | 45% | 19 | 1 | 17 | 25 | 61.72 |

## 制作团队

**编　　著：**上海创冰信息科技有限公司

**监　　制：**金清一、刘震

**编辑统筹：**卢鸣华、田宇辰

**主　　编：**陈实

**版　　面：**蒋贻豪

**封面设计：**吴天斐

**技术支持：**孙诗涵、郭海蓉、马荟翼、严兆阳、丁凯悦、刘念、尤铁、王然

**创冰官网：**www.champdas.com

**创冰 DATA：**data.champdas.com

策划编辑：董英双
责任编辑：吴　珂
审稿编辑：董英双
责任校对：凯　瑞

图书在版编目（CIP）数据

2017赛季中超大数据年鉴 / 上海创冰信息科技有限公司组编. -- 北京 : 北京体育大学出版社, 2017.11
ISBN 978-7-5644-2811-2

Ⅰ. ①2… Ⅱ. ①上… Ⅲ. ①足球运动－联赛－中国－2017－年鉴 Ⅳ. ①G843.735-54

中国版本图书馆CIP数据核字(2017)第307231号

2017赛季中超大数据年鉴　　上海创冰信息科技有限公司　组编

出　　版：北京体育大学出版社
地　　址：北京市海淀区信息路48号
邮　　编：100084
邮 购 部：北京体育大学出版社读者服务部 010-62989432
发 行 部：010-62989320
网　　址：http://cbs.bsu.edu.cn
印　　刷：北京瑞禾彩色印刷有限公司
开　　本：889×1194毫米　1/16
印　　张：9
字　　数：234千字
成品 尺寸：210×285

2018年1月第1版第1次印刷
定　价：128.00 元



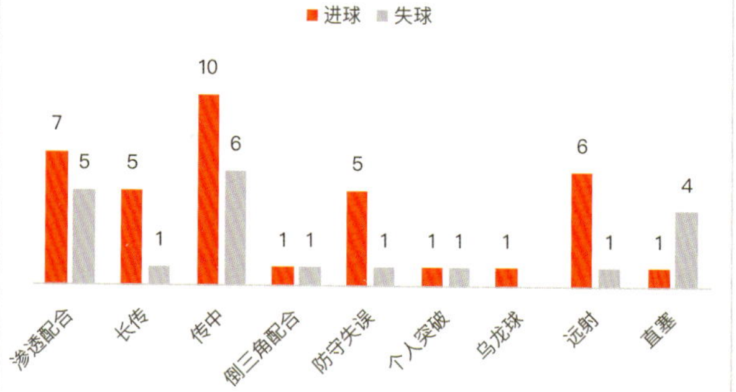

## 主客场战绩

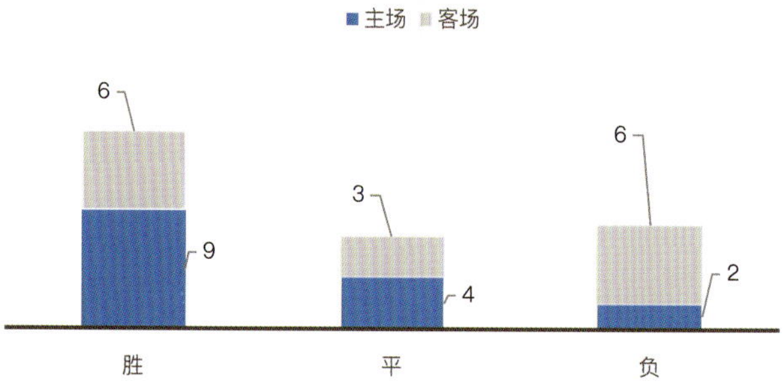


## 进失球战绩

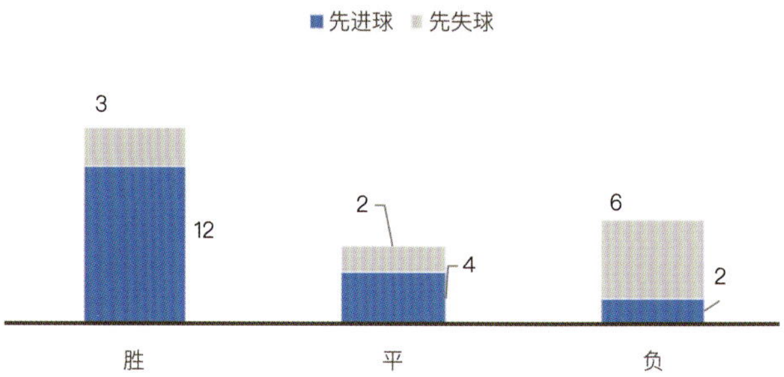

## 进球人数

12

## 平均年龄

27.5

## 运动战进失球

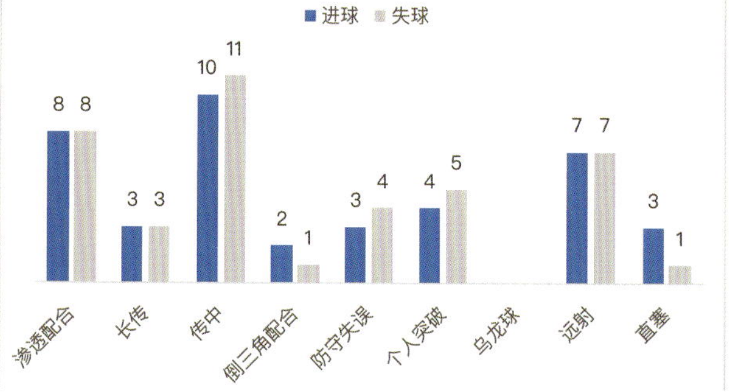


## 定位球进失球

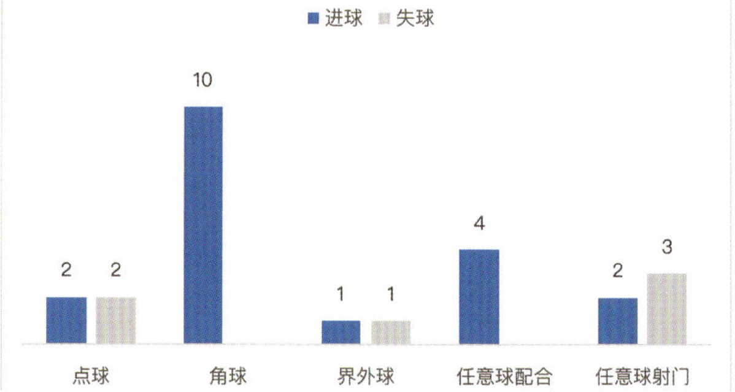


## 进失球时间段

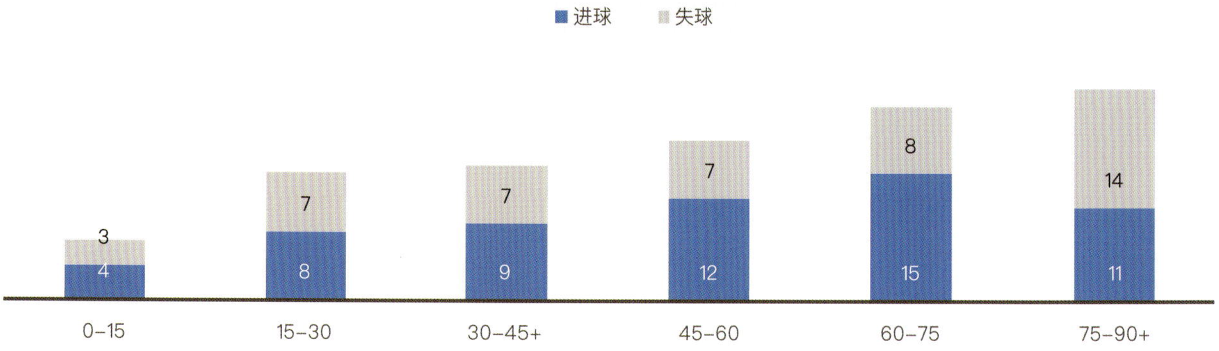

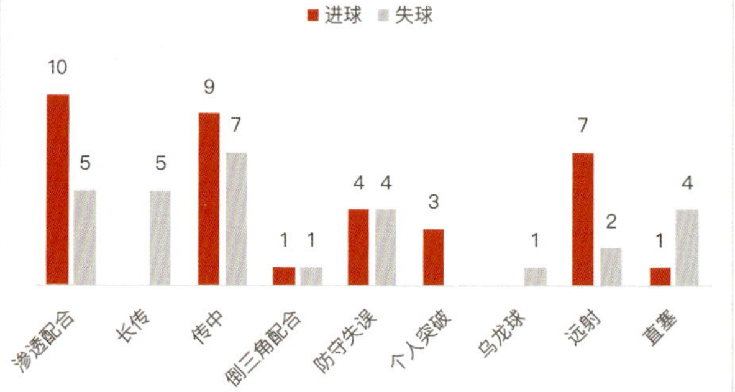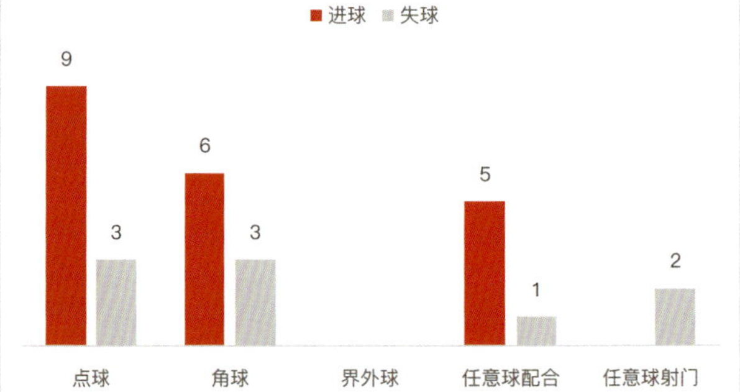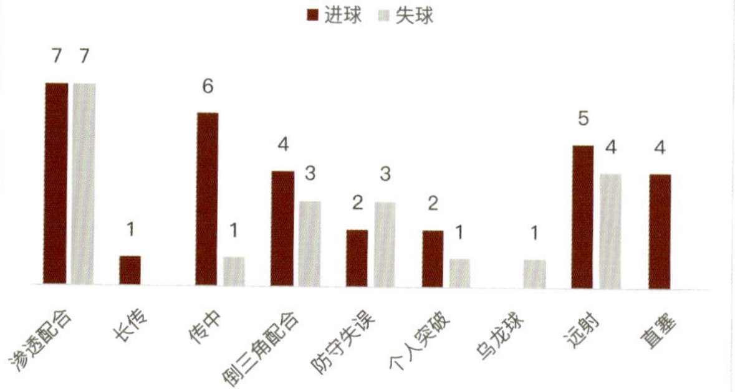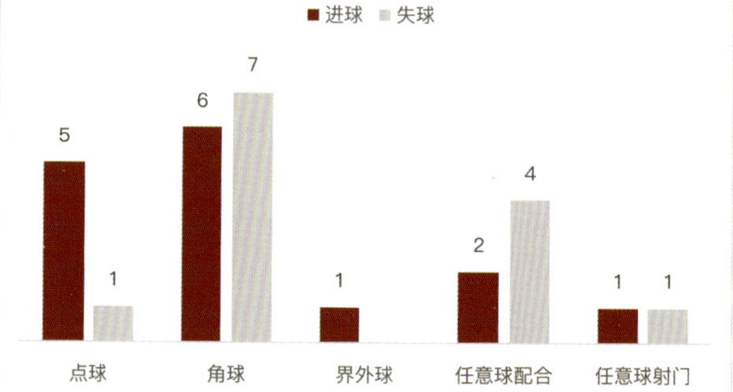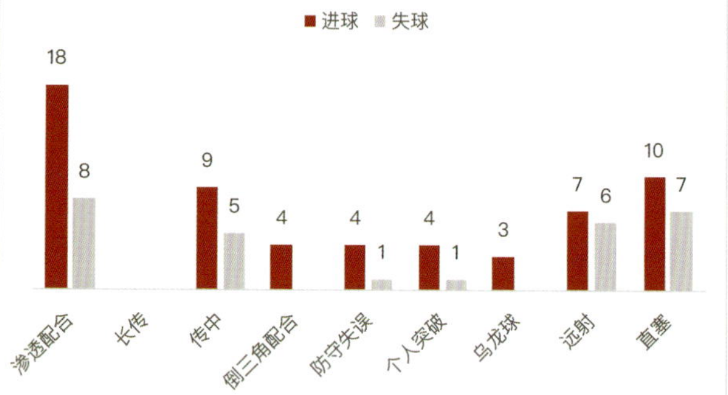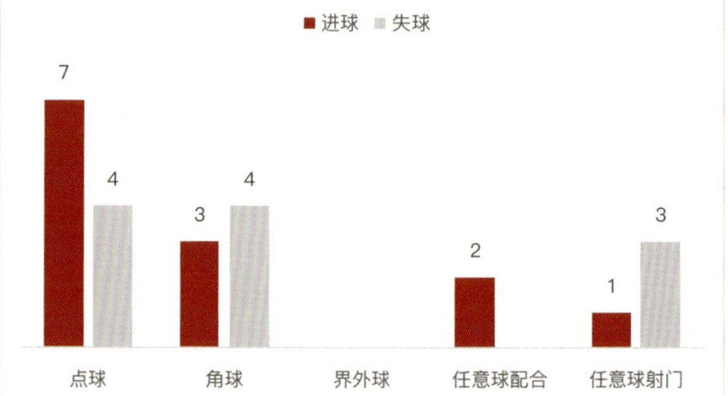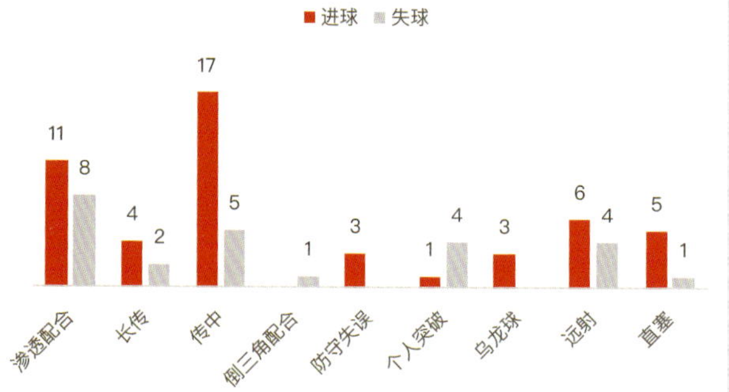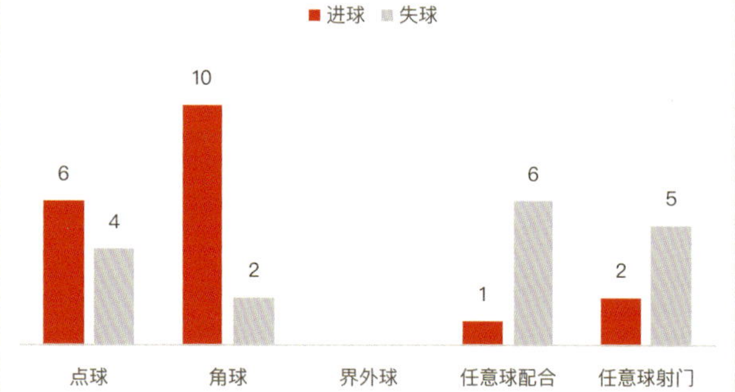# 勘误说明

《2017 赛季中超大数据年鉴》中的最后一部分《2017 赛季中超 16 队一张图》，对中超 16 支球队的赛季战绩、球员表现等方面的数据进行汇总及分析，并以图表的形式直观明确地呈现出来。

书中第 94~105 页 6 支球队的分析数据中，运动战进失球及定位球进失球共 11 张图片排版有误，错误链接成另外 11 张名称相同的图片。特以此插页对这部分错误内容进行更正。

由于该失误为阅读带来了不便，在此，郑重向广大读者致歉！

# 2017 赛季

# 中超大数据年鉴

The 2017 CSL Data Yearbook

《2017赛季中超16队一张图》

勘 误

（P94 ~ P105）